Heidelberger betriebswirtsch

Heidelberger betriebswirtschaftliche Studien

Wilhelm, J.: Finanztitelmärkte und Unternehmensfinanzierung. 1983 *vergriffen*

Bitz, M., Hemmerde, W., Rausch, W.: Gesetzliche Regelungen und Reformvorschläge zum Gläubigerschutz. Eine ökonomische Analyse. 1986 *vergriffen*

Schildbach, Th.: Jahresabschluß und Markt. 1986 *vergriffen*

Laux, H., Liermann, F.: Grundfragen der Erfolgskontrolle. 1986 *vergriffen*

Heinrich, Claus E.: Mehrstufige Losgrößenplanung in hierarchisch strukturierten Produktionsplanungssystemen. 1987 *vergriffen*

Heidenberger, K.: Quantitative Modelle für das Strategische Management. 1990 *vergriffen*

Kasper, H.: Die Handhabung des Neuen in organisierten Sozialsystemen. 1990 *vergriffen*

Ewert, R.: Wirtschaftsprüfung und asymmetrische Information. 1990.
ISBN 3-540-53057-6

Schuster, P.: Erfolgsorientierte Steuerung kleiner und mittlerer Unternehmen. Funktionale, instrumentelle und organisatorische Aspekte eines größengerechten Controlling-Systems. 1991. ISBN 3-540-53715-5

Laux, H., Schenk-Mathes, H. Y.: Lineare und nichtlineare Anreizsysteme. Ein Vergleich möglicher Konsequenzen. 1992. ISBN 3-7908-0596-3

Schwinger, R., Einkommens- und konsumorientierte Steuersysteme. Wirkungen auf Investition, Finanzierung und Rechnungslegung. 1992. ISBN 3-7908-0597-1

Pfaff, D., Kostenrechnung, Unsicherheit und Organisation. 1993 *vergriffen*

Schöbel, R., Kapitalmarkt und zeitkontinuierliche Bewertung. 1995.
ISBN 3-7908-0835-0

Sander, M.: Internationales Preismanagement. 1997. ISBN 3-7908-0991-8

König, R.: Wirtschaftliche Effizienz und Steuerreformen. 1997. ISBN 3-7908-0998-5

Wolfgang Ossadnik

Mehrzielorientiertes strategisches Controlling

Methodische Grundlagen und Fallstudien
zum führungsunterstützenden Einsatz des
Analytischen Hierarchie-Prozesses

Mit 26 Abbildungen
und 100 Tabellen

Physica-Verlag

Ein Unternehmen
des Springer-Verlags

Prof. Dr. Wolfgang Ossadnik
Fachgebiet Betriebswirtschaftslehre mit Schwerpunkt
Rechnungswesen und Controlling
Fachbereich Wirtschaftswissenschaften
Universität Osnabrück
Rolandstr. 8
D-49069 Osnabrück

ISBN 3-7908-1088-6 Physica-Verlag Heidelberg

Die Deutsche Bibliothek – CIP-Einheitsaufnahme
Ossadnik, Wolfgang: Mehrzielorientiertes strategisches Controlling: methodische Grundlagen
und Fallstudien zum führungsunterstützenden Einsatz des Analytischen Hierarchie-Prozesses /
Wolfgang Ossadnik. – Heidelberg: Physica-Verl., 1998
(Heidelberger betriebswirtschaftliche Studien)
ISBN 3-7908-1088-6

Umschlaggestaltung: Erich Kirchner, Heidelberg

SPIN 10662252   88/2202-5 4 3 2 1 0 – Gedruckt auf säurefreiem Papier

Vorwort

Manager von Unternehmen sind im Regelfall hoch beansprucht und bedürfen methodischer und informatorischer Unterstützung durch Controlling. In einer gemeinsamen arbeitsteiligen Beziehung liefert das Management wertende Informationen, die das Controlling wertneutral (z.B. durch Berechnungen) weiterverarbeitet. Zielt die Interaktion zwischen beiden Instanzen auf strategische Entscheidungen im Sinne einer Auswahl zeitlich weitreichender Maßnahmen von hohem sachlichen Aggregationsgrad ab, stellt sich oft ein bestimmtes Problem ein: Aus theoretischer Sicht ist die Investitionsrechnung das zur Fundierung strategischer Festlegungen gebotene Instrument. In praxi sind aber die Voraussetzungen für den Einsatz dieses Instruments häufig nicht hinreichend gegeben. Ein Ausweg aus diesem Problem wird vielfach darin gesucht, daß eine Investitionsrechnung erstellt, diese aber aufgrund berechtigten Mißtrauens gegenüber der schmalen Datenbasis der vorgenommenen monetären Quantifizierung um intuitive, in der Rechnung nicht berücksichtigte Überlegungen ergänzt wird. Diese Zusätze können Ausdruck eines unternehmerischen Genius, statt dessen aber auch Resultat einer nur geringen fachlichen Kompetenz sein. In jedem Fall kann aufgrund dieser Zusatzüberlegungen die endgültige strategische Entscheidung von dem Ergebnis der Investitionsrechnung abweichen, ohne daß dies formal nachvollzogen werden könnte.

Manchem Manager mag daran liegen, die von ihm zu verantwortende Entscheidung mit einer Aura der Mystik zu umgeben, um sich gegen Versuche Dritter zu immunisieren, den Entscheidungsprozeß nachzuzeichnen und sich letztlich der fachlichen Kompetenz seines Trägers zu vergewissern. Diese Attitüde findet in der hier vorgelegten Abhandlung keine Unterstützung. Im Zentrum der nachfolgenden Betrachtungen steht vielmehr folgende Perspektive: Angesichts eines Bestandes an – teilweise allgemeingültig, teilweise nur unternehmensspezifisch validierten – Indikatoren, die dem monetären Erfolg von Strategien zeitlich bzw. kausal vorgelagert sind, bietet es sich an, diese zur Bewertung strategischer Alternativen heranzuziehen. Nach Maßgabe relevanter Erfolgsindikatoren wären Entscheidungskriterien zu formulieren und dementsprechende Zielrealisationskonsequenzen von Projektalternativen zu repräsentieren. Auf dieser Basis wären strategische Alternativen mittels adäquater Verfahren einem multikriteriellen Vorteilhaftigkeitsvergleich zu unterziehen. Damit könnten sämtliche Informationen, die von Relevanz für eine strategische Entscheidung sind, in formal nachvollziehbarer Weise verarbeitet werden, ohne daß der Kalkül auf die Ausschöpfung monetarisierbarer Informationen (unter gleichzeitiger Ausblendung nicht monetarisierbarer, intuitiv zu verarbeitender Aspekte) beschränkt werden müßte.

Vor diesem Hintergrund widmen sich die nachfolgenden Überlegungen der Möglichkeit, strategische Entscheidungen in einer arbeitsteiligen Beziehung zwischen Management und Controlling durch Einsatz multikriterieller Entscheidungsverfahren vorzubereiten. In diesem Rahmen werden alternative Verfahren hinsichtlich ihrer Eignung für die Praxis des strategischen Controllings vergleichend beurteilt. Als besonders geeignet erweist sich dabei der Analytische Hierarchie-Prozeß, der hinsichtlich seiner Prämissen und Implikationen erörtert wird. Mit Blickrichtung auf die Verfahrensanwendung wird auch auf eine Rationalisierung notwendiger Berechnungen mit Hilfe verfügbarer Programmlösungen eingegangen. Ferner werden Einsatzmöglichkeiten des Verfahrens in der Unternehmenspraxis in Form von Fallstudien zu unterschiedlichen Problemstellungen des strategischen Controllings verdeutlicht.

Angestoßen wurde diese Abhandlung durch ein von mir im Wintersemester 1996/97 angebotenes Seminar zu Fragen multikriterieller Grundlagen eines strategischen Controllings. Den Teilnehmern dieser Lehrveranstaltung danke ich für ihre Neugier und ihr inhaltliches Interesse. Beides hat mich dazu bewogen, den Fragenkreis in der geschlossenen Form einer Monographie zu entwickeln. Hilfreich waren mir dabei Herr Dipl.-Kfm. O. Lange, mit dem ich mehrere Textfassungen diskutieren konnte, sowie Frau Dipl.-Math. J. Morlock, mit der ich verschiedene Textteile erörtert habe. Beiden danke ich für ihre Verbesserungsvorschläge. Zu Dank verpflichtet bin ich ferner Herrn D. Bruns für die Anfertigung der Abbildungen und Unterstützung bei den Berechnungen zu den Fallstudien, Frau Morlock und Herrn J. Licher für ihre Arbeit an den LaTeX-Dateien sowie Herrn Dipl.-Kfm. S. Carstens für seine Beteiligung an den Fahnenkorrekturen. Verbunden bin ich schließlich auch Frau Dr. M. Bihn und Herrn Dr. W. A. Müller vom Physica-Verlag für die angenehme Zusammenarbeit.

Osnabrück, Oktober 1997   Wolfgang Ossadnik

Inhaltsverzeichnis

1 Management und Controlling als Funktionen strategischer Führung

Nur in einer stationären Wirtschaft würde es für das Überleben von Unternehmen ausreichen, wenn diese am Hergebrachten festhalten und ihre Manager darauf vertrauen dürften, alle akut werdenden Probleme im Wege des „Sich-Hindurchwurstelns" („muddling-through"[1]) bewältigen zu können[2]. In einer ökonomischen Realität, die durch gestiegene Umweltdynamik, verkürzte Produktlebenszyklen, einen hohen Innovationsdruck und einen in globale Dimensionen hineingewachsenen Wettbewerb gekennzeichnet ist, kann nur systematisches strategisches Handeln Aussicht auf längerfristigen Fortbestand eines Unternehmens bieten.

Der Begriff des *strategischen* Handelns bzw. Entscheidens wird unterschiedlich verwendet. So wird unter einer strategischen Entscheidung z.B. die Definition branchenbezogener Tätigkeitsfelder, die Festlegung von Produkt-Markt-Kombinationen, Wettbewerbsstrategien[3], der Struktur von Wertschöpfungsketten oder optimaler Losgrößen verstanden[4]. Der Strategiebegriff wird ferner auch spieltheoretisch[5] verwendet oder für solches Handeln reserviert, das geeignet ist, andere Akteure zum eigenen Vorteil zu beeinflussen[6].

---

[1] Das Konzept des „muddling-through" beschreibt – ausgehend von Beobachtungen des öffentlichen Sektors – die in der Praxis typische Handhabung der Planung als ein „Sich-Hindurchwursteln". Ausgehend von diesem faktischen Planungsverhalten hat Lindblom das Konzept der inkrementalen Planung entwickelt. Danach soll sich der Planer Problemen – und zwar erst dann wenn sie akut werden – in kleinen, „reparierenden" Änderungsschritten annähern, anstatt sie im Rahmen zukunftsweisender systematischer Gesamtkonzepte antizipativ anzugehen. Vgl. dazu Lindblom (1965) und (1969). Vgl. zur Kritik hieran Ossadnik (1991), S. 212.

[2] Vgl. z.B. Ossadnik (1989), S. 457 und (1990), S. 339.

[3] Vgl. dazu z.B. Porter (1987) und (1996).

[4] Derartige Festlegungen lassen sich auch nach dem Grad ihrer Aggregation differenzieren. Hochaggregierte Strategien sind Grundsatzstrategien wie Kostenführerschaft oder Differenzierung. Dagegen beziehen sich Vorschläge, die Festlegung der Struktur von Wertketten oder optimaler Losgrößen als *strategisch* anzusehen, nur auf geringes Aggregationsniveau. Vgl. zur Diskussion von Strategiebegriffen, die nach dem Aggregationsniveau des Objekts unterscheiden, Ossadnik/Carstens/Lange (1997), S. 263 f.

[5] Vgl. z.B. Bamberg/Coenenberg (1996), S. 154.

[6] Vgl. Neus/Nippel (1996).

Für die Zwecke der weiteren Betrachtung soll – ungeachtet abweichender, für andere Zwecke festgelegter Wortverwendungen – eine für zeitlich weitreichende, sachlich hochaggregierte Entscheidungsfelder getroffene Wahl *strategisch* genannt werden. Derartige Entscheidungen obliegen den Managern der obersten Leitungsebene eines Unternehmens, die allerdings neben strategischer auch operative Führungsverantwortung wahrzunehmen haben. Für getroffene Festlegungen der Führung mit operativer Implikation haben dann nachgeordnete Instanzen durchführungsbezogene Verantwortung. Im Zuge einer erheblichen Steigerung des Umfangs und der Spezialisierung führungsrelevanten Wissens wäre das Management der obersten Leitungsebene völlig überlastet damit, die von ihm zu treffenden Entscheidungen durch Beschaffung und Verarbeitung relevanter Informationen sowie durch Handhabung geeigneter Entscheidungsverfahren selbst vorzubereiten. Daher bedarf die Leitungsebene insbesondere größerer Unternehmen einer Absicherung ihrer Funktionsfähigkeit durch Zuordnung von Stäben. Diese können die fachliche Kompetenz des Top-Managements erweitern und kapazitativen Führungsengpässen entgegenwirken. Im Interesse notwendiger strategischer Führungsmaßnahmen haben diese Stäbe geeignete Instrumente zur Bereitstellung relevanter Informationen zu entwickeln sowie zu implementieren und das Management mit hieraus generierten Informationen zu versorgen. Auch müssen sie das Management bei der Formulierung und Auswahl strategischer Handlungsalternativen unterstützen, die Realisation der letztlich ausgewählten Strategie kontrollieren und die Gültigkeit ihrer Prämissen fortlaufend überwachen.

Eine Stabsinstanz, die das Management bei seinen Führungsaufgaben wirksam zu unterstützen vermag, ist das *Controlling*. Controlling ist in der Praxis weit verbreitet und inzwischen auch theoretisch fundiert[7]. Von den Ansätzen, die die Wissenschaft zur Fundierung des Controllings als einer eigenständigen betriebswirtschaftlichen Teildisziplin vorgelegt hat[8], soll im weiteren insbesondere auf die seit längerem auf unterschiedliche betriebswirtschaftliche Problemfelder angewandte Systemtheorie und auf die Agencytheorie eingegangen werden.

Die *Systemtheorie*[9] liefert einen begrifflich-konzeptionellen Bezugsrahmen, innerhalb dessen das Führungs- vom Ausführungssystem abgegrenzt und der Geltungsbereich der Controlling-Konzeption definiert werden kann[10]. Voraussetzung hierfür ist die Interpretation arbeitsteilig organisierter Unternehmen als System. Dabei stellt die Führung eines Unternehmens das sog. Führungssystem und dieses als solches ein Subsystem des Systems Unternehmen dar. Mit zunehmenden Anforderungen an das Führungssystem

---

[7] Vgl. dazu auch Freidank (1993).

[8] Vgl. dazu eingehender Ossadnik (1998), S. 16–25.

[9] Vgl. dazu grundsätzlich Churchman (1968); Ulrich (1970); Milling (1981); Witte (1986); Schiemenz (1993).

[10] Vgl. Horváth (1996); Becker (1990).

von Unternehmen bilden sich arbeitsteilige Subsysteme heraus, die dem Führungssystem insgesamt eine segmentierte Struktur verleihen. Die segmentierte Stuktur des Führungssystems führt zu einem Koordinationsbedarf[11]. Ein Instrument zur Koordination von Führungssubsystemen ist die Konzeption des Controllings. Controlling hat die Führungsteilsysteme „Planung/Entscheidung", „Kontrolle", „Organisation" und „Personalführung" in sich zu koordinieren[12]. Zu dieser *intrafunktionalen* Zuständigkeit tritt die Aufgabe, die Funktionen *untereinander* zu koordinieren. Aufgabe dieser Managementfunktionen ist die Koordiation des Ausführungssystems (Primärkoordination). Demgegenüber richtet sich die koordinative Zuständigkeit des Controllings auf das Führungssystem, d.h. auf die Abstimmung spezialisierter[13] Führungssubsysteme (Sekundärkoordination) mittels Anpassungs- und Innovationsfunktionen[14]. Neben diesen Koordinationsfunktionen nimmt Controlling Servicefunktionen wahr, indem es zum einen Methoden und Modelle zur Lösung von Entscheidungsproblemen bereitstellt und zum anderen das Management mit Informationen versorgt.

Generell kann beim Controlling (nach Horváth[15]) zwischen einer systembildenden und einer systemkoppelnden Aufgabe unterschieden werden. Systembildung impliziert die Schaffung funktioneller arbeitsteilig spezialisierter Subsysteme sowie die Bildung institutioneller Subsysteme durch Zuordnung von Aufgaben und Sachmitteln zu Personen. Systemkopplung ist dagegen eine Folge der Existenz der Subsysteme, die Abstimmungsbedarf auslöst. Dieser kann durch (zuvor gebildete) Informationsversorgungssysteme[16] gedeckt werden.

Die Bildung von Führungsteilsystemen führt zur Zerlegung des (Total-) Entscheidungsfeldes in Partialentscheidungsfelder und – damit einhergehend – zur Zerschneidung von Verbundbeziehungen[17]. Generell ist zwischen sachlichen und zeitlichen Verbundbeziehungen zu differenzieren. Bei den *sachlichen* Verbundbeziehungen kann zwischen einem Ressourcenverbund[18], einem Ergebnisverbund[19], einem Risikoverbund[20] sowie einem Bewertungsverbund[21]

[11] Vgl. dazu Ossadnik/Morlock (1997), S. 1 f.
[12] Vgl. Küpper (1987) und (1988).
[13] Vgl. dazu eingehender Ossadnik (1998), S. 18–37.
[14] Vgl. Becker (1990), S. 306 ff.
[15] Vgl. Horváth (1978).
[16] Vgl. auch Biethahn/Fischer (1994), S. 25 ff.
[17] Vgl. z.B. Cordes (1976).
[18] Dieser entsteht im Falle einer Beanspruchung begrenzter Ressourcen durch mehrere Aktivitäten.
[19] D.h. der Abhängigkeit des Erfolgs einer Maßnahme von der Durchführung anderer Maßnahmen.
[20] Dies betrifft die stochastische Abhängigkeit zwischen unterschiedlichen unternehmerischen Aktivitäten.
[21] Es handelt sich um die Abhängigkeit des Ergebnisnutzens einer Maßnahme von den Ausprägungen anderer Maßnahmen.

unterschieden werden[22]. *Zeitliche* Verbundbeziehungen können zwischen unterschiedlichen Perioden bestehen. Die Zerschneidung sachlicher wie zeitlicher Verbundbeziehungen löst Koordinationsbedarf aus.

Zerschneidet man Verbundbeziehungen, kann dies Auswirkungen auf sog. *Verhaltensinterdependenzen*[23] haben. Diese bestehen dergestalt, daß das Verhalten oder das erwartete Verhalten einer Person sich auf das Verhalten einer anderen Person auswirkt und zugleich von deren Verhalten bzw. den Erwartungen bezüglich deren Verhaltens abhängt[24]. Solche Interdependenzen werden u.a. durch die Agencytheorie[25] erfaßt. Agencyorientierte Ansätze sind in der Lage, das Planungs- und Kontroll-, das Personalführungs- und das Organisationssystem mit dem sowie über das Informationsversorgungssystem abzustimmen[26]. Diese Ansätze modellieren Verhaltensinterdependenzen vertikaler Art (in Form von Principal-Agent-Beziehungen) sowie horizontaler Struktur (in Gestalt von Multi-Agent- und Multi-Principal-Relationen)[27].

Controlling läßt sich aus einem funktionalen, einem institutionalen und einem instrumentalen Blickwinkel betrachten[28]. Die funktionale Perspektive verweist auf die mit der Koordination des Führungsgesamtsystems zusammenhängenden koordinations- und servicebezogenen Aufgaben. Die Servicefunktionen sehen im wesentlichen die Bereitstellung geeigneter Entscheidungsmodelle und der zu ihrer Anwendung erforderlichen Informationen (Entscheidungsunterstützungsaufgabe) sowie die Einrichtung und Weiterentwicklung von Informations-Systemen vor, die die zur Wahrnehmung der Koordinations- und Entscheidungsunterstützungsaufgaben notwendigen Informationen zur Verfügung stellen.

Von diesen verschiedenen Aufgabenstellungen des Controllings steht seine Servicefunktion – und hier insbesondere die der Entscheidungsunterstützung – im Vordergrund der weiteren Betrachtung. Im Rahmen dieser Funktion sind dem Management geeignete Methoden und Modelle anzubieten, mittels derer Handlungsalternativen nach Maßgabe der für relevant erachteten Ergebniskonsequenzen in eine Rangordnung der Vorziehenswürdigkeit überführt werden können. Voraussetzung hierfür ist die Repräsentation der Handlungskonsequenzen nach Maßgabe von Merkmalen, die als entscheidungsrelevant

---

[22] Vgl. Ossadnik (1998), S. 20 f.

[23] Vgl. dazu Kah (1994), S. 31.

[24] Vgl. Küpper (1988), S. 173 und (1995).

[25] Vgl. dazu u.a. Ross (1973); Shavell (1979); Pratt/Zeckhauser (1985); Hart/Holmström (1987); Laux (1990); Laux/Schenk-Mathes (1992). Einen weiteren Zugang zur Modellierung solcher Verhaltensinterdependenzen eröffnen die Organisationspsychologie sowie die Spieltheorie.

[26] Vgl. dazu Ossadnik (1998), S. 23.

[27] Dabei spielen u.a. Konkurrenz um knappe Mittel sowie die Bildung von Koalitionen (Kollusionsproblematik) eine Rolle. Vgl. dazu z.B. Baiman/Demski (1980); Myerson (1982); Rajan (1992).

[28] Vgl. zum folgenden eingehender Ossadnik (1998), S. 25 ff.

erachtet werden. Dies kann die Höhe, die Unsicherheitsstruktur, die Art und das zeitliche Anfallen der Ergebnisse betreffen[29].

Die Koordinations- und Serviceaufgaben des Controllings können auf einer operativen oder einer strategischen Handlungsebene wahrgenommen werden[30]. *Operatives* Controlling konzentriert sich auf kurzfristige Erfolgsziele, die aus langfristigen Planvorgaben hergeleitet worden sind. Es hat eine unternehmensinterne Perspektive, die an wohldefinierten kurzfristigen Steuerungsproblemen auf der Basis monetärer Daten ausgerichtet ist. Der Schwerpunkt liegt dabei auf einer Feedback-Orientierung, durch die fehlgesteuerte Unternehmensaktivitäten nachträglich angepaßt werden. Demgegenüber zielt *strategisches* Controlling auf eine Führungsunterstützung ab. Diese dient in längerfristiger Hinsicht der Existenzsicherung durch Schaffung und Erweiterung von Erfolgspotentialen. Zu diesem Zweck verarbeitet es – auch qualitative – Informationen über schlecht definierte unternehmens- und umweltbezogene Probleme mit offenem zeitlichen Horizont. Dabei liegt der Schwerpunkt auf einer Feedforward-Orientierung.

Die weitere Untersuchung konzentriert sich auf strategisches Controlling und hier auf die bereits angeführte Entscheidungsunterstützungsfunktion. Dies ist nicht zuletzt auch dadurch motiviert, daß die Controllinglehre bisher vornehmlich konzeptionelle Fragen eines strategischen Controllings thematisiert hat und diese infolgedessen als inzwischen hinlänglich geklärt gelten können. Hingegen besteht bei *methodischen* und *instrumentellen* Aspekten des strategischen Controllings ein Defizit an Problemparadigmen und grundsätzlichen Lösungsansätzen. Besonders gravierend fällt das Defizit hinsichtlich „harter" Daten und formalisierter Verfahren aus, die die herkömmliche, an „weichen" Problemlösungsmustern (wie etwa der Portfolio-Methode) orientierte Lehre von der strategischen Planung nicht bereitzustellen vermag. Vor diesem Hintergrund sind die weiteren Überlegungen dem Anliegen gewidmet, einen Beitrag zur Anreicherung des Bestands an adäquaten Methoden und Instrumenten des strategischen Controllings zu leisten.

Das nachfolgende *Kapitel 2* geht zunächst auf die zur Unterstützung strategischer Entscheidungen theoretisch gebotene Investitionsrechnung ein und zeigt dabei auf, daß der Einsatz dieses Instruments vielfach an praktischen Problemen scheitert. In praxi werden strategische Entscheidungen daher vielfach intuitiv und damit in einer formal nicht nachvollziehbaren Weise getroffen. Vor diesem Hintergrund wird für diesen Fall vorgeschlagen, auf multidimensionale, dem monetären Erfolgsziel vorgelagerte Zielrealisationsinformationen von Handlungsalternativen zurückzugreifen und diese nach Maßgabe multikriterieller Entscheidungsverfahren zu bewerten. Die Bereitstellung derartiger Verfahren zur Fundierung strategischer Entscheidungen des Managements obliegt dem strategischen Controlling.

---

[29] Vgl. hierzu u.a. Sieben/Schildbach (1990); Eisenführ/Weber (1994).

[30] Vgl. Ossadnik (1990), S. 342 und (1998), S. 38 ff.

Multikriterielle Verfahren werden in *Kapitel 3* erörtert und anhand ein-heitlicher Maßstäbe verglichen. In diesem Zusammenhang wird die Möglich-keit zu überprüfen sein, diese Verfahren im Kontext einer spezialisierten Rollenaufteilung zwischen Management und Controlling einzusetzen. Der sich in diesem Rahmen als besonders geeignet herausstellende Analytische Hierarchie-Prozeß wird dann in *Kapitel 4* eingehend untersucht. Dabei werden neben methodischen Prämissen ebenso Probleme (wie die sog. Rangreversion) und mögliche Erweiterungen des Verfahrens wie z.B. eine Berücksichtigung von Fuzziness zu betrachten sein.

Kapitel 5 zeigt anhand verschiedener Fallstudien auf, wie der Analytische Hierarchie-Prozeß in der Controllingpraxis eingesetzt werden kann. Die Fall-beispiele haben zunächst Problemstellungen eines zentralen Controllings wie die Entscheidung über einen strategischen Profilwandel und über internatio-nale Markteintrittsstrategien zum Gegenstand, um sich dann funktionsbezo-genen Controllingproblemen wie der Auswahl einer Produktionstechnologie sowie einer Absatzstrategie zuzuwenden und abschließend ein querschnittsori-entiertes Controllingproblem wie die Entscheidung über ein Logistikkonzept zu behandeln. *Kapitel 6* zieht schließlich aus der Perspektive eines strategi-schen Controllings ein Fazit für den Einsatz multikriterieller Verfahren im allgemeinen sowie des Analytischen Hierarchie-Prozesses im besonderen.

2 Multikriterielle Entscheidungsverfahren als Instrumente zur Unterstützung strategischer Entscheidungen

2.1 Investitionsrechnungen als Instrumente zur Unterstützung strategischer Entscheidungen

Die Verpflichtung für das Controlling, das Management bei der Lösung strategischer Planungs- bzw. Entscheidungsprobleme zu unterstützen, wirft die Frage auf, unter welchen Voraussetzungen ein solches Problem vorliegt. Voraussetzung für die Existenz eines strategischen Planungs- bzw. Entscheidungsproblems[1] ist die Erkenntnis, daß zwischen der in einem Unternehmen anvisierten und der voraussichtlich tatsächlich erreichbaren künftigen Erfolgsposition eine Lücke[2] der Art zu erwarten ist, daß langfristig mit negativen Überschüssen gerechnet werden muß. In einem solchen Fall sind hochaggregierte zeitlich weitreichende Handlungsalternativen, sprich: Strategien, zu beschreiben, die die Schaffung von Erfolgspotentialen mit der Konsequenz eines positiven Saldos künftiger Zahlungsreihen versprechen. Diese Handlungsalternativen sind im Hinblick auf ihre zu erwartenden monetären Überschüsse zu bewerten. Sodann ist die Alternative mit dem besten Rang zu realisieren.

Die grundsätzliche Vorgehensweise der Strukturierung und (hierdurch implizierten) Lösung von Entscheidungs- bzw. Planungsproblemen kann arbeitsteilig zwischen Management und Controlling organisiert werden. Dies sei durch ein Beispiel verdeutlicht: Hat das Management eines Unternehmens im Wechselspiel mit dem Controlling – etwa aufgrund einer Lückenanalyse – ein strategisches Entscheidungsproblem[3] der Art identifiziert, daß die Produktionstechnologie flexibilisiert werden muß, dann ist es Aufgabe des Controllings, die Auswirkungen strategischer Handlungsalternativen auf die Produktqualität und die Fertigungszeit sowie die dadurch möglichen Absatzmengenerhöhungen bzw. Kosteneinsparungen in vermehrten Einzahlungen und/oder geringeren Auszahlungen abzubilden. Dem Management obliegt dann die Bewertung dieser Konsequenzen[4]. Strategisches Controlling kann

---

[1] Vgl. dazu Ossadnik (1996), S. 167 ff.
[2] Vgl. zu einer solchen Lückenanalyse Bretzke (1980).
[3] Vgl. zum Begriff des Entscheidungsproblems auch Bretzke (1980).
[4] Vgl. dazu Ossadnik (1998), S. 298.

das Management bei dieser komplexen Bewertungsaufgabe dadurch unterstützen, daß es problemadäquate *Methoden der Investitionsrechnung*[5] bereitstellt, mittels derer die gewonnenen zahlungsorientierten Informationen in ein entscheidungsrelevantes Vorteilhaftigkeitsmaß überführt werden können.

Das theoretisch richtige Instrument zur Beurteilung der Vorteilhaftigkeit mehrperiodig wirksamer Handlungsalternativen sind für gewinnzielorientierte Unternehmen die Verfahren der dynamischen Investitionsrechnung für Einzel- und Programmentscheidungen[6]. Nach Vorgabe wertrelevanter Größen durch das Management hat Controlling durch Berechnung des Kapitalwertes, der Annuität, des internen Zinsfußes oder des Vermögensendwertes[7] die Konsequenzen der strategischen Handlungsalternativen dem Management aufzuzeigen und damit eine Rangordnung der Alternativen zu ermitteln. Mit der Orientierung an *einem* mehrperiodig definierten monetären Überschußziel ist die investitionsrechnerisch gestützte Vorgehensweise *unikriteriell* ausgerichtet.

2.2 Zur Unterstützung strategischer Entscheidungen: Investitionsrechnungen versus multikriterielle Entscheidungsverfahren

Die praktische Durchführung der theoretisch gebotenen Investitionsrechnung kann aus verschiedenen Gründen scheitern[8]. So sieht man sich oft nicht in der Lage, Strategien Zahlungsströme zuzurechnen, etwa weil auf ein Strategienbündel entfallende Verbundzahlungen einzelnen Strategien nicht zugeordnet werden können, sich das Marginalprinzip als im Einzelfall nicht umsetzbar erweist oder auch sich stellende Prognoseprobleme die Einengung eines Entwicklungsspektrums verhindern, dessen Breite noch den Einsatz stochastischer Investitionsrechnungen[9] als sinnvoll erscheinen ließe. Sind unter derart unvollkommenen Voraussetzungen in praxi dennoch Investitionsrechnungen aufgestellt worden, ist es einleuchtend, daß der schmalen inhaltlichen Basis der vorgenommenen monetären Quantifizierungen vielfach mißtraut und die Investitionsrechnung mitsamt ihrem Ergebnis durch intuitive Zusatzüberlegungen ergänzt wird. Mit nicht-kalkülisierten, intuitionsgeprägten Zusatzaspekten kann unternehmerischer Genius, statt dessen aber auch nur mangelhafte Fachkompetenz in den Entscheidungsprozeß eingebracht werden. In

---

[5] Vgl. zu einem Überblick u.a. Grob (1990); Hax (1993); Kruschwitz (1993); Adam (1994).

[6] Vgl. zur theoretischen Relevanz der Investitionsrechnung auch Laux (1995), S. 11.

[7] Zu einer Diskussion dieser investitionsrechnerischen Zielgrößen vgl. auch Ossadnik (1992), S. 35 ff.

[8] Vgl. dazu Ossadnik (1998), S. 298.

[9] Vgl. dazu z.B. Ossadnik (1992), S. 56 ff, 111 ff.

jedem Fall erweist sich die letztlich getroffene strategische Entscheidung, die infolge der intuitiven Zusatzüberlegungen von dem Ergebnis der Investitionsrechnung abweichen kann, als formal nicht nachvollziehbar.

Manche Manager mögen ein Interesse daran haben, den von ihnen zu verantwortenden Entscheidungsprozeß mystisch zu „vernebeln", um sich dadurch einer Kontrolle durch andere Personen zu entziehen. Dieses Verhaltensmuster von Managern wird hier als dem Interesse der Unternehmenseigner diametral entgegengerichtet grundsätzlich abgelehnt. Statt dessen folgen die weiteren Überlegungen der Perspektive, relevantes, nicht unmittelbar in Zahlungsgrößen transformierbares Wissen möglichst weitgehend in kalkülisierbarer und damit formal nachvollziehbarer Weise auszuschöpfen. Zur Repräsentation strategischer Handlungsalternativen, denen nicht mit hinreichender Begründung Zahlungskonsequenzen zugeordnet werden können, bietet es sich an, auf problemspezifisch relevante – teilweise allgemeingültige, teilweise unternehmensspezifisch validierte – Indikatoren zuzugreifen, die den künftigen Zahlungsüberschüssen einer Strategie kausal oder zeitlich vorgelagert sind. Nach Maßgabe solcher Indikatoren und aus ihnen abzuleitender Entscheidungskriterien könnten die Zielrealisationskonsequenzen strategischer Handlungsalternativen abgebildet und einem multikriteriellen Vorteilhaftigkeitsvergleich unterzogen werden[10]. Auch intuitionsgestütztes Wissen, das sich einer Abbildung in Zahlungsinformationen entzieht, könnte auf diese Weise formal nachvollziehbar verarbeitet werden. Auf die sich für einen solchen Vorteilhaftigkeitsvergleich anbietenden multikrieriellen Verfahren wird im nachfolgenden Kapitel eingegangen.

---

[10] Vgl. zu dieser Position auch Ossadnik (1988), S. 62 ff; Spengler/ Geldermann/Rentz (1997), S. 63 ff.

3 Verfahrensgestützte multikriterielle Entscheidungsfindung

3.1 Überblick

Die methodisch kontrollierte Verarbeitung mehrdimensionaler Zielrealisationsinformationen ist Erkenntnisobjekt der Entscheidungstheorie. Um die dabei zu lösenden Probleme auf einer allgemeinen Ebene zu verdeutlichen, werden in Abschnitt 3.2 einige relevante entscheidungstheoretische Grundlagen erörtert. Im Anschluß daran wird in Abschnitt 3.3 ein Überblick über Verfahren zur Lösung multikriterieller Entscheidungsprobleme gegeben. Dabei wird neben der Verfahrenstechnik auch auf einen möglichen Einsatz der Verfahren in einem arbeitsteiligen Kontext zwischen Management und Controlling einzugehen sein. Abschnitt 3.4 wird die vorgestellten Verfahren einer vergleichenden Beurteilung ihrer Eignung unterziehen, in der Praxis des strategischen Controllings eingesetzt zu werden. Beurteilungskriterien sind dabei zunächst die *strukturellen Eigenschaften des Entscheidungsproblems*, die die *Prämissen* liefern, von denen die Verfahren ausgehen. Darüber hinaus wird die *Schnittstelle zwischen Controller und Algorithmus* als verfahrensspezifisch beurteilungsrelevant heranzuziehen sein. Dieses Kriterium wird durch die Unterkriterien der *Komplexität*, der *Benutzerfreundlichkeit* sowie des *Rechenaufwands* eines Verfahrens repräsentiert. Betrachtet wird ferner die *Schnittstelle zwischen Controller und Manager*. Ihre Beurteilung wird auf die Unterkriterien zurückgeführt, welche *Informationen* der *Manager bereitzustellen* hat, welche *Akzeptanz* für ein Verfahren von Seiten des *Managers* zu erwarten sein wird und wie häufig die *Schnittstelle* in Anspruch genommen wird. Nicht zuletzt sind auch *Charakteristika der Ergebnisse* zu klären. Dazu gehört u.a., ob die einzelnen Schritte eines Verfahrens und deren Zwischenergebnisse intersubjektiv nachprüfbar sind.

3.2 Grundlagen der Modellierung multikriterieller Entscheidungsprobleme

3.2.1 Grundbegriffe und Grundmodell der Entscheidungstheorie

Entscheidungen setzen Strukturierungsleistungen des Trägers des Entscheidungsprozesses voraus, die darin bestehen, das zu lösende *Entscheidungsproblem* zu definieren. Eine Problemdefinition verlangt die Benennung von Zielen, Umweltentwicklungen und Handlungsalternativen. Deren Internalisierung in ein Entscheidungsmodell impliziert bereits die Lösung des Entscheidungsproblems[1], auch wenn diese formal erst nach Umformung eintritt. Die Lösung besteht in einer Handlungsempfehlung auf der Basis einer zielgerechten Evaluierung der Handlungsalternativen.

Grundsätzlich kann zwischen diskreten und stetigen Entscheidungsmodellen unterschieden werden. In diskreten Entscheidungsmodellen ist die Menge der Alternativen endlich oder abzählbar unendlich. Probleme mit nicht abzählbar unendlich vielen Alternativen bedürfen der Abbildung in stetigen Entscheidungsmodellen. Unter den Begriffen „Alternativen", „Aktionen" oder „(Entscheidungs-)Variablen" werden die Faktoren zusammengefaßt, die vom Entscheidungsträger durch seine Entscheidung beeinflußt werden können. Im Gegensatz dazu stehen nicht-kontrollierbare Faktoren, die auch Umweltzustände oder Parameter genannt werden.

Das allgemeinste – weil sämtliche möglichen Parameter und Variablen umfassende – Entscheidungsmodell ist das sog. *Grundmodell der (präskriptiven) Entscheidungstheorie*[2]. Es stellt eine Menge $X = \{x_1; \ldots ; x_n\}$ von Alternativen einer Menge $S = \{s_1; \ldots ; s_q\}$ von Zuständen gegenüber. Aus dem Zusammentreffen von Aktion x_θ und Zustand s_η resultiert das Ergebnis $e_{\theta\eta}$. Die (subjektive) Wertschätzung eines Entscheidungsträgers für ein Ergebnis $e_{\theta\eta}$ wird als Nutzen bezeichnet. Nutzengrößen werden Ergebnissen durch eine Funktion $u(e_{\theta\eta})$ definitorisch zugeordnet. Zu optimieren ist ein Entscheidungskriterium (Ziel) $f(x_\theta)$, wobei f eine reellwertige auf X definierte Funktion ist.

3.2.2 Meßtheoretische Grundlagen

Um die Ergebnisse verschiedener Alternativen bewerten zu können, müssen diese zuvor gemessen werden[3]. Hierzu sind verschiedene Skalen (in Abhängigkeit von den betrachteten Daten (Objekten) und Eigenschaften (Attributen)) erforderlich. Üblicherweise werden folgende Skalen[4] verwendet:

---

[1] Vgl. dazu Bretzke (1980).
[2] Vgl. dazu z.B. Schneeweiß (1991b), S. 87 ff.
[3] Vgl. Ozernoi/Gaft (1978), S. 23 f.
[4] Vgl. Bischoff (1973), S. 161 ff; Zimmermann/Gutsche (1991), S. 11 f.

1. Die *Nominalskala* ist die niedrigste Form eines Skalenniveaus. Eine Nominalskala erlaubt keine Rechenoperationen. Nominale Attribute lassen lediglich eine Klassifikation der sie tragenden Objekte zu. Da Nominalskalen nur mehrere Objekte der ursprünglichen Ergebnismatrix in Klassen zusammenfassen, lassen sie zwar Häufigkeitsangaben, nicht aber darüber hinausgehende Aussagen zu[5]. Beispiele für nominale Skalierungen sind die Numerierung von Gegenständen oder die Namen von Personen.

2. Eine *Ordinalskala* stellt eine Rangordnung zwischen Meßwerten her, ohne dabei Abstände zwischen den Rangplätzen anzugeben. Damit sind Rechenoperationen wie etwa die Addition zweier Skalenwerte unzulässig. Die Nichtvergleichbarkeit von Ausprägungsdifferenzen erlaubt eine Unterscheidung zwischen Ranking und Rating. Lassen sich Rangpunkte vergeben, wird von *Ranking* gesprochen. Eine Präferenzordnung $x_1 \succ x_2 \succ x_3$ wird hier in der Form $(3) > (2) > (1)$ numerisch repräsentiert[6]. Tritt eine vierte Alternative x_4 mit $x_1 \succ x_4 \succ x_2 \succ x_3$ hinzu, führt dies zu der Form $(4) > (3) > (2) > (1)$. Damit ist die Präferenzordnung zwischen x_1 und x_3 numerisch verändert. Attribute, die nur eine solche Rangrepräsentation zulassen, werden als *streng ordinal* bezeichnet. Demgegenüber können im Falle des *Ratings* alle Attributausprägungen an einem von diesen Ausprägungen unabhängigen Maßstab gemessen werden, d.h. die vergebenen Punkte werden durch zusätzliche Alternativen nicht verändert. Attribute, die solche Stabilitätseigenschaften aufweisen, werden als *quasi-kardinal* bezeichnet[7]. Beispiele für eine ordinale Skalierung sind die Bewertung von Leistungen (wie „sehr gut", ... , „mangelhaft") oder die Reihung von Kandidaten auf der Vorschlagsliste zur Besetzung einer Stelle.

3. *Intervallskalen* weisen gleiche Abstände zwischen den Skaleneinheiten auf, so daß Operationen wie Addition und Mittelwertbildung durchgeführt werden können. Ihnen fehlt ein natürlicher Nullpunkt. Ein Beispiel sind die Temperaturskalen nach Celsius und Fahrenheit.

4. *Ratio-* oder *Verhältnisskalen* haben – wie Intervallskalen – konstante Abstände zwischen den Skaleneinheiten, besitzen zusätzlich aber einen absoluten Nullpunkt, so daß Vergleiche wie „ist doppelt so groß" möglich werden. Die Aussagen der gebräuchlichen statistischen Operationen behalten ihre Gültigkeit. Eine Ausnahme bildet die Ermittlung des Korrelationskoeffizienten, dessen Wert von der Position des Nullpunktes abhängt[8]. Ratioskalen finden häufig in den Naturwissenschaften Verwendung, z.B. für Größen wie Längen, Gewichte, Winkel. In den Sozialwissenschaften werden diese Skalen dagegen nur selten angewandt.

---

[5] Vgl. Schneeweiß (1991b), S. 41 f.
[6] Vgl. zur Definition einer Präferenzordnung Abschnitt 3.2.4.
[7] Vgl. Schneeweiß (1991b), S. 44.
[8] Vgl. Chankong/Haimes (1983), S. 30.

14   3 Verfahrensgestützte multikrielle Entscheidungsfindung

5. *Absolutskalen* stellen das höchste Skalenniveau dar. Sie bestehen aus reellen Zahlen, für die alle Rechenoperationen zulässig sind. Im Gegensatz zu Ratioskalen sind ihre Werte aber dimensionslos (wie z.B. bei Wahrscheinlichkeiten).

Die verschiedenen Skalen sind durch eine Menge zulässiger Transformationen gekennzeichnet, die die Beziehungen zwischen den einzelnen Werten unverändert lassen[9]. Am wenigsten restriktiv ist die Nominalskala, die invariant unter beliebigen eins-zu-eins Abbildungen ist. Ordinalskalen sind invariant unter streng monotonen Transformationen, Intervallskalen unter positiven linearen Funktionen $f(x) = ax + b$ (mit $a > 0$, $b \in \mathbb{R}$). Ratioskalen erlauben ausschließlich Skalarmultiplikationen, Absolutskalen lassen sich nur auf den reellen Zahlen – und zwar identisch – abbilden.

3.2.3 Klassifikation von Entscheidungsproblemen und ihrer Lösung

Entscheidungsprobleme können entweder als Matrix (Ergebnismatrix $(e_{\theta\eta})$, Entscheidungsmatrix $E = (u_{\theta\eta}) := u(e_{\theta\eta})$)[10], als Entscheidungsbaum oder als funktionaler Zusammenhang dargestellt werden. Mathematisch gesehen sind beide Formen äquivalent. In Abhängigkeit vom jeweiligen praktischen Problem können unterschiedliche Darstellungen von Vorteil sein: Z.B. ist die Repräsentation eines Entscheidungsproblems durch eine Entscheidungsmatrix einstufig, d.h. man geht implizit davon aus, daß nur zu einem einzigen Zeitpunkt eine Entscheidung zu treffen ist. Entscheidungsbäume sind dagegen auch zur Darstellung mehrstufiger (sich über mehrere aufeinanderfolgende Zeitpunkte erstreckender) Entscheidungsprozesse geeignet[11].

In Abhängigkeit von der vorliegenden Information über das Eintreten der Zustände s_η lassen sich Entscheidungsprobleme grundsätzlich nach folgenden Situationen unterscheiden[12]:

1. Entscheidungen bei Sicherheit: Es steht mit Sicherheit fest, welcher Zustand eintreten wird.

2. Entscheidungen bei Unsicherheit:

    a) bei Ungewißheit: Es sind mehrere Zustände künftig möglich, ohne daß sich Wahrscheinlichkeiten für ihr Eintreten angeben lassen.

---

[9] Vgl. Daellenbach (1995), S. 507 f.
[10] Vgl. z.B. Bamberg/Coenenberg (1996), S. 31, 34.
[11] Auf mehrstufige Entscheidungsprobleme wird hier nicht näher eingegangen. Vgl. dazu Ossadnik (1992), S. 81 ff.
[12] Vgl. z.B. Ossadnik (1996), S. 159.

b) bei Risiko: Für alle möglichen Zustände s_η sind Eintrittswahrscheinlichkeiten p_η bekannt.

Für die Klassifikation von Entscheidungsproblemen ist auch die Anzahl
der formulierten Ziele von Bedeutung. Verfolgt ein Entscheidungsträger *ein*
Ziel, spricht man von einem *uni*kriteriellen, verfolgt er *mehrere* Ziele, spricht
man von einem *multi*kriteriellen Entscheidungsproblem.

Multikriterielle Entscheidungsprobleme lassen sich formal wie folgt definieren:

$$DR_{x \in X} \{f_1(x); \dots ; f_n(x)\}.$$

Dies kann auch gelesen werden als: „Wende Entscheidungsregel DR (engl.:
decision rule) an, um die beste Alternative in X entsprechend den Werten
der Attribute $f_1; \dots ; f_n$ zu bestimmen". $X\{f_1(x); \dots ; f_n(x)\}$ ist als Menge
von Regeln zu betrachten, durch die alle Attribute (Ziele) $f_1; \dots ; f_n$ für eine
gegebene Alternative x bewertet werden.

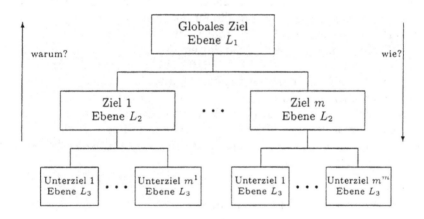

Abbildung 3.1: Zielhierarchie

Multikriterielle Entscheidungsprobleme beziehen sich auf Entscheidungssituationen mit mehreren Zielen. Diese Ziele können eine hierarchische Struktur haben (vgl. Abbildung 3.1). Im Rahmen einer solchen Struktur liefern m
Ziele einer höheren Hierarchiestufe L_π den Grund, *warum* Ziele der unmittelbar darunterliegenden Stufe $L_{\pi+1}$ verfolgt werden sollen. Umgekehrt geben
Ziele einer niedrigeren Hierarchiestufe an, *wie* Ziele der nächsthöheren Hierarchiestufe umgesetzt werden sollen. Dabei sind Unterziele einer Ebene $L_{\pi+1}$
jeweils einem Oberziel der Ebene L_π zugeordnet.

In einem hierarchischen Zielsystem stehen auf oberster Ebene Ziele, die vage, d.h. nicht operational, formuliert sind. Geht man von diesen Oberzielen zu tieferen Hierarchiestufen, werden die Ziele spezifischer und operationaler. Ein Ziel heißt operational, wenn es eine praktikable Art gibt, den Erreichungsgrad festzustellen. Ziele unterer Hierarchiestufen (Unterziele) können als Mittel zur Erreichung der Ziele auf höheren Ebenen interpretiert werden. Den Zielen auf der untersten Ebene werden deshalb meßbare Dimensionen zugeordnet. Sie werden auch als Attribute bezeichnet[13]. Die Ausprägungen der Attribute sind vor dem Hintergrund der Präferenzen des Entscheidungsträgers als günstig oder ungünstig zu bewerten.

Die Menge der Attribute sollte vollständig, operational, zerlegbar, nichtredundant und minimal sein. Zerlegbar bedeutet, daß eine Vereinfachung des Entscheidungsprozesses durch Dekomposition des Problems in mehrere Teile möglich ist. Nicht-redundant besagt, daß kein Aspekt des Problems mehrfach miteinbezogen wird. Schließlich sollte die Anzahl der Attribute mit Blick auf die Dimensionalität, die daraus für das gesamte Problem resultiert, möglichst gering gehalten werden.

In vielen Fällen stehen die Ziele miteinander in Konflikt. Es ist dann oft nicht möglich, eine Lösung zu finden, bei der sämtliche Werte der Attribute die bestmöglichen sind. In diesem Fall wird das Konzept der nicht-dominierten oder pareto-optimalen (auch: funktional-effizienten[14]) Lösungen relevant[15]. Die Menge der nicht-dominierten Lösungen ist eine Teilmenge aller zulässigen Lösungen X mit der Eigenschaft, daß es zu einer Lösung (Alternative) x aus X keine andere zulässige Lösung gibt, die in mindestens einem Attribut besser, aber in keinem schlechter ist als x. Einige der in Abschnitt 3.3 zu diskutierenden Verfahren sind in der Lage, die Menge der nicht-dominierten Lösungen zu identifizieren. Andere bestimmen auf dieser Menge eine Kompromißlösung, die den Entscheidungsträger entsprechend seinen Präferenzen am besten zufriedenstellt.

3.2.4 Nutzentheoretische Grundlagen

Im Rahmen eines Entscheidungsprozesses muß eine Präferenzordnung gebildet werden, d.h. es muß eine Ordnungsrelation bestimmt werden, die es ermöglicht, Handlungsalternativen in eine Rangordnung zu bringen und eine Alternative auszuwählen. In der Nutzentheorie wird versucht, die Präferenzvorstellungen des Entscheidungsträgers durch eine reellwertige Funktion, die sog. Nutzenfunktion[16], zu erfassen. Als Symbol für die Präferenzordnung sei

---

[13] Vgl. z.B. Eisenführ/Weber (1994), S. 65.

[14] Vgl. auch Zimmermann/Gutsche (1991), S. 35.

[15] Vgl. Brosowski/da Silva (1994), S. 243 ff.

[16] Englischsprachige Autoren unterscheiden in der Regel zwischen einer „value function" im deterministischen Fall und einer „utility function" bei Unsicherheit. Vgl.

$\succ$ eingeführt. Dies bedeutet strenge Präferenz. Dagegen ist $\sim$ als Indifferenz und die Kombination beider Symbole $\succsim$ als „ist mindestens so stark zu präferieren wie" (schwache Präferenz) zu lesen.

Ausgangspunkt der Herleitung von Nutzenfunktionen ist R als zweistellige Relation auf X, der Menge aller Handlungsalternativen[17]. Dies bedeutet, daß R eine Teilmenge des Kreuzprodukts von X mit sich selbst ist. Es gilt somit:

$$R \subseteq X \times X = \{(x_1; x_2) | x_1 \in X, x_2 \in X\}.$$

Für ein geordnetes Paar $(x_1; x_2)$, das zu R gehört, kann man statt $(x_1; x_2) \in R$ auch $x_1 R x_2$ schreiben. Es gelten dann für R die aus Tabelle 3.1 ersichtlichen Bezeichnungen[18].

Tabelle 3.1: Differenzierung von Relationen

Eine Relation ist	wenn			
	$\forall$ aus X	aus	folgt	gilt
transitiv	x_1, x_2, x_3	$x_1 R x_2$ und $x_2 R x_3$	$x_1 R x_3$	
reflexiv	x_1			$x_1 R x_1$
symmetrisch	x_1, x_2	$x_1 R x_2$	$x_2 R x_1$	
vollständig	x_1, x_2 (mit $x_1 \neq x_2$)			$x_1 R x_2$ und/ oder $x_2 R x_1$
irreflexiv	x_1			nicht $x_1 R x_1$
anti- symmetrisch	x_1, x_2	$x_1 R x_2$ und $x_2 R x_1$	$x_1 = x_2$	
asymmetrisch	x_1, x_2	$x_1 R x_2$	nicht $x_2 R x_1$	

Eine zweistellige Relation R auf X heißt

– Ordnung $<=>$ R ist transitiv,

– schwache Ordnung $<=>$ R ist transitiv, reflexiv und vollständig,

---

z.B. Keeney/Raiffa (1976); French (1986). Der Unterscheidung zwischen einer Wert- und einer Nutzenfunktion wird hier aber nicht gefolgt; es soll vielmehr allgemein von Nutzenfunktionen die Rede sein.

[17] Vgl. Zimmermann/Gutsche (1991), S. 15 f.

[18] Vgl. dazu Chankong/Haimes (1983), S. 64.

– strenge Ordnung $<=>$ R ist transitiv, irreflexiv und vollständig,

– partielle Ordnung $<=>$ R ist transitiv, reflexiv und antisymmetrisch,

– streng partielle Ordnung $<=>$ R ist transitiv und irreflexiv,

– Äquivalenzordnung $<=>$ R ist transitiv, reflexiv und symmetrisch.

– lineare Ordnung $<=>$ R ist transitiv, reflexiv, antisymmetrisch und vollständig.

Tabelle 3.2 vermittelt einen Überblick über die Eigenschaften der verschiedenen Ordnungsbegriffe.

Tabelle 3.2: Eigenschaften spezifischer Relationen

Relation R	Eigenschaften					
	Transitivität	Reflexivität	Irreflexivität	Symmetrie	Antisymmetrie	Vollständigkeit
Ordnung	×					
schwache Ordnung	×	×				×
strenge Ordnung	×		×			×
partielle Ordnung	×	×			×	
streng partielle Ordnung	×		×			
Äquivalenzordnung	×	×		×		
lineare Ordnung	×	×			×	×

Wenn $\succsim$ eine schwache Ordnung auf X ist und dieses in eine abzählbare (d.h. endliche oder abzählbar unendliche) Menge von Indifferenzklassen zerfällt, dann

– gehören die Alternativen x_1 und x_2 aus X zu derselben Indifferenzklasse, falls $x_1 \succsim x_2$ und zugleich $x_2 \succsim x_1$ gilt;

– existiert eine reellwertige Funktion ω auf X mit der Eigenschaft, daß für alle x_1, x_2 aus X gilt:

$$x_1 \succ x_2 \Leftrightarrow \omega(x_1) \;>\; \omega(x_2)$$
$$x_1 \sim x_2 \Leftrightarrow \omega(x_1) \;=\; \omega(x_2)$$
$$x_1 \succsim x_2 \Leftrightarrow \omega(x_1) \;\geq\; \omega(x_2).$$

Die Bedingungen für das Vorliegen einer Ordnungsrelation besagen in erster Linie, daß rationales und konsistentes Verhalten seitens des Entscheidungsträgers erforderlich ist, um eine Nutzenfunktion formulieren zu können. Auch für Entscheidungen bei Risiko läßt sich die Existenz einer Nutzenfunktion beweisen, wenn folgende zusätzliche Annahmen getroffen werden[19]:

– Für alle Alternativen x_1, x_2, x_3 aus X mit $x_1 \prec x_2$, $x_2 \prec x_3$ ist eine Wahrscheinlichkeit p ($0 < p < 1$) bekannt, so daß der Entscheidungsträger indifferent ist zwischen dem mit Sicherheit eintretenden Ergebnis x_2 sowie den beiden Möglichkeiten, mit der Wahrscheinlichkeit p das Ergebnis x_1 oder mit der Wahrscheinlichkeit $(1-p)$ das Ergebnis x_3 zu erzielen.

– Für alle Alternativen x_1, x_2, x_3 aus X mit $x_1 \sim x_2$ ist der Entscheidungsträger indifferent zwischen den beiden Möglichkeiten,

  – x_1 mit der Wahrscheinlichkeit p und x_3 mit der Wahrscheinlichkeit $(1-p)$,

  – x_2 mit der Wahrscheinlichkeit p und x_3 mit der Wahrscheinlichkeit $(1-p)$

zu erzielen.

Dieses Existenztheorem für unikriterielle Entscheidungsprobleme ist auch auf multikriterielle Entscheidungsprobleme anwendbar. Allerdings ist die Konstruktion der Nutzenfunktion in diesem Fall weitaus schwieriger, da kriterienspezifische Nutzenfunktionen aus Vergleichsurteilen des Entscheidungsträgers zu Alternativenpaaren hergeleitet werden müssen und der hiermit einhergehende Befragungsaufwand aufgrund der Multikriterität erheblich höher ist als bei unikriteriellen Nutzenfunktionen. Daher versucht man, die Dimensionalität zu verringern, indem verschiedene Ziele in mehrere Untergruppen aufgeteilt werden, die jeweils unabhängig voneinander betrachtet werden können. Im Idealfall kann für jedes Attribut eine eigene Nutzenfunktion unabhängig von den anderen Attributen konstruiert werden. In diesem Fall spricht man von additiver Präferenzstruktur[20]. In der Praxis wird diese Struktur häufig als vereinfachender Ersatz für die tatsächliche, wesentlich kompliziertere Präferenzstruktur des Entscheidungsträgers verwendet. Es kommen aber auch andere, weniger restriktive Dekompositionen, wie etwa eine multiplikative oder multilineare, in Frage[21]. Im deterministischen Fall ist für Dekompositionen *Präferenz*unabhängigkeit, im stochastischen Fall dagegen *Nutzen*un-

---

[19] Vgl. Goicoechea/Hansen/Duckstein (1982), S. 26 f.
[20] Vgl. Chankong/Haimes (1983), S. 72, für den speziellen Fall der Value Function.
[21] Vgl. Chankong/Haimes (1983), S. 81.

abhängigkeit vorauszusetzen. Präferenz- bzw. Nutzenunabhängigkeit[22] läßt sich wie folgt herleiten[23]:

$$\text{Sei} \quad \bar{f}_\zeta(x) : \quad = \quad \frac{f_\zeta(x) - f_\zeta^{\min}}{f_\zeta^{\max}(x) - f_\zeta^{\min}}$$

$$\text{mit} \quad f_\zeta^{\max} \quad = \quad \max_{x \in X} f_\zeta(x)$$

$$f_\zeta^{\min} \quad = \quad \min_{x \in X} f_\zeta(x).$$

Die ζ-te Zielfunktion f_ζ wird auf diese Weise zu $[0, 1]$ skaliert, kurz $\bar{f}_\zeta = \bar{f}_\zeta(x)$. Das Attributpaar $\{\bar{f}_1; \bar{f}_2\}$ ist *präferenzunabhängig* von den anderen Attributen $\{\bar{f}_3; \ldots; \bar{f}_m\}$, falls die Präferenzen bezüglich $\{\bar{f}_1; \bar{f}_2\}$ nicht davon abhängen, welche Werte für $\{\bar{f}_3; \ldots; \bar{f}_m\}$ festgesetzt werden. Eine Menge von Attributen $K \subset \{\bar{f}_1; \ldots; \bar{f}_m\}$ ist genau dann von ihrer Komplementärmenge $\bar{K} = \{\bar{f}_1; \ldots; \bar{f}_m\} \setminus K$ präferenzunabhängig, wenn die Präferenz einer Alternative x_1 gegenüber einer Alternative x_2 nur von den Ausprägungen der Attribute aus K und nicht von den Ausprägungen der Attribute aus $\bar{K}$ abhängt[24]. Die Attribute $\{\bar{f}_1; \ldots; \bar{f}_m\}$ sind genau dann wechselseitig präferenzunabhängig, wenn jede Teilmenge dieser Menge von Attributen präferenzunabhängig von ihrer Komplementärmenge ist. Darüber hinaus ist ein unsicheres Attribut $\bar{f}_1$ *nutzenunabhängig* von den anderen Attributen $\{\bar{f}_2; \ldots; \bar{f}_m\}$, falls Präferenzen zu Lotterien über $\bar{f}_1$ bei festen Werten für $\bar{f}_2; \ldots; \bar{f}_m$ nicht von den Werten der anderen Attribute abhängen[25]. Diesen Sachverhalt veranschaulicht Abbildung 3.2[26], in der vier Lotterien l_ϱ (mit $\varrho = 1, \ldots, 4$) als Punktepaare dargestellt sind[27]. Zwischen den Lotterien l_1 und l_2 bzw. l_3 und l_4, die sich bei festem $\bar{f}$ nur durch ihre τ-Werte (z.B. τ' und τ'') unterscheiden, besteht Nutzenunabhängigkeit, falls

$$[(\bar{f}_1, \tau'), p_1, (\bar{f}_2, \tau')] \succsim [(\bar{f}_3, \tau'), p_2, (\bar{f}_4, \tau')]$$

gegeben ist und stets

$$[(\bar{f}_1, \tau), p_1, (\bar{f}_2, \tau)] \succsim [(\bar{f}_3, \tau), p_2, (\bar{f}_4, \tau)]$$

mit $p_1 = 1 - p_2$ folgt.

---

[22] Vgl. Keeney/Raiffa (1976); Fishburn (1978).

[23] Vgl. Goicoechea/Hansen/Duckstein (1982), S. 27 f.

[24] Vgl. Zimmermann/Gutsche (1991), S. 64.

[25] Vgl. auch Eisenführ/Weber (1994), S. 263 ff.

[26] In Anlehnung an Schneeweiß (1991b), S. 219 f.

[27] Unter einer Lotterie wird im Rahmen der Bernoulli-Nutzentheorie eine Wahrscheinlichkeitsverteilung $l = [(x_1; p_1); \ldots; (x_n; p_n)]$ verstanden, bei der p_θ die Wahrscheinlichkeit dafür ist, daß X den Wert x_θ annimmt. Vgl. dazu Schneeweiß (1991b), S. 186–188.

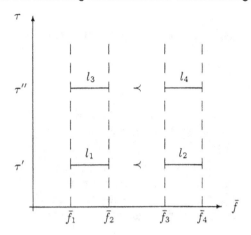

Abbildung 3.2: Nutzenunabhängigkeit

Für $\theta \geq 3$ gilt[28]: Falls ein $\bar{f}_\zeta(x_\theta)$ von allen anderen Attributen präferenz-unabhängig und nutzenunabhängig ist, gilt entweder

$$u(\bar{f}) = \sum_{\theta=1}^{n} \varphi_\theta \cdot u_\theta(\bar{f}) \qquad \text{(additive Form)}$$

oder

$$1 + \varphi \cdot u(\bar{f}) = \prod_{\theta=1}^{n} [1 + \varphi \cdot \varphi_\theta u_\theta(\bar{f})] \qquad \text{(multiplikative Form)},$$

wobei

- u, u_ζ auf [0,1] skalierte Nutzenfunktionen sind,
- die Faktoren φ_ζ skalierende Konstanten mit $0 < \varphi_\zeta < 1$ sind und
- $\varphi > -1$ ein Skalar ist, der die Gleichung $1 + \varphi = \prod_{\theta=1}^{n}[1 + \varphi \cdot \varphi_\theta]$ erfüllt[29].

Für den Fall multikriterieller Entscheidungen unter Risiko oder Unsicherheit sind entsprechende Dekompositionen möglich[30]. Die dabei von den Nutzenfunktionen zu erfüllenden Voraussetzungen werden z.T. bei der Beschreibung der Algorithmen und Lösungstechniken aufgeführt. Deterministische Nutzenfunktionen setzen in der Regel nur ordinale Werte voraus. Bei Entscheidungen unter Unsicherheit sind aber meist intervallskalierte Werte erforderlich, da gewährleistet sein muß, daß die jeweiligen Nutzenfunktionen invariant gegenüber positiven linearen Transformationen sind[31].

---

[28] Für $\theta \leq 2$ ist eine zusätzliche Bedingung erforderlich.
[29] Vgl. Goicoechea/Hansen/Duckstein (1982), S. 28.
[30] Vgl. Fishburn (1970).
[31] Vgl. Chankong/Haimes (1983), S. 109.

3.3 Verfahren zur Lösung multikriterieller Entscheidungsprobleme

3.3.1 Klassifikation

Für die Lösung multikriterieller Entscheidungsprobleme kommen eine Vielzahl von Verfahren in Betracht. Eine Systematisierung solcher Multi Criteria-Verfahren liefert Abbildung 3.3[32].

Eine grundlegende Unterscheidung der Algorithmen richtet sich nach der Art der Attribute und der Anzahl der Alternativen[33]: Bei diskreten Problemen sind die Handlungsalternativen eine endliche Menge und in der Regel – etwa in Form einer Entscheidungsmatrix – explizit gegeben. Die Attribute müssen nicht unbedingt durch Kardinalzahlen beschreibbar sein. Diskrete Probleme werden auch als *M*ulti *A*ttribute *D*ecision *M*aking (MADM)-Probleme bezeichnet. Für stetige Probleme ist die Menge der Alternativen implizit durch einige wohldefinierte Nebenbedingungen gegeben. Sie werden auch als *M*ulti *O*bjective *D*ecision *M*aking (MODM)-Probleme bezeichnet.

Geht man von der Unterscheidung diskreter und stetiger Entscheidungsprobleme aus, läßt sich für diskrete Probleme eine weitere Unterteilung der Verfahren in Abhängigkeit davon vornehmen, welche Informationen über die Attribute – etwa deren ordinale oder kardinale Skalierung – notwendig sind. Bei stetigen Problemen kann eine Unterscheidung anhand der Verwendung von Informationen über Präferenzen getroffen werden. Einige Methoden bestimmen eine vollständige Lösung unter Berücksichtigung von a posteriori bekannten Präferenzen, andere Verfahren setzen die Kenntnis der Präferenzen zu Beginn des Verfahrens voraus, eine dritte Gruppe fragt Informationen zu Präferenzen im Verlaufe der Rechnung interaktiv ab. In der nachfolgenden Erörterung ausgewählter Verfahren werden Techniken multikriterieller Entscheidungsfindung bei Unsicherheit, durch Gruppen von Entscheidungsträgern sowie bei unscharfer Information nicht berücksichtigt.

3.3.2 Diskrete Methoden

3.3.2.1 Vorbemerkungen

Gegenstand der Betrachtungen dieses Abschnitts sind Verfahren zur Bewältigung diskreter Entscheidungsprobleme, die in einer Ergebnis-[34] oder Zielerreichungsmatrix ihren Ausdruck gefunden haben. Die zu erörternden Verfahren versuchen – mit Ausnahme der im nachfolgenden Abschnitt zu behandelnden Verfahren – die Präferenzen des Entscheidungsträgers (bis zu

---

[32] Vgl. auch eine Einteilung zu MADM-Verfahren bei Hwang/Yoon (1981), S. 9; zu MODM-Verfahren vgl. Zimmermann/Gutsche (1991), S. 31.

[33] Vgl. dazu auch Ossadnik (1996), S. 184 f.

[34] Vgl. dazu Abschnitt 3.2.3.

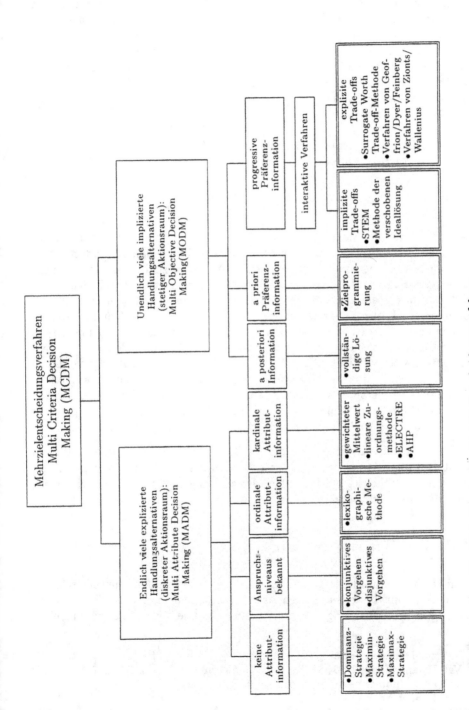

Abbildung 3.3: Überblick über multikriterielle Entscheidungsverfahren

einem bestimmten Grad) festzustellen. Im arbeitsteiligen Kontext zwischen Management und Controlling ist der Manager der Entscheidungsträger. Auf der Basis seiner Päferenzen soll mittels rechentechnischer Unterstützung von Seiten des Controllings eine Alternative ausgewählt werden, die den größten Nutzen(wert) hat. Die Verfahren sind von unterschiedlicher Komplexität: Die schwierigeren Verfahren greifen in der Regel auf mehr und genauere Attributinformationen zurück.

3.3.2.2 Einfache Strategien zur multikriteriellen Entscheidungsfindung

Dominanz-Strategie

Ziel der Dominanz-Strategie ist die Bestimmung der Menge der nicht-dominierten Alternativen, d.h. aller Alternativen, die bezüglich mindestens eines Attributs besser und bezüglich keines Attributs schlechter als die anderen Alternativen sind[35]. Die Menge der Alternativen wird durch Elimination der dominierten Alternativen auf die Menge der paretooptimalen (nicht-dominierten) Lösungen eingeschränkt. Die Entdeckung von Dominanzbeziehungen kommt ohne normative Informationen aus und ist daher Aufgabe des Controllings. Dieses hat wie folgt vorzugehen: Zunächst vergleicht es die beiden ersten Alternativen und eliminiert ggf. die dominierte Alternative. Dann wird die nicht-dominierte Alternative mit der dritten Alternative verglichen, und es wird dem ersten Vergleich entsprechend verfahren. Bei n Alternativen sind $(n-1)$ Stufen mit minimal $(n-1)$ und maximal $n \cdot (n-1)/2$ Vergleichen zur Bestimmung der Menge der nicht-dominierten Alternativen notwendig[36].

In der Regel wird dieses Verfahren als Vorauswahl für andere Methoden benutzt, um die Menge der zu betrachtenden Alternativen zu vermindern[37]. Die Dominanz-Strategie erfordert weder zusätzliche Annahmen noch Transformationen der zugrundegelegten Attribute[38].

Maximin- und Maximax-Strategie

Nach der Maximin-Strategie werden Alternativen nach ihrem jeweils schlechtesten Attribut bewertet, sofern davon auszugehen ist, daß die Attributausprägungen positiv eingeschätzt werden (d.h. eine höhere Ausprägung einer

---

[35] Vgl. zur Dominanz-Strategie Hwang/Yoon (1981), S. 58 f.
[36] Vgl. Hwang/Yoon (1981), S. 58; Calpine/Golding (1976), S. 141–147.
[37] Vgl. auch Zimmermann/Gutsche (1991), S. 42.
[38] Vgl. Hwang/Yoon (1981), S. 58.

niedrigeren vorgezogen wird)[39]. Die Ausprägungen der übrigen $(m-1)$ Attribute bleiben unberücksichtigt. Insgesamt wird dann das Maximum über diese
Minima bestimmt. Voraussetzung für die Anwendung dieser Strategie ist einerseits, daß die Werte der verschiedenen Attribute miteinander vergleichbar
sind. Dies muß insbesondere bei ordinalen Skalen mit eher qualitativen Werten (gut, besser, . . .) nicht notwendigerweise der Fall sein. Andererseits müssen die Werte in den Spalten der Ergebnismatrix sinnvoll skaliert (normiert)
sein, d.h. es muß eine einheitliche Skala für alle Attribute zugrundegelegt
werden können. In dieser Entscheidungsregel spiegelt sich eine sehr pessimi-
stische Grundhaltung eines Managers wider, da nur die schlechtesten Werte
berücksichtigt werden[40]. Analog zu dieser Strategie kann auch eine extrem
optimistische Grundhaltung dargestellt werden. Dabei wird das Maximum
der Zeilenmaxima der Ergebnismatrix ermittelt. Beide Verfahrensvarianten
werden aufgrund der extremen Präferenzen, die sie zugrunde legen, nur in
Ausnahmefällen zur Anwendung kommen können. Voraussetzung hierfür ist,
daß ein Manager solche Präferenzen expliziert und der Controller auf dieser
Basis eine Alternative mittels Maximin- oder Maximax-Strategie bestimmen
kann.

3.3.2.3 Auswahlverfahren auf der Basis von Anspruchsniveaus: kon- und disjunktives Vorgehen

Bei konjunktivem Vorgehen werden durch den Entscheidungsträger, d.h. den
Manager, für alle Attribute Mindestgrenzen, d.h. Anspruchsniveaus, festgelegt. Unterschreiten Alternativen (nicht) mindestens eine der Grenzen, gelten
sie als nicht-akzeptabel (bzw. akzeptabel). Der Vergleich der Alternativen mit
den vom Manager definierten Mindestgrenzen obliegt dem Controller. Bei gegebener Mindestgrenze $\bar{e}_\zeta$ für die Ausprägung des ζ-ten Attributs gilt eine
Alternative x_θ mit $1 \leq \theta \leq n$ genau dann als akzeptabel, wenn alle Attributausprägungen $e_{\theta\zeta}$ folgender Anforderung genügen:

$$e_{\theta\zeta} \geq \bar{e}_\zeta \qquad \forall\, \zeta \in \{1, 2, \ldots, m\}.$$

Falls nicht-dominierte Lösungen vom Controller wegen Unterschreitens
von Anspruchsniveaus eliminiert worden sind, induziert dieses Verfahren eine partielle Ordnung auf der Menge der nicht-eliminierten Lösungen. Dies
kann dadurch geschehen, daß die Anspruchsniveaus schrittweise so lange an-
gehoben werden, bis nur noch *eine* Alternative die Anforderungen erfüllt.
Grundsätzlich kann der Prozeß der Anhebung der Anspruchsniveaus nicht so

---

[39] Vgl. zum folgenden auch Hwang/Yoon (1981), S. 61 ff.
[40] So wird die schlechteste Attributausprägung mit 1 gewichtet, während alle übrigen Attributausprägungen das Gewicht 0 erhalten.

gesteuert werden, daß die resultierende Lösung als willkürfrei bzw. intersubjektiv nachvollziehbar bezeichnet werden kann. Dieses Verfahren bietet sich daher eher zur Abgrenzung akzeptabler und nicht-akzeptabler Lösungen an. Mit einer Modifikation dieser Methode (Konjunktives Ranking) kann eine vollständige Ordnung auf der Menge der akzeptablen Alternativen erzeugt werden. Dabei wird die Menge der akzeptablen Lösungen bezüglich $(m - 1)$ Kriterien gebildet. Anhand des m-ten Kriteriums wird eine Rangordnung der akzeptablen Lösungen bestimmt.

Konjunktives Vorgehen ist nicht-kompensatorisch, da beim Verwerfen einer Alternative besonders gute Attributausprägungen das Unterschreiten eines Anspruchsniveaus durch andere Attributausprägungen nicht ausgleichen können. Dieser Mangel wird durch disjunktives Vorgehen[41] ins andere Extrem verkehrt: Jede Alternative, die mit mindestens einem Attribut das betreffende Anspruchsniveau erfüllt, wird akzeptiert.

3.3.2.4 Verfahren auf der Basis ordinaler Attributinformationen: die lexikographische Methode

Die Grundidee der lexikographischen Methode besteht darin, daß ein Entscheidungsträger die entscheidungsrelevanten Kriterien bezüglich ihrer Wichtigkeit wie eine alphabetisch systematisierte Abfolge von Stichworten in einem Lexikon ordnet. Innerhalb einer arbeitsteiligen Beziehung hat der Manager die Kriterien entsprechend ihrer Wichtigkeit zu ordnen, während der Controller die Alternative bestimmen muß, bei der das wichtigste Attribut am besten ausgeprägt ist[42]. Gibt es weitere Alternativen, die bezüglich des wichtigsten Kriteriums die gleiche beste Ausprägung aufweisen, vergleicht der Controller die insoweit nicht unterscheidbaren Alternativen nach dem vom Manager vorgegebenen zweitwichtigsten Kriterium. Bei Bedarf wird dieser Prozeß so lange fortgesetzt, bis eine einzelne Alternative als optimal ausgezeichnet ist oder alle Attribute betrachtet worden sind, ohne daß eine einzelne Alternative als optimal ausgezeichnet werden konnte.

Die formale Vorgehensweise der lexikographischen Methode sei an einem Beispiel verdeutlicht[43]: Gegeben sei folgende Entscheidungsmatrix E mit den Alternativen $x_1, \ldots, x_5$ und den Attributen $K_1, \ldots, K_4$:

---

[41] Vgl. dazu Zimmermann/Gutsche (1991), S. 48.
[42] Vgl. auch Hwang/Yoon (1981), S. 4.
[43] Vgl. zu Darstellungen der Methode u.a. Hwang/Yoon (1981), S. 74; Zimmermann/Gutsche (1991), S. 49.

$$
\begin{array}{cccc}
K_1 & K_2 & K_3 & K_4
\end{array}
$$

$$
E = \begin{pmatrix}
3 & 7 & 5 & 6,5 \\
1 & 3 & 9,5 & 2,5 \\
2,5 & 8 & 3 & 4 \\
3 & 3,5 & 4 & 3 \\
3 & 7 & 8 & 2
\end{pmatrix}
\begin{array}{l}
x_1 \\ x_2 \\ x_3 \\ x_4 \\ x_5
\end{array}
$$

Unter den Attributen sei die ordinale Reihenfolge der Wichtigkeit gemäß K_1, K_2, K_3, K_4 mit K_1 als wichtigstem und K_4 als am wenigsten wichtigen Attribut vom Manager gebildet worden. Dieser definiert

$I^0 = \{1, 2, 3, 4, 5\}$ als Menge der Indizes aller Alternativen x_θ und

$I^1 = \{\theta \in I^0 | e_{\theta 1} = \max\limits_{l \in I^0} e_{l1}\}$ als Menge der Indizes der Alternativen x_θ, deren Ausprägung $e_{\theta 1}$ bezüglich des Attributs K_1 relativ zu allen anderen Alternativen maximal ist.

In der konkreten Ausprägung des Beispiels ist dies $I^1 = \{1, 4, 5\}$, da die Alternativen x_1, x_4 und x_5 die gleiche maximale Ausprägung des Attributs K_1 von 3 aufweisen. Da I^1 keine vor allen anderen bevorzugte Alternative x^* enthält, wird I^2 analysiert mit

$I^2 = \{\theta \in I^1 | e_{\theta 2} = \max\limits_{l \in I^1} e_{l2}\}$ als der Menge der Indizes aus der Indexmenge I^1 deren Ausprägung $e_{\theta 2}$ bezüglich des zweiten Attributs K_2 maximal ist, verglichen mit allen anderen Alternativen mit Index aus I^1.

I^2 ergibt sich hier als $I^2 = \{1, 5\}$, da die Alternativen x_1 und x_5 gleiche Ausprägungen in K_2 aufweisen, aber x_4 in K_2 dominieren. Daran wird deutlich, daß die lexikographische Methode nicht-kompensatorisch ist, da x_3 in K_2 den maximalen Wert aufweist, aber den Nachteil in K_1 nicht kompensieren kann. Da I^2 mehr als ein Element umfaßt, ist I^3 zu analysieren:

$I^3 = \{\theta \in I^2 | c_{\theta 3,} = \max\limits_{l \in I^2} c_{l3}\}$ hier mit $I^3 = \{5\}$ für die Entscheidungsmatrix E.

Damit ist Alternative x_5 optimal und zu wählen. Wären die Alternativen x_1 und x_5 hinsichtlich aller Attributausprägungen gleich, so würde die lexikographische Methode die Menge I^m mit Index $\theta \in I^m$ (bestehend aus den nicht unterschiedlichen Alternativen x_1 und x_5) liefern.

Die lexikographische Methode ist einfach zu handhaben und entspricht durchaus der Art und Weise, wie Individuen ihre Entscheidungen treffen. Sie ist allerdings nicht-kompensatorisch. Eine diesbezügliche Modifikation bietet die *lexikographische Methode mit Halbordnung*. Hierbei gelten zwei Alternativen nur dann als unterscheidbar, wenn sich die Attributwerte signifikant voneinander unterscheiden. Bei diesem Verfahren enthält die Indexmenge I^m mit $I^m = \{\theta \in I^{m-1} | e_{\theta m} \approx \max_{l \in I^{m-1}} e_{lm}\}$ die Indizes derjenigen Alternativen, für die die Ausprägung e_θ im Hinblick auf das m-te Attribut genau gleich der maximalen Ausprägung $\max_{l \in I^{m-1}} e_{lm}$ ist, sowie ferner die Indizes der Alternativen, deren Ausprägung $e_{\theta m}$ nicht signifikant von $\max_{l \in I^{m-1}} e_{lm}$ abweicht, d.h. für die $e_{\theta m}$ „ungefähr gleich" ($\approx$) der maximalen Ausprägung des m-ten Attributs im Vergleich zu den Alternativen mit einem Index aus der Indexmenge I^{m-1} ist. Der Manager muß bei der lexikographischen Methode mit Halbordnung für jedes Attribut die Toleranzgrenze festlegen, innerhalb derer eine Abweichung als nicht signifikant gilt. Ein Nachteil der lexikographischen Methode mit Halbordnung besteht darin, daß sie zu Intransitivitäten[44] führen kann[45].

3.3.2.5 Verfahren auf der Basis kardinaler Attributinformationen

Gewichteter Mittelwert

Das Verfahren des gewichteten Mittelwerts ist in der Praxis weit verbreitet. Es setzt voraus, daß für jedes Kriterium ζ eine Einzelnutzenfunktion u_ζ bekannt ist. Der Gesamtnutzen U_θ einer Alternative x_θ wird gemäß

$$U_\theta = \sum_{\zeta=1}^{m} w_\zeta u_\zeta(e_{\theta\zeta})$$

als gewichtete Summe aller Einzelwerte $u_\zeta(e_{\theta\zeta})$ ermittelt. Es ist die Alternative mit dem maximalen Nutzen zu wählen. In dieses Verfahren gehen zwei Annahmen ein:

1. Die vom Manager zu explizierende Nutzenfunktion ist bezüglich jedes Kriteriums *linear*, d.h.

---

[44] Ein Beispiel liefern Hwang/Yoon (1981), S. 75.

[45] Hwang/Yoon führen als weitere Verfahren auf der Basis ordinaler Attributinformationen das „Aspektweise Eliminieren" und die „Permutations-Methode" ein. Letztere ist recht komplex und entspricht in weiten Teilen der noch zu erörternden Methode des ELECTRE. Durch aspektweises Eliminieren und durch die Permutations-Methode können sowohl ordinale als auch kardinale Informationen verarbeitet werden. Vgl. dazu Hwang/Yoon (1981), S. 84–91.

$$u_\zeta(e_{\theta\zeta}) = a_\theta + b_\theta e_{\theta\zeta},$$

wobei $b_\theta > 0$.

2. Es wird ferner angenommen, daß die auf dieser Basis vom Controller zu ermittelnden attributspezifischen Nutzenwerte *additiv* aggregiert werden können:

$$U_\zeta = \sum_{\theta=1}^{n} u_\zeta(e_{\theta\zeta}).$$

Aus diesen Annahmen, die Präferenz- und Nutzenunabhängigkeit implizieren, ergibt sich $U_\zeta = \sum_{\theta=1}^{n} a_\theta + \sum_{\theta=1}^{n} b_\theta e_{\theta\zeta}$ für alle ζ. Da die erste Summe konstant ist, weisen die Parameter b_θ als Gewichte auf die Rangordnung der Nutzenwerte hin.

Lineare Zuordnungsmethode

Die lineare Zuordnungsmethode[46] beruht auf einer Menge von attributweisen Rangordnungen der Alternativen sowie einem auf die Attribute $\zeta = 1, \ldots, m$ anzuwendenden Gewichtevektor

$$w^T = (w_1, \ldots, w_m) \quad \text{mit} \sum_{\zeta=1}^{m} w_\zeta = 1 \quad \text{und} \quad w_\zeta \geq 0.$$

Innerhalb der Arbeitsteilung zwischen Manager und Controller sind die attributweisen Rangordnungen sowie der Gewichtevektor vom Manager aufzustellen. Der Controller löst dann ein lineares Zuordnungsproblem dergestalt, daß er die Wechselwirkungen der Attribute kompensatorisch nach Maßgabe des Managers berücksichtigt[47]: Aus einer ordinalen Rangordnung der Alternativen bezüglich der Attribute und aus dem Gewichtevektor w berechnet der Controller eine Alternative-Rangplatz-Matrix $Q \in \mathbb{R}^{m \times m}$. Dies läßt sich an folgendem Beispiel verdeutlichen[48]: Es sei angenommen, daß die Alternativen x_1, x_2 und x_3 bezüglich der Attribute K_1, K_2 und K_3 aufgrund der Einschätzung des Managers die in Tabelle 3.3 dargestellte ordinale Rangordnung einnehmen.

---

[46] Vgl. dazu Bernardo/Blin (1977), S. 111 ff.

[47] Vgl. Zimmermann/Gutsche (1991), S. 60 f.

[48] Vgl. zur grundsätzlichen Vorgehensweise des hier exemplifizierten Verfahrens Bernardo/Blin (1977).

Tabelle 3.3: Beispiel einer ordinalen Rangordnung für drei Alternativen und drei Kriterien

Rangplatz	K_1	K_2	K_3
1	x_1	x_1	x_2
2	x_3	x_2	x_3
3	x_2	x_3	x_1

Es sei weiter angenommen, daß der Manager allen Attributen das gleiche Gewicht w_ζ zuordnet. Die Elemente $q_{\theta z}$ der vom Controller zu bildenden Alternative-Rangplatz-Matrix Q repräsentieren die Häufigkeit, mit der die Alternative x_θ den z-ten attributweisen Rangplatz einnimmt[49]. Demnach ergibt sich der Wert q_{11}, indem „ausgezählt" wird, wie häufig Alternative x_1 den Rangplatz 1 eingenommen hat (hier 2-mal). Auf diese Weise ergibt sich Q als

$$
\begin{array}{ccc}
1 & 2 & 3
\end{array}
$$
$$
Q = \begin{pmatrix} 2 & 0 & 1 \\ 1 & 1 & 1 \\ 0 & 2 & 1 \end{pmatrix} \begin{matrix} x_1 \\ x_2 \\ x_3 \end{matrix}
$$

Sollte eine andere Gewichtung vorgenommen werden – z.B. $w_{z1} = 0,5$; $w_{z2} = 0,2$ und $w_{z3} = 0,3$ –, ergibt sich Q_{11} gemäß $0,5 \cdot 1 + 0,2 \cdot 1 + 0,3 \cdot 0 = 0,7$. Entsprechendes gilt dann für alle anderen Elemente $q_{\theta z}$.

Ein Matrixelement $q_{\theta z}$ ist der Beitrag der Alternative x_θ zur gesamten Rangordnung, wenn x_θ den z-ten Platz einnimmt. Gesucht wird deshalb die Rangplatzkombination der Alternativen, bei der der Term

$$
\sum_{z=1}^{m} q_{\theta z}
$$

maximal wird, da diese Rangordnung den besten Kompromiß aller attributweisen Ränge darstellt[50]. Mittels Permutationsmatrizen P kann jede beliebige Rangordnung der Alternativen generiert werden. Wird beispielsweise von der Rangordnung (x_1, x_2, x_3) ausgegangen und soll die Rangordnung (x_2, x_1, x_3) generiert werden, lautet die benötigte Permutationsmatrix

$$
P = \begin{pmatrix} 0 & 1 & 0 \\ 1 & 0 & 0 \\ 0 & 0 & 1 \end{pmatrix}
$$

---

[49] Vgl. Hwang/Yoon (1981), S. 95.
[50] Vgl. Bernardo/Blin (1977), S. 114.

Durch Multiplikation ergibt sich:

$$(x_1, x_2, x_3) \cdot \begin{pmatrix} 0 & 1 & 0 \\ 1 & 0 & 0 \\ 0 & 0 & 1 \end{pmatrix} = (x_1, x_2, x_3).$$

Da für die Matrixelemente von P gilt: $\underline{p}_{\theta z} = 1$, falls Alternative θ den z-ten Platz einnimmt und sonst 0, kann das Optimierungsproblem auch folgendermaßen formuliert werden:

$$\max \sum_{\theta=1}^{n} \sum_{z=1}^{m} q_{\theta z} \cdot \underline{p}_{\theta z}.$$

Ausgehend von der Rangordnung (x_1, x_2, x_3) wird die Permutationsmatrix P gesucht, deren Elemente $\sum_{\theta=1}^{n} \sum_{z=1}^{m} q_{\theta z} \cdot \underline{p}_{\theta z}$ maximieren.

Für die Matrix Q des Beispiels muß der Controller folgende $n!$ (hier also 3! $= 6$) Vergleiche vornehmen: (x_1, x_2, x_3), (x_1, x_3, x_2), (x_2, x_1, x_3), (x_2, x_3, x_1), (x_3, x_1, x_2), (x_3, x_2, x_1). Dies führt zu den aus Tabelle 3.4 ersichtlichen Gesamtrangwerten.

Damit ist die Rangordnung x_1, x_3, x_2 der Alternativen optimal. Der spezielle Ansatz der linearen Zuordnungsmethode besteht für große n darin, das $n!$-Vergleichsproblem über ein lineares ganzzahliges Optimierungssystem zu lösen. Dieses lautet:

$$\max \sum_{\theta=1}^{n} \sum_{z=1}^{m} q_{\theta z} \cdot \underline{p}_{\theta z}$$

unter den Nebenbedingungen:

$$\sum_{z=1}^{m} \underline{p}_{\theta z} = 1 \quad 1 \leq \theta \leq n$$

$$\sum_{\theta=1}^{n} \underline{p}_{\theta z} = 1 \quad 1 \leq z \leq m$$

$$\underline{p}_{\theta z} \in \{0, 1\} \quad 1 \leq \theta \leq n, \quad 1 \leq z \leq m,$$

wobei

$$\underline{p}_{\theta z} = \begin{cases} 1, & \text{falls } x_\theta \text{ in der Gesamtfolge den Rangplatz } z \text{ einnimmt} \\ 0, & \text{sonst.} \end{cases}$$

Tabelle 3.4: Gesamtrangwerte

Rangordnung	Permutationsmatrix	Gesamtrangwert $\sum_{\theta=1}^{n} \sum_{z=1}^{m} q_{\theta z} \cdot \underline{p}_{\theta z}$
$\begin{pmatrix} x_1, & x_2, & x_3 \end{pmatrix}$	$P = \begin{pmatrix} 1 & 0 & 0 \\ 0 & 1 & 0 \\ 0 & 0 & 1 \end{pmatrix}$	$2 + 1 + 1 = 4$
$\begin{pmatrix} x_1, & x_3, & x_2 \end{pmatrix}$	$P = \begin{pmatrix} 1 & 0 & 0 \\ 0 & 0 & 1 \\ 0 & 1 & 0 \end{pmatrix}$	5
$\begin{pmatrix} x_2, & x_1, & x_3 \end{pmatrix}$	$P = \begin{pmatrix} 0 & 1 & 0 \\ 1 & 0 & 0 \\ 0 & 0 & 1 \end{pmatrix}$	2
$\begin{pmatrix} x_2, & x_3, & x_1 \end{pmatrix}$	$P = \begin{pmatrix} 0 & 0 & 1 \\ 1 & 0 & 0 \\ 0 & 1 & 0 \end{pmatrix}$	4
$\begin{pmatrix} x_3, & x_1, & x_2 \end{pmatrix}$	$P = \begin{pmatrix} 0 & 1 & 0 \\ 0 & 0 & 1 \\ 1 & 0 & 0 \end{pmatrix}$	1
$\begin{pmatrix} x_3, & x_2, & x_1 \end{pmatrix}$	$P = \begin{pmatrix} 0 & 0 & 1 \\ 0 & 1 & 0 \\ 1 & 0 & 0 \end{pmatrix}$	2

Vorteile des Verfahrens bestehen darin, daß nur der Gewichtevektor w_ζ kardinale Meßbarkeit erfordert. Hinsichtlich der Attributinformationen genügt ordinale Meßbarkeit. Ein weiterer Vorteil liegt in dem kompensatorischen Charakter des Verfahrens[51]. Letzterer zeigt sich – wie am Beispiel verdeutlicht wurde – in der Konstruktion der Alternative-Rangplatz-Matrix Q, bei der die gesamten verfügbaren Informationen über die attributweisen Rangordnungen verwendet werden.

Outranking – ELECTRE-Methode

Die Idee des Outranking geht auf Benayoun, Roy und Sussman zurück[52]. Dieser Ansatz soll Entscheidungsträger dann unterstützen, wenn sie nur über unvollständige oder inkonsistente Informationen verfügen. Outranking soll hier am Beispiel der ELECTRE-Methode, des ältesten Outranking-Verfahrens,

---

[51] Vgl. Zimmermann/Gutsche (1991), S. 60.
[52] Vgl. Benayoun/Roy/Sussman (1966).

dargestellt werden. Seit der Entstehung von ELECTRE (*EL*imination *Et Ch*oice *T*ranslation *RE*ality) sind verschiedene Weiterentwicklungen vorgestellt worden[53], auf die hier nicht näher eingegangen werden soll.

ELECTRE ist zur Bewältigung multikriterieller Entscheidungsprobleme unter Sicherheit mit einer endlichen Anzahl von Alternativen entwickelt worden. Die Methode kann im Kontext einer Funktionenteilung zwischen Manager und Controller dazu benutzt werden,

- daß der Manager Alternativen in die Rubriken „verwerfen" oder „nicht-verwerfen" einteilt,

- er außerdem Alternativen Indifferenzklassen zuordnet und diese wiederum in eine Rangordnung überführt

- und der Controller auf dieser Basis Alternativen zur Realisierung vorschlagen kann.

Ausgangsprämisse des Verfahrens ist, daß Entscheidungsträger vielfach – etwa aufgrund begrenzter Wahrnehmungsfähigkeit oder wegen eines Mangels an Informationen – nicht in der Lage sind, genau zwischen zwei Alternativen zu unterscheiden. Um diese Situation abzubilden, führen die Proponenten der Methode die *Outranking-Relation* und den Begriff der *schwachen Präferenz* ein. Outranking-Relationen bieten eine Entscheidungsunterstützung für den Fall, daß zwei Handlungsalternativen nicht in eine vollständige Rangordnung überführt werden können und stellen auf der Menge der Paare von Handlungsalternativen zweistellige Relationen auf. Diese sind weder vollständig noch transitiv[54]. Eine Dominanz einer Alternative x_1 gegenüber einer Alternative x_2 liegt dann vor, wenn die Gründe dafür, daß x_1 gegenüber x_2 präferiert wird, gewichtiger sind als der umgekehrte Fall. Outranking-Relationen behaupten nicht unbedingt strenge Dominanzbeziehungen und stellen daher schwächere Definitionen von Ordnungen dar. Oft sind sie aber einfacher zu konstruieren und weniger restriktiv[55].

Von den bereits eingeführten präferentiellen Beziehungen verwendet das Verfahren die strikte Präferenz ($x_1 \succ x_2$, x_1 wird x_2 vorgezogen) sowie die Indifferenz ($x_1 \sim x_2$, x_1 ist indifferent zu x_2). Darüber hinaus werden folgende Präferenzbeziehungen berücksichtigt: Schwache Präferenz ($x_1 S x_2$, x_2 wird x_1 sicher nicht strikt vorgezogen, es ist aber nicht möglich zu entscheiden, ob x_1 indifferent zu x_2 ist oder ob x_1 x_2 vorgezogen wird) sowie Unvergleichbarkeit ($x_1 U V x_2$, bzw. $x_2 U V x_1$, x_1 und x_2 entsprechen nicht einer der drei bisher vorgestellten Situationen, etwa weil bezüglich einiger Kriterien x_1 und bezüglich anderer Kriterien x_2 dominant ist).

---

[53] Vgl. dazu Roy (1990), S. 174–176.
[54] Vgl. Vincke (1986), S. 164; Zimmermann/Gutsche (1991), S. 206.
[55] Vgl. Simpson (1996), S. 923 ff.

Die Methode ELECTRE versucht, auf der (vom Controller zu bestimmenden) Menge nicht-dominierter Lösungen eine schwache Ordnung herzustellen. Anhand von Paarvergleichen der Alternativen wird die Dominanzbeziehung zwischen zwei Alternativen festgestellt. Dabei ist ein gewisser Grad an Abweichung, Uneinigkeit und Widerspruch erlaubt. Zu diesem Zweck werden spezielle Konkordanz- und Diskordanzmengen eingeführt, wird eine Konkordanzanalyse durchgeführt. Die Vorgehensweise der Konkordanzanalyse sei schrittweise an einem Beispiel verdeutlicht[56]. Aufgestellt sei vom Manager die Entscheidungsmatrix E mit

$$
\begin{array}{cccc}
K_1 & K_2 & K_3 & K_4
\end{array}
$$

$$
E := \begin{pmatrix}
2 & 1,5 & 2 & 5,5 \\
2,5 & 2,5 & 1,5 & 6,5 \\
1,5 & 2 & 2,5 & 4,5 \\
2 & 2 & 2 & 5
\end{pmatrix}
\begin{array}{c}
x_1 \\
x_2 \\
x_3 \\
x_4
\end{array}
$$

$$
\begin{array}{ccccc}
w_j & 0,2 & 0,15 & 0,25 & 0,4
\end{array}
$$

1. Schritt: Berechnung der normierten Entscheidungsmatrix R
Zunächst ist sicherzustellen, daß die verschiedenen Attributskalen vergleichbar sind. Die normierten Werte $r_{\theta\zeta}$ der Matrix R werden vom Controller gemäß

$$
r_{\theta\zeta} = \frac{e_{\theta\zeta}}{\sqrt{\sum_{\theta=1}^{n} e_{\theta\zeta}^2}}
$$

berechnet. Es ergibt sich:

$$
R = \begin{pmatrix}
0,49236596 & 0,36927447 & 0,49236596 & 0,50685325 \\
0,61545745 & 0,61545745 & 0,36927447 & 0,59900838 \\
0,36927447 & 0,49236596 & 0,61545745 & 0,41469811 \\
0,49236596 & 0,49236596 & 0,49236596 & 0,46077568
\end{pmatrix}
$$

2. Schritt: Berechnung der gewichteten normierten Entscheidungsmatrix N
Die Matrix N ergibt sich, indem der Controller R mit $(w_\zeta \cdot I)$ gemäß $N = R \cdot (w_\zeta \cdot I)$ multipliziert:

$$
N = \begin{pmatrix}
0,09847319 & 0,05441171 & 0,12309149 & 0,20274130 \\
0,12309149 & 0,09231862 & 0,09231862 & 0,23960335 \\
0,07385489 & 0,07385489 & 0,15386436 & 0,16587924 \\
0,09847319 & 0,07385489 & 0,12309149 & 0,18431027
\end{pmatrix}
$$

---

[56] Vgl. zu einzelnen Schritten Hwang/Yoon (1981), S. 115-121; Zimmermann/Gutsche (1991), S. 208-212.

3. Schritt: Bestimmung der Konkordanz- und Diskordanzmenge
Für jeden vom Manager durchgeführten Paarvergleich zweier Alternativen x_1 und x_2 ($x_1 \neq x_2$) zerfällt die Menge der Attribute $K (K = \{\zeta | \zeta = 1, \ldots, m\})$ in zwei Teilmengen. Die Konkordanzmenge $C_{x_1 x_2}$ beinhaltet die Attribute (bzw. die zugehörigen Indizes), für die x_1 x_2 vorgezogen wird:

$$C_{x_1 x_2} = \{\zeta | e_{x_1 \zeta} \succsim e_{x_2 \zeta}\}.$$

Die Diskordanzmenge $D_{x_1 x_2}$ ist die Komplementärmenge zu $C_{x_1 x_2}$, also $D_{x_1 x_2} = \{\zeta | e_{x_1 \zeta} \prec e_{x_2 \zeta}\}$. Für das Beispiel ergeben sich die aus Tabelle 3.5 ersichtlichen Konkordanz- und Diskordanzmengen.

Tabelle 3.5: Diskordanzmengen

Alternativenvergleich	Konkordanzmenge	Diskordanzmenge
x_1 mit x_2	$C_{12} = \{3\}$	$D_{12} = \{1, 2, 4\}$
x_1 mit x_3	$C_{13} = \{1, 4\}$	$D_{13} = \{2, 3\}$
x_1 mit x_4	$C_{14} = \{1, 3, 4\}$	$D_{14} = \{2\}$
x_2 mit x_1	$C_{21} = \{1, 2, 4\}$	$D_{21} = \{3\}$
x_2 mit x_3	$C_{23} = \{1, 2, 4\}$	$D_{23} = \{3\}$
x_2 mit x_4	$C_{24} = \{1, 2, 4\}$	$D_{24} = \{3\}$
x_3 mit x_1	$C_{31} = \{2, 3\}$	$D_{31} = \{1, 4\}$
x_3 mit x_2	$C_{32} = \{3\}$	$D_{32} = \{1, 2, 4\}$
x_3 mit x_4	$C_{34} = \{2, 3\}$	$D_{34} = \{1, 4\}$
x_4 mit x_1	$C_{41} = \{1, 2, 3\}$	$D_{41} = \{4\}$
x_4 mit x_2	$C_{42} = \{3\}$	$D_{42} = \{1, 2, 4\}$
x_4 mit x_3	$C_{43} = \{1, 2, 4\}$	$D_{43} = \{3\}$

4. Schritt: Berechnung der Konkordanz-Matrix C
Das relative Gewicht der Konkordanzmenge wird am Konkordanzindex $c_{x_1 x_2}$ gemessen. Dieser entspricht der Summe der Gewichte der in die Konkordanzmenge einbezogenen Attribute:

$$c_{x_1 x_2} = \sum_{\zeta \in C_{x_1 x_2}} w_\zeta \bigg/ \sum_{\zeta=1}^{m} w_\zeta.$$

Durch Normierung wird $c_{x_1 x_2}$ wie folgt gesetzt:

$$c_{x_1 x_2} = \sum_{\zeta \in C_{x_1 x_2}} w_\zeta.$$

Das Element c_{14} der Matrix $C_{x_1 x_2}$ berechnet sich z.B. nach:

$$c_{14} = w_1 + w_3 + w_4 = 0,2 + 0,25 + 0,4 = 0,85.$$

Somit ist

$$C = \begin{pmatrix} - & 0,25 & 0,60 & 0,85 \\ 0,75 & - & 0,75 & 0,75 \\ 0,40 & 0,25 & - & 0,40 \\ 0,60 & 0,25 & 0,75 & - \end{pmatrix}$$

5. Schritt: Berechnung der Diskordanz-Matrix D
Im Gegensatz zum Konkordanzindex, der Informationen über die gewichteten Attribute liefert, betrachtet der Diskordanzindex $d_{x_1 x_2}$ den Grad des Zielbeitrags durch Alternative x_1 im Vergleich mit Alternative x_2:

$$d_{x_1 x_2} = \frac{\max\limits_{\varsigma \in D_{x_1 x_2}} \mid n_{x_1 \varsigma} - n_{x_2 \varsigma} \mid}{\max\limits_{\varsigma \in K} \mid n_{x_1 \varsigma} - n_{x_2 \varsigma} \mid}$$

Beispielsweise resultiert für d_{12}:

$$d_{12} = \frac{\max\limits_{\varsigma \in D_{12}} \mid n_{1\varsigma} - n_{2\varsigma} \mid}{\max\limits_{\varsigma \in K} \mid n_{1\varsigma} - n_{2\varsigma} \mid}$$

$$= \frac{\max\{0,0246;\ 0,0379;\ 0,0369\}}{\max\{0,0246;\ 0,0379;\ 0,0308;\ 0,0369\}} = \frac{0,0379}{0,0379} = 1.$$

Auf diese Weise ergibt sich die Diskordanzmatrix D:

$$D = \begin{pmatrix} - & 1 & 0,83481146 & 1 \\ 0,97243252 & - & 0,83481157 & 0,55654109 \\ 1 & 1 & - & 0,80000013 \\ 0,94794308 & 1 & 1 & - \end{pmatrix}$$

6. Schritt: Berechnung der Konkordanz-Dominanz-Matrix KD
Die Berechnung wird vom Controller unter Zuhilfenahme von Schwellenwerten $\bar{c}$ durchgeführt. Hierzu kann der Mittelwert der Konkordanzindizes $c_{x_1 x_2}$ herangezogen werden:

$$\bar{c} = \sum_{\theta=1}^{n} c_{x_\theta} / n \cdot (n-1).$$

Die Matrix KD wird dann dergestalt konstruiert, daß ein Element $kd_{x_1 x_2}$ den Wert 1 erhält, wenn $c_{x_1 x_2} \geq \bar{c}$. Im Falle $c_{x_1 x_2} < \bar{c}$ wird der Wert 0 zugeordnet.

Im angeführten Beispiel ergibt sich $\bar{c} = \sum_{\theta=1}^{4} c_{x_\theta} / (4 \cdot 3) = (6,6)/12 = 0,55$.
Daraus resultiert die Konkordanz-Dominanz-Matrix KD als

$$KD = \begin{pmatrix} - & 0 & 1 & 1 \\ 1 & - & 1 & 1 \\ 0 & 0 & - & 0 \\ 1 & 0 & 1 & - \end{pmatrix}$$

7. Schritt: *Berechnung der Diskordanz-Dominanz-Matrix DD*
Die Vorgehensweise entspricht derjenigen zur Bestimmung der Konkordanz-Dominanz-Matrix. Man erhält $\bar{d} = 0,91221165$ und

$$DD = \begin{pmatrix} - & 1 & 0 & 1 \\ 1 & - & 0 & 0 \\ 1 & 1 & - & 0 \\ 1 & 1 & 1 & - \end{pmatrix}$$

8. Schritt: *Berechnung der aggregierten Dominanz-Matrix AD*
Grundlage der Berechnung ist eine multiplikative Verknüpfung der Matrizen KD und DD gemäß $ad_{x_1 x_2} := kd_{x_1 x_2} \cdot dd_{x_1 x_2}$. Für das Beispiel ergibt sich:

$$AD = \begin{pmatrix} - & \boxed{0} & 0 & 1 \\ 1 & - & 0 & 0 \\ 0 & \boxed{0} & - & 0 \\ 1 & \boxed{0} & 1 & - \end{pmatrix}$$

9. Schritt: *Elimination der „dominierten" Alternativen*
Die aggregierte Dominanz-Matrix AD liefert eine partielle Präferenzordnung: Für alle dominierten Alternativen taucht in der entsprechenden Spalte mindestens eine 1 auf. Streicht man diese Lösungen, so verbleiben die nichtdominierten Alternativen. Mittels Matrix AD lassen sich folgende Dominanzbeziehungen zwischen den Alternativen aufzeigen:

$$x_1 \overset{\text{„dominiert"}}{\longrightarrow} x_4; x_2 \rightarrow x_1; x_4 \rightarrow x_1; x_4 \rightarrow x_3.$$

Diese Outranking–Relation veranschaulicht Abbildung 3.4. Dabei wird deutlich, daß nur x_2 von keiner anderen Alternative dominiert wird, da auf alle anderen mindestens ein Pfeil zeigt. Damit ist x_2 die zu wählende Alternative.

Ein Problem dieses Verfahrens ist die Wahl der Schwellenwerte, die der Manager nur willkürlich setzen kann[57]. In Weiterentwicklungen von ELECTRE – wie ELECTRE II[58] und PROMETHEE[59] – wird versucht, diesen Schwachpunkt zu beheben.

---

[57] Vgl. dazu Zimmermann/Gutsche (1991), S. 220.
[58] Vgl. Goicoechea/Hansen/Duckstein (1982); Roy (1990), S. 155 ff.
[59] Vgl. Zimmermann/Gutsche (1991), S. 220 ff.

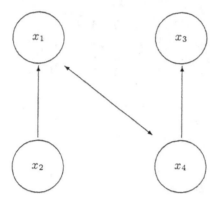

Abbildung 3.4: Dominanz

Analytischer Hierarchie-Prozeß

Zu den Entscheidungsunterstützungsverfahren auf der Basis kardinaler Attributinformationen gehört der Analytische Hierarchie-Prozeß (engl.: Analytic Hierarchy Process)[60]. Seine Vorgehensweise unterscheidet sich von derjenigen der bisher dargestellten Verfahren dieser Verfahrensklasse grundlegend. Bei den bisher erörterten Verfahren kann die relative Wichtigkeit der Attribute durch Gewichte ausgedrückt werden. Jedem von m Kriterien kann dabei ein nichtnegatives Gewicht w_ζ zugeordnet werden, das auf kardinalem Skalenniveau die Bedeutung des zugehörigen Attributs im Vergleich zu den übrigen ausdrückt. Meist wird dabei eine Normierung auf das Intervall $[0, 1]$ durch $\sum_{\zeta=1}^{m} w_\zeta = 1$ gefordert.

Die bisher erörterten Verfahren auf der Basis kardinaler Attributinformationen sind von der Voraussetzung ausgegangen, daß der Entscheidungsträger eine Rangordnung der Kriterien auf der Basis ihrer relativen Wichtigkeit aufzustellen vermag. Durch $w_j / \sum_{\zeta=1}^{m} w_\zeta$ wird die Normierung auf $[0, 1]$ erreicht. Außerdem verlangen die vorgestellten Verfahren, daß Gewichte auf einer vorgegebenen Skala bestimmt werden. Oft wird dazu eine Gruppe von Experten befragt und der jeweilige Mittelwert als Gewicht angenommen.

Demgegenüber basiert der Analytische Hierarchie-Prozeß im Kern auf dem Eigenwertverfahren. Im Rahmen der gemeinsamen arbeitsteiligen Beziehung hat der Manager auf Befragen des Controllers eine Paarvergleichsmatrix $A = (a_{st})$ aufgrund einer 9-Punkte-Skala mit verbaler Interpretation aufzustellen. Für eine Matrix der Dimension χ gilt im Falle völliger Konsistenz der Bewertungen $a_{s\bar{r}} \cdot a_{\bar{r}t} = a_{st}$ für alle $1 \le s, t, \bar{r} \le \chi$, und der Gewichtevektor v zum Eigenwert λ_b dieser Matrix $(Av = \lambda_b v)$ ist der gesuchte Gewichtevektor[61]. Ist die Matrix allerdings inkonsistent, wird der Eigenvektor

---

[60] Vgl. dazu z.B. Belton (1986); Zahedi (1986); Golden/Wasil/Harker (1989); Donegan/Dodd/McMaster (1992).

[61] Vgl. Saaty (1977).

zum größten Eigenwert λ_{max} bestimmt, da kleinere Störungen in den Einträgen der Matrix nur eine kleine Veränderung der Eigenwerte bewirken. Dieser Gewichtevektor muß zusätzlich noch auf $\sum_{\zeta=1}^{m} v_{\zeta} = 1$ normiert werden. Der Inkonsistenzindex[62] $IK = (\lambda_{max} - \chi)/(\chi - 1)$ gibt ein Maß für die Konsistenz bzw. Inkonsistenz der betrachteten Matrix an. Ein Vergleich dieser Größe mit Durchschnittswerten von Matrizen gleicher Größe ermöglicht dem Controller die Entscheidung, ob eine Inkonsistenz in den Paarvergleichsurteilen des Managers hinnehmbar ist oder ob der Manager zu erneuten Paarvergleichsurteilen aufgefordert werden muß. Auf den Analytischen Hierarchie-Prozeß wird weiter in Kapitel 4 einzugehen sein.

3.3.3 Stetige Verfahren

3.3.3.1 Grundzüge der Vektoroptimierung

Vektoroptimierungsprobleme (VOP) sind Optimierungsprobleme mit einer vektorwertigen Zielfunktion. Auf sie wird die Entscheidungsregel angewandt, daß möglichst extreme (d.h. maximale oder minimale) Werte für die Attribute angestrebt werden. In diesem Zusammenhang wird auch von einem Vektormaximierungsproblem[63] gesprochen, da Minimierungsprobleme bei entsprechender Umformung auch als Maximierungsprobleme darstellbar sind. Ausgangsprämisse eines VOP sei x als N-dimensionaler Vektor von Entscheidungsvariablen. Der zulässige Bereich sei wie folgt gegeben:

$$X = \{x | g_{\theta}(x) \leq 0, \ \theta = 1, \ldots, n, \ x \in \mathbb{R}^N\}.$$

Zu beachten ist, daß einzelne oder alle Zielfunktionen $f_{\zeta}(x)$ sowie Nebenbedingungen $g_{\theta}(x)$ auch nichtlinear ausgeprägt sein können[64].

Die multikriterielle Zielfunktion (vektorwertiges Kriterium) sei definiert durch $f(x) = (f_1(x), \ldots, f_m(x))$, mit $f : X \to \mathbb{R}^m$ und $X \subseteq \mathbb{R}^N$. Der Kriterienraum bezieht sich damit auf die Menge $F = \{f(x) | x \in X\}$, d.h. $F \subseteq \mathbb{R}^m$. Die vollständige Formulierung des VOP ist gewährleistet, da der Zulässigkeitsbereich dem $\mathbb{R}^N$ und der Zielfunktionsbereich dem $\mathbb{R}^m$ zugeordnet ist[65]. Ein VOP kann formuliert werden als[66]

$$\min_{x \in X}[f_1(x), \ldots, f_m(x)].$$

Über Vektoroptimierung zu erzielende Lösungen müssen funktional-effizient bzw. nicht-dominiert sein. Eine Lösung x^* heißt nicht-dominiert, wenn keine

---

[62] Vgl. zu einem Konsistenzindex C.I. Saaty (1980), S. 21.
[63] Vgl. dazu Isermann (1976).
[64] Vgl. Hwang/Masud (1979), S. 14.
[65] Vgl. Chankong/Haimes (1983), S. 114.
[66] Vgl. Chankong/Haimes (1983), S. 114.

zulässige Lösung x gefunden werden kann, die den Zielfunktionswert von x^* in mindestens einem Ziel weiter erhöht, ohne den Wert in mindestens einer anderen Zielfunktion zu vermindern. Formal bedeutet dies, daß zu $x^* \in X$ *kein* $x \in X$ existiert mit

$$f_\zeta(x) \geq f_\zeta(x^*) \quad \forall \ 1 \leq \zeta \leq m$$

und

$$f_j(x) > f_j(x^*)$$

für mindestens ein $j \in \{1, \ldots, m\}$.

Die Menge der nicht-dominierten Lösungen eines VOP wird im folgenden mit X^*, die Gesamtmenge der Zielfunktionswerte aller jeweils bestehenden nicht-dominierten Alternativen $\{f(x)|x \in X^*\}$ mit F^* bezeichnet. Die Menge X^* wird *vollständige Lösung* eines VOP genannt[67]. Sie ist für einen festgelegten Zulässigkeitsbereich X und eine fest vorgegebene multikriterielle Zielfunktion definiert. Kuhn und Tucker haben notwendige Bedingungen für nicht-dominierte Lösungen entwickelt[68]. In Entsprechung der Theorie mathematischer Optimierung sind außerdem auch hinreichende Bedingungen für Pareto-Optimalität formuliert worden. Eine häufig propagierte Strategie zur Operationalisierung des Konzepts der Pareto-Optimalität ist die Charakterisierung nicht-dominierter Lösungen als Optimallösung geeigneter skalarer Optimierungsprobleme. Im nachfolgenden Abschnitt werden einige Verfahren vorgestellt, die jeweils Mengen nicht-dominierter Lösungen liefern. Da jedoch die Gesamtzahl der verfahrensbedingten Lösungen so groß werden kann, daß ein Entscheidungsträger nicht in der Lage ist, eine optimale Kompromißlösung zu bestimmen[69], werden in den darauffolgenden Abschnitten Verfahren vorgestellt, die durch die Verarbeitung a priori vorliegender oder progressiv abzufragender Präferenzen die Auswahl einer optimalen Kompromißlösung ermöglichen.

3.3.3.2 Verfahren zur Charakterisierung nicht-dominierter Lösungen

Gewichtungsmethode

Die Gewichtungsmethode geht von einem Kompromißmodell aus: An die Stelle des für die m-dimensionalen Zielfunktionsvektoren $f(x) \in \mathbb{R}^m$ zu formulierenden Vektormaximierungsproblems max $\{f(x)|x \in X\}$ tritt eine eindimensionale, reellwertige Funktion $\tilde{f}$ (mit $\tilde{f} : \mathbb{R}^N \to \mathbb{R}^m$). Mittels dieser

---

[67] Vgl. Zimmermann/Gutsche (1991), S. 100.
[68] Vgl. Kuhn/Tucker (1951).
[69] Vgl. Zimmermann/Gutsche (1991), S. 103 f.

Kompromißzielfunktion läßt sich folgendes (das Vektormaximierungsproblem ersetzende) Modell[70] formulieren: $\{\bar{f}|x \in X \cap X^Z\}$. Die Präferenzen des Entscheidungsträgers lassen sich sowohl bei der Bildung von $\bar{f}$ als auch durch die Berücksichtigung zusätzlicher Nebenbedingungen X^Z in das Modell einbringen. Ist dieses Modell numerisch lösbar, spricht man von einem Kompromißmodell. Weist das Modell mindestens eine nicht-dominierte Lösung auf, heißt diese Kompromißlösung.

Die Idee der Gewichtungsmethode besteht darin, die verschiedenen Zielfunktionen zu einer Kompromißzielfunktion zusammenzufassen, indem die einzelnen Zielfunktionen f_ζ mit Gewichten w_ζ multipliziert und dann addiert werden. Die so gebildete Summe ist zu maximieren[71]. In formaler Konkretisierung stellt sich die Gewichtungsmethode wie folgt dar[72]:

$$\max\{\bar{f}(x)|x \in X \cap X^Z\}$$
$$\text{mit } \bar{f}(x) := \sum_{\zeta=1}^{m} w_\zeta \cdot f_\zeta(x)$$
$$\text{und } w_\zeta \geq 0; \sum_{\zeta=1}^{m} w_\zeta = 1.$$

Die Gewichte der einzelnen Kriterien können als relatives Gewicht oder als Wert im Vergleich zu den Werten der übrigen Kriterien interpretiert werden. Wenn die Gewichte die Präferenzen des Entscheidungsträgers ausdrücken, dann ist die generierte Lösung die beste Kompromißlösung in Bezug auf die Präferenzstruktur. Gleichzeitig ist sie eine nicht-dominierte Lösung.

Die Generierung der Gewichte, die die Präferenzen des Entscheidungsträgers widerspiegeln sollen, kann in unterschiedlicher Weise erfolgen. So besteht die Möglichkeit, den Manager direkt einen Vektor w^{0T} angeben zu lassen mit $w^{0T} := (w_1^{0T}; \ldots ; w_m^{0T})^T$. Fällt ihm eine solche Vorabfestlegung schwer, läßt sich das Kompromißmodell auch für Gewichte in einer Umgebung von w^{0T}, z.B. $w_\zeta^{0T} - \epsilon_\zeta \leq w_\zeta \leq w_\zeta^{0T} + \epsilon_\zeta$ $(\epsilon_\zeta > 0)$, oder für alle zulässigen Gewichte w_ζ^{0T} lösen. Die so generierte Lösung kann mittels einer Sensitivitätsanalyse überprüft werden. Dabei muß der Controller die Gewichte variieren und den Manager mit den Konsequenzen dieser Variation - bis zur Veränderung der Optimalität in x^* - konfrontieren.

Bei der Generierung von Gewichten kann es vorkommen, daß beim Wechsel zu einer anderen Menge von Gewichten ein nicht-dominierter Extrempunkt übergangen wird. Dies bedeutet, daß Linearkombinationen der betrachteten Extremalpunkte nahe am Rande der nicht-dominierten Menge liegen, aber nicht unbedingt exakt damit übereinstimmen. Diese Methode ergibt

---

[70] Vgl. Dinkelbach (1982), S. 179.
[71] Vgl. Dinkelbach (1982), S. 182.
[72] Vgl. Dinkelbach (1982), S. 183; Dinkelbach/Kleine (1996), S. 48 ff; Chankong/Haimes (1983), S. 117.

also nur eine Approximation der Menge X^*. Die Genauigkeit der Approximation ist abhängig vom Ausmaß der Gewichtevariation.

ϵ-constraint-Methode

Bei der ϵ-constraint-Methode wird durch Setzung von präferentiellen Schranken bezüglich einzelner Ziele der Wertebereich der Gesamtzielfunktion so eingeengt, daß ausschließlich nicht-dominierte Lösungen generiert werden können[73]. Formal ausgedrückt geht es um die Maximierung der Zielfunktion

$$\max\{f_j(x)|x \in X\}$$
$$\text{u.d.N.: } f_\zeta(x) \geq \epsilon_\zeta \ (\zeta = 1,\dots,j-1,j+1,\dots,m, \text{ also } \zeta \neq j).$$

Über die systematische Variation der Schranken ϵ_ζ durch den Manager können jeweils Mengen nicht-dominierter Alternativen aufgezeigt werden. Aus einer Anzahl diverser vorgeschlagener Algorithmen zur systematischen Generierung nicht-dominierter Lösungen soll im folgenden schrittweise die parametrische Variation der ϵ_ζ vorgestellt werden[74].

1. Schritt: *Ermittlung des Lösungsbereichs*
Die einzelnen vom Manager explizierten Zielfunktionen determinieren den (zunächst uneingeschränkten) Bereich zulässiger Lösungen $X \subset \mathbb{R}^n$.

2. Schritt: *Maximierung der Zielfunktionen*
Die Maximierung der einzelnen Zielfunktionen ist vom Controller durchzuführen. Sei $x_\zeta^{\max}$ das Maximum der Zielfunktion f_ζ gemäß $f_\zeta(x_\zeta^{\max}) = \max\limits_{x \in X} f_\zeta(x)$, dann wird der minimale Maximalwert der Zielfunktionen ermittelt:

$$f_\zeta(x)_{\min} = \min\limits_{x \in X'} f_\zeta(x), \ \forall \ \zeta = 1,\dots,m, \quad \text{mit} \quad X' = \{x_\zeta^{\max}|\zeta = 1,\dots,m\}.$$

3. Schritt: *Festlegung der „Schrankenbreite"*
Die Beschränkungen der Zielfunktionen durch die ϵ_ζ-Werte werden durch Vorgabe der Grenzen $f_\zeta(x)_{\min} \leq \epsilon_\zeta \leq f_\zeta(x)$ definiert.

4. Schritt: *Festlegung der Anzahl der ϵ_ζ-Werte*
Die Anzahl ψ der verschiedenen ϵ_ζ-Werte, die betrachtet werden sollen, ist festzulegen. Hierbei hat der Manager – unterstützt durch den Controller – abzuwägen zwischen einer geringeren Schrittweite mit großem Rechenaufwand, jedoch exakteren Werten, und einer gröberen Schrittweite mit weniger Rechenaufwand, aber ungenaueren Werten.

---

[73] Vgl. dazu Chankong/Haimes (1983), S. 144 ff; Goicoechea/Hansen/Duckstein (1982), S. 54 ff und Hwang/Masud (1979), S. 250 ff.
[74] Vgl. dazu Cohon (1978), S. 118 ff.

5. Schritt: *Berechnung der ϵ_ζ-Werte*
Die ψ Werte der ϵ_ζ werden vom Controller gemäß
$$\epsilon_\zeta = f_\zeta(x)_{\min} + [\psi'/(\psi-1)] \cdot (f_\zeta(x) - f_\zeta(x)_{\min}) \text{ mit } \psi' = 0, \dots, \psi-1 \text{ berechnet.}$$

6. Schritt: *Lösung des Gesamtzielsystems*
Für jede mögliche Kombination der einzelnen ϵ_ζ-Schranken wird vom Controller das ursprüngliche Gesamtzielsystem gelöst. Insgesamt sind $\psi^{\zeta-1}$ Kombinationen möglich.

7. Schritt: *Prüfung der Zulässigkeit*
Jede der unter Schritt 6 gewonnenen Lösungen wird hinsichtlich der Zulässigkeit und Sinnhaftigkeit der gesetzten Schranken ϵ_ζ geprüft. Es verbleiben die nicht-dominierten Lösungen.

Für den einfachen Fall linearer Zielfunktionen und Schranken kann die ϵ-constraint-Methode mittels Simplexverfahren umgesetzt werden. Ein Problem bei der Variation der ϵ_ζ besteht darin, daß der Wertebereich der jeweiligen Zielfunktion nicht a priori bekannt ist. Dies läßt sich an einem einfachen Beispiel graphisch veranschaulichen. In Abbildung 3.5 stellt die Kurve durch $V_1 V_2$ die Menge der nicht-dominierten Lösungen und Punkt V_3 – bei gegebener Gesamtzielfunktion f – die optimale Alternative dar.

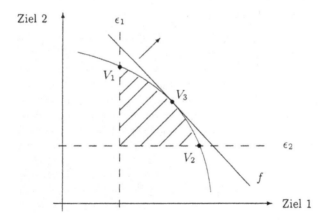

Abbildung 3.5: Fall funktional-effizienter Lösung

In Abbildung 3.6 ist der Punkt V_3 dann ebenso nicht-dominiert. Er stellt aber keine optimale Lösung dar, da beispielsweise die Punkte V_4 und V_5 einen höheren Wert der Gesamtzielfunktion f^* liefern[75]. Punkt V_3 der Abbildung 3.6 wird auch als „schwach nicht-dominiert" bezeichnet. In Erweerun-

---

[75] Vgl. zum Problem der Konvexität des Zulässigkeitsbereichs Chankong/Haimes (1983), S. 274 ff; Szidarovsky/Gershon/Duckstein (1986), S. 30 ff.

gen der ϵ-constraint-Methode lassen sich auch ausschließlich „streng nicht-dominierte" Lösungen generieren[76].

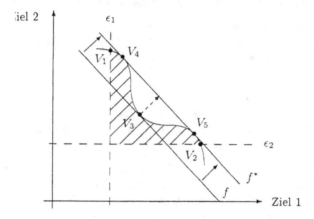

Abbildung 3.6: Fall nicht funktional-effizienter Lösung

Die ϵ-constraint-Methode ist Bestandteil der in Abschnitt 3.3.3.4 zu er-läuternden Surrogate Worth Trade-Off-Methode.

Mehrziel-Simplexverfahren

Einen speziellen Fall stellen sog. *lineare Probleme*, d.h. Probleme mit linearer Zielfunktion und linearen Nebenbedingungen über einer konvexen Teilmenge des $\mathbb{R}^n$, dar[77]. Eine Problemlösung zeichnet folgender Ansatz vor[78]:

$$\max_{x \in X} f_k(x) + \sum_{\zeta \neq k} u_\zeta f_\zeta(x)$$

mit

$$u \in U_k$$

und

$$U_k = \{(u_1, \ldots, u_{k-1}, u_{k+1}, \ldots, u_n)^T | u_\zeta \geq 0 \qquad \forall\, \zeta \neq k\}.$$

---

[76] Vgl. zur Begriffsabgrenzung und zu Erweiterungsmöglichkeiten der Methode Szidarovsky/Gershon/Duckstein (1986), S. 20 ff.

[77] Vgl. Zimmermann/Gutsche (1991), S. 151–153.

[78] Vgl. Chankong/Haimes (1983), S. 117.

Zur Lösung dieses linearen Ansatzes sind, ausgehend von dem Simplex-verfahren für eindimensionale Zielfunktionen, verschiedene Algorithmen zur Handhabung der vektorwertigen Zielfunktion entwickelt worden[79]. Dabei operieren Mehrziel-Simplexverfahren im Gegensatz zu den bisher vorgestellten Methoden direkt auf den einzelnen Zielfunktionen, ohne Gewichte oder Schranken zu benutzen. Stattdessen werden Informationen über die Suchrichtung aus dem Gradienten in einem Punkt oder aus den sog. reduzierten Kosten gewonnen. Der mit Mehrziel-Simplexverfahren verbundene Rechenaufwand kann mit auf dem PC lauffähigen Programmen erheblich vereinfacht werden. Eine spezielle Ausprägung des Mehrziel-Simplexverfahrens ist Teil des noch zu erörternden Verfahrens von Zionts/Wallenius.

3.3.3.3 Stetige Verfahren mit a priori bekannten Präferenzen

Vorbemerkungen

Die bisher behandelten Verfahren haben die Menge nicht-dominierter Lösungen bestimmt. Es verbleibt aber noch die Aufgabe, die beste Kompromißlösung aus dieser Menge auszuwählen. Eine solche Lösung muß aus den Präferenzen hergeleitet werden, die der Entscheidungsträger (in der Person des Managers) äußert. Um eine Explikation dieser Präferenzen, die im Entscheidungsmodell formal zu erfassen sind, zu induzieren, werden dem Manager i.d.R. eine Reihe von Fragen vorgelegt, in denen er Trade-offs zwischen verschiedenen Zielen und Präferenzen für einzelne Attribute angeben kann. Bei dieser Prozedur sind sowohl wahrscheinlichkeitstheoretische als auch nutzentheoretische Erkenntnisse zu berücksichtigen.

Sind Nutzenfunktionen über einer Menge von Attributen definiert, spricht man von multiattributiven Nutzenfunktionen. Im Prinzip können solche Nutzenfunktionen eine vollständige Ordnung auf der Menge der nicht-dominierten Lösungen definieren. Die Lösung mit höchstem Nutzen wird als Kompromißlösung bezeichnet. Oft werden bei konkreten Zuordnungen Nutzen- und Präferenzunabhängigkeit ohne nähere Prüfung vorausgesetzt. Es bleibt dann noch zu entscheiden, ob eine multikriterielle Nutzenfunktion additiv oder multiplikativ ist. Vorgeschlagen wird in diesem Zusammenhang auch, eine additive Form einer Gesamtnutzenfunktion über Approximation zu erreichen[80]. Ebenso bietet es sich an, präferenzabhängige Ziele zu einer übergeordneten Größe zusammenzufassen[81] und damit Präferenzunabhängigkeit bzw. additive Amalgamierbarkeit herzustellen. Haben Kompromißmodelle die in der Gewichtungsmethode unterstellte Form, liegt der Spezialfall einer additiven

---

[79] Vgl. Goicoechea/Hansen/Duckstein (1982).

[80] Vgl. dazu von Winterfeld/Edwards (1986), S. 309.

[81] Vgl. dazu z.B. Fishburn (1964), S. 344.

Gesamtnutzenfunktion vor. Dabei legen die Gewichte w_ζ das Verhältnis der Nutzenwerte einzelner Ergebnisse zum Gesamtnutzenwert fest. Die Gewichte werden vom Manager angegeben, nachdem dieser vom Controller mit bestimmten hypothetischen Entscheidungssituationen konfrontiert worden ist, in denen Paarvergleiche vorzunehmen sind. Dabei können theoretische sowie praktische Schwierigkeiten auftreten:

1. Die zugrundeliegenden psychologischen Annahmen[82] sind in einigen Beispielsfällen widerlegt worden.

2. Die einzelnen komponentenweisen Funktionen und die Skalare sind zu bestimmen.

3. Teilweise folgt kein unmittelbares Feedback an den Manager über Auswirkungen seiner Präferenzen.

4. Teilweise fehlen effiziente Update-Prozeduren und Sensitivitätsanalysen.

Von Vorteil ist es bei dieser Verfahrensklasse, daß die Menge nicht-dominierter Lösungen nicht bestimmt werden muß. Dies bewirkt insgesamt eine relativ gute Effizienz des Algorithmus. Für mehr als zwei Attribute müssen vereinfachende Annahmen getroffen werden, da immer nur Paarvergleiche durchgeführt werden, um den Entscheidungsträger nicht zu überfordern.

Zielprogrammierung

Bei der Zielprogrammierung[83] (engl.: goal programming) hat der Manager Ziel-(Goal-)werte T_ζ für die einzelnen Ziele vorzugeben, die im Zielwertevektor T zusammengefaßt werden. Diese Zielwerte sind möglichst zu erreichen. Allerdings werden nicht immer sämtliche Zielvorgaben erreicht, und es müssen Abweichungen von den Vorgaben akzeptiert werden. Ziel des Verfahrens ist es, eine Alternative als optimale Kompromißlösung auszuzeichnen, die den Abstand zwischen dem definierten Ziel-(Goal-)vektor und den erreichbaren Zielfunktionswerten minimiert. Das *archimedische Zielprogrammieren* bestimmt dabei unter der Gesamtheit der Alternativen diejenige mit minimalem Abstand. Beschränkt man sich auf gewichtete l_p-Normen, ergibt sich folgende Abstandsfunktion:

---

[82] Vgl. dazu Goicoechea/Hansen/Duckstein (1982), S. 217 f.

[83] Vgl. dazu Dinkelbach (1982), S. 192 ff, 212 f, 222 ff; Chankong/Haimes (1983), S. 302 ff, 318 f; Zimmermann/Gutsche (1991), S. 121 ff; Bamberg/Coenenberg (1996), S. 53 f.

$$\min_{x \in X} |T - f(x)|_p$$

$$\text{mit } |T - f(x)|_p := \begin{cases} \left(\displaystyle\sum_{\zeta=1}^{m} w_\zeta |T_\zeta - f_\zeta(x)|^p \right)^{1/p} & \text{für} \quad 1 \le p \le \infty \\[2ex] \max_\zeta w_\zeta |T_\zeta - f_\zeta(x)| & \text{für} \quad p = \infty \end{cases}$$

mit $1 \le \zeta \le m$

und T als vorgegebenem Zielwertevektor $T \in \mathbb{R}^m$.

Zielprogrammierung ist kein Optimierungs-, sondern ein Satisfizierungs-problem. Wenn das Minimierungsproblem wohldefiniert ist, induziert Zielpro-grammierung eine vollständige Ordnung auf der Menge X der Alternativen. Für das dabei zu verwendende Abstandsmaß gibt es allerdings keine theore-tisch gesicherten Aussagen.

Die zu minimierende Abstandsfunktion ersetzt das ursprüngliche multi-kriterielle Entscheidungsproblem. Dieses Ersatzproblem kann mit verschiede-nen Methoden gelöst werden. Dabei ist allerdings nicht garantiert, daß die danach gewählte Alternative nicht-dominiert ist. Wird eine dominierte Al-ternative gewählt, müssen die Zielwerte angepaßt und muß ein erneuter Lauf gestartet werden. In manchen Fällen kann es z.B. auch wünschenswert sein, verschiedene Faktoren und Gewichte für eine Über- und Untererfüllung des Zielwertes einzuführen.

Im Unterschied zum archimedischen wird beim lexikographischen Ziel-programmieren eine Reihenfolge der Zielwerte angestrebt. Zu diesem Zweck hat der Verfahrensanwender die verschiedenen Zielkriterien unterschiedlichen Prioritätsklassen zuzuordnen. Insgesamt sind hier also der Zielvektor T, die Abstandsfunktion, die Gewichtungen w der Abweichungen vom Zielwert und die Prioritätsklassen vom Manager festzulegen. Diese Aufgabe kann sehr schwerfallen, da a priori keine Informationen über den Raum der möglichen Zielwerte vorliegen[84].

3.3.3.4 Interaktive Verfahren

Vorbemerkungen

Interaktive Verfahren sind durch einen Wechsel subjektiver Entscheidungs-und objektiver Berechnungsphasen charakterisiert[85]. Im Interaktionskontext „Management - Controlling" hat der Manager in den Entscheidungsphasen Präferenzen im Hinblick auf einzelne Ziele der Alternativen durch Angabe

---

[84] Vgl. Zimmermann/Gutsche (1991), S. 132.
[85] Vgl. Dinkelbach (1982), S. 200 f

von Trade-offs[86] zu explizieren. In den Berechnungsphasen hat der Controller auf der Basis der präferentiellen Informationen ein Ergebnis zu errechnen und dem Manager vorzulegen. Dieser kann dann entscheiden, ob er die Implikationen der von ihm geäußerten Präferenzinformationen akzeptiert oder ob er seine präferentiellen Explikationen modifiziert. Dieser Interaktionsprozeß dauert so lange an, bis der Manager die Implikationen bzw. Ergebnisse seiner Entscheidung als präferenzgerecht empfindet.

Mit einer interaktiven Entscheidungsfindung kann dem Faktum Rechnung getragen werden, daß Entscheidungsträger ihre Präferenzen nicht in wohldefinierter Form verfügbar haben, sondern diese oft erst in Konfrontation mit einem konkreten Entscheidungsproblem sukzessive entwickeln. Interaktiven Verfahren liegen einige Annahmen über den Entscheidungsprozeß bzw. das Zielsystem des Entscheidungsträgers zugrunde[87]:

1. Die Wahrnehmung des Entscheidungsträgers wird durch die gesamte Menge der Elemente einer Situation beeinflußt.

2. Die Präferenzstrukturen des Entscheidungsträgers können nicht vollständig analytisch ausgedrückt werden.

3. Die Wertvorstellungen des Entscheidungsträgers ändern sich mit der Zeit.

4. „Akzeptierbarkeit" ist eine Wahrnehmung, die erlernbar ist.

5. Entscheidungsträger satisfizieren eher als daß sie optimieren.

Bei diesen Verfahren ist der Manager wesentlich stärker in den Lösungsprozeß miteinbezogen, und er kann dabei größere Einsicht in das Problem gewinnen. Dieser Vorgang ist aber auch sehr zeitaufwendig und mit erheblichen Anstrengungen für Manager und Controller verbunden.

Interaktive Verfahren basieren hauptsächlich auf der subjektiven Einschätzung des Entscheidungsträgers bezüglich der Austauschmöglichkeiten des Realisationsniveaus unterschiedlicher Zielkriterien (Trade-off). Gegeben seien zwei Alternativen x_1 und x_2 mit zugehörigen Zielfunktionswerten

$$f(x_1) = (f_1(x_1), \ldots, f_m(x_1)), \ f(x_2) = (f_1(x_2), \ldots, f_m(x_2)).$$

Ausgehend von dem Austauschverhältnis zwischen f_k und f_j

$$\Gamma_{kj}(x_1, x_2) := \frac{f_k(x_1) - f_k(x_2)}{f_j(x_1) - f_j(x_2)}$$

ergibt sich hier

---

[86] Vgl. Zimmermann/Gutsche (1991), S. 137.
[87] Vgl. Goicoechea/Hansen/Duckstein (1982), S. 217.

$$\Gamma_{12}(x_1, x_2) = \frac{f_1(x_1) - f_1(x_2)}{f_2(x_1) - (f_2(x_2)}.$$

Es gilt folgende Definition bezüglich des Trade-offs: $\Gamma_{kj}(x_1, x_2)$ heißt *partieller* Trade-off bezüglich f_k und f_j zwischen x_1 und x_2, falls $f_{\tilde{e}}(x_1) = f_{\tilde{e}}(x_2)$ für alle $\tilde{e} = 1, \ldots, m$, $\tilde{e} \neq k, j$. Andererseits, falls $f_{\tilde{e}}(x_1) \neq f_{\tilde{e}}(x_2)$ für mindestens ein $\tilde{e} = 1, \ldots, m$, $\tilde{e} \neq k, j$ gilt, heißt $\Gamma_{kj}(x_1, x_2)$ *totaler* Trade-off[88] bezüglich f_k und f_j zwischen x_1 und x_2. Mit Hilfe des partiellen Trade-offs wird es einem Manager möglich, Änderungen in zwei Zielwerten gleichzeitig zu vergleichen und somit einfache Präferenzen zu äußern. Das Haupteinsatzgebiet totaler Trade-offs liegt in Mehrzielproblemen mit einer endlichen Anzahl möglicher Alternativen[89].

Die interaktiven Verfahren lassen sich danach unterscheiden, ob ein Entscheidungsträger seine Präferenzen gegenüber bestimmten Austauschraten zwischen den Zielen explizit äußern muß oder das Verfahren implizite Trade-off-Informationen verarbeitet. Zu den impliziten Trade-off-Verfahren zählen die im folgenden Abschnitt zu beschreibenden Verfahren STEM und die Methode der verschobenen Ideallösung. Diese begnügen sich damit, daß der Manager bestimmte Zielerreichungsniveaus oder einzelne Lösungen für zufriedenstellend erachtet[90]. Im darauffolgenden Abschnitt werden drei Beispiele für Trade-off-Verfahren vorgestellt, in denen Manager explizit ihre Präferenzen gegenüber bestimmten Austauschraten zwischen Zielen angeben. Es handelt sich um die Surrogate Worth Trade-off-Methode, das Verfahren von Geoffrion, Dyer und Feinberg sowie das Verfahren von Zionts und Wallenius.

Interaktive Verfahren mit implizitem Trade-off

STEM

Die *STE*p Methode (STEM)[91] ist eine der ältesten interaktiven Methoden für multikriterielle Entscheidungsprobleme. Sie kann auf lineare wie auf nichtlineare, auf diskrete und stetige Probleme gleichermaßen angewendet werden[92]. Außerdem wird keine Gesamtnutzenfunktion vorausgesetzt. Der Manager muß hier lediglich im Laufe des Entscheidungsprozesses untere Schranken für die Zielfunktion angeben können.

Bei STEM wird von folgendem Optimierungsproblem ausgegangen[93]:

---

88 Vgl. dazu Chankong/Haimes (1983), S. 331 f.
89 Vgl. Chankong/Haimes (1983), S. 332.
90 Vgl. Zimmermann/Gutsche (1991), S. 141.
91 Vgl. Benayoun/de Montgolfier/Tergny/Laritchev (1971), S. 366 ff.
92 Vgl. Zimmermann/Gutsche (1991), S. 164-171.
93 Vgl. die Darstellung bei Hwang/Masud (1979), S. 170 ff; Goicoechea/Hansen/Duckstein (1982), S. 218 ff; Chankong/Haimes (1983), S. 325 ff.

$$\max \left[\sum_{\theta=1}^{n} c_{1\theta} x_{\theta}; ...; \sum_{\theta=1}^{n} c_{m\theta} x_{\theta} \right]$$

$$\text{mit } g_{\theta}(x) := \sum_{\zeta=1}^{m} a_{\theta\zeta} x_{\theta} \leq b_{\theta} \quad \theta = 1, ..., n$$

$$\text{und } x_{\theta} \geq 0 \quad \theta = 1, .., n$$

$$\text{oder vektoriell} \begin{cases} \max [c_1^T x; ...; c_m^T x] \\ Ax \leq b \\ x \geq 0. \end{cases}$$

Die konkrete Vorgehensweise der Methode, bei der sich Phasen der Berechnung und Phasen der Entscheidung abwechseln, sei an einem Beispiel verdeutlicht[94]: Das Vektormaximierungsproblem sei gegeben durch:

$$\underline{\text{Ziele:}} \quad \max f_1(x) = x_1 + 3x_2$$
$$\max f_2(x) = -2x_1 - x_2$$

$$\underline{\text{u.d.N.:}} \quad \left. \begin{aligned} g_1(x) &= 0,5x_1 + 0,25x_2 \leq 8 \\ g_2(x) &= 0,2x_1 + 0,2x_2 \leq 4 \\ g_3(x) &= x_1 + 5x_2 \leq 72 \end{aligned} \right\} := x \in X.$$

Schritt 1: Konstruktion einer Auszahlungstabelle
Vor dem interaktiven Prozeß wird eine Matrix der Auszahlungen (vgl. Tabelle 3.6) ermittelt, indem (vom Controlling) die jeweiligen optimalen Lösungen

Tabelle 3.6: Matrix der Auszahlungen

	f_1	$\cdots$	f_j	$\cdots$	f_m
f_1	$\cdots$	$\cdots$	z_j	$\cdots$	$\cdots$
$\vdots$	$\vdots$		$\vdots$		$\vdots$
f_j	z_{1j}	$\cdots$	z_j^*	$\cdots$	z_{mj}
$\vdots$	$\vdots$		$\vdots$		$\vdots$
f_m	$\cdots$	$\cdots$	z_{jm}	$\cdots$	$\cdots$

der folgenden (vom Management formulierten) m Probleme bestimmt werden:

---

[94] Vgl. zur Schrittfolge Hwang/Masud (1979), S. 171 ff.

<u>Ziel:</u> $\max f_\zeta(x) = c_\zeta^T \cdot x$ für $\zeta = 1, \ldots, m$

<u>u.d.N.:</u> $Ax \leq b$

$x \geq 0.$

Die ζ-te Zeile der Auszahlungsmatrix entspricht dem Vektor x^*, der die Ziel-funktion f_ζ maximiert. Der ideale Vektor enthält nur die Diagonalenwerte der Matrix[95]. Aufgrund der gegenläufigen Ziele und der Beschränkungen wird dieser ideale Vektor nicht zu realisieren sein. Er kann jedoch als Referenzgrö-ße für Kompromißlösungen dienen. Im Beispiel ergeben sich die optimalen Lösungen der Zielfunktionen gemäß:

<u>Ziele:</u> $\max f_1(x) = x_1 + 3x_2$ $\max f_2(x) = -2x_1 - x_2$

<u>u.d.N.:</u> $x \in X$ $x \in X$

$x_1 = 9,78$ $x_2 = 12,44$ $x_1 = 0$ $x_2 = 0$

$f_1(9,78; 12,44) = 47,11$ $f_2(\cdot) = -32$; $f_1(0;0) = 0$ $f_2(\cdot) = 0$.

In der Darstellungstechnik der Auszahlungsmatrix erhält man Tabelle 3.7. Der ideale Referenzvektor ist durch $f^* = (47,11;0)$ gegeben. Der Manager

Tabelle 3.7: Optimale Lösungen der Zielfunktionen

	f_1	f_2	x_1	x_2
f_1	**47,11**	-32	9,78	12,44
f_2	0	0	0	0

muß nun zwischen den Zielen abwägen und zu einer Kompromißlösung ge-langen.

Iteration 1:

Schritt 2: Berechnungsphase
Der in STEM verwendete Algorithmus sucht zunächst eine nicht-dominierte Lösung, die – im Minimax-Sinn – den geringsten Abstand zur Ideallösung aufweist[96]. Dies geschieht über die Lösung von

<u>Ziel:</u> $\min_{x,\xi} \xi$

<u>u.d.N.:</u> $w_\zeta \cdot (f_\zeta^{max} - f_\zeta(x)) \leq \xi$ $\zeta = 1, \ldots, m$

$x \in X, \quad \xi \geq 0.$

[95] Vgl. Goicoechea/Hansen/Duckstein (1982), S. 219.
[96] Vgl. Stadtler (1983), S. 51.

Dabei gibt ξ die maximale gewichtete Abweichung eines Ziels von der idealen Lösung an. w_ζ ist das Gewicht, das die relative Wichtigkeit der jeweiligen Abweichung repräsentiert[97]. Sei f_ζ^{max} der maximale und f_ζ^{min} der minimale Spaltenwert der ζ-ten Spalte der Auszahlungsmatrix. Dann sind die w_ζ definiert als

$$w_\zeta = \frac{a_\zeta}{\sum_{\zeta=1}^{m} a_\zeta} \quad \text{mit} \quad a_\zeta = \frac{f_\zeta^{max} - f_\zeta^{min}}{f_\zeta^{max}} \cdot \left(\sum_{\theta=1}^{n}(c_{\zeta\theta})^2\right)^{-\frac{1}{2}} \quad \text{für} \quad f_\zeta^{max} > 0$$

$$\text{bzw.} \quad a_\zeta = \frac{f_\zeta^{min} - f_\zeta^{max}}{f_\zeta^{min}} \cdot \left(\sum_{\theta=1}^{n}(c_{\zeta\theta})^2\right)^{-\frac{1}{2}} \quad \text{für} \quad f_\zeta^{max} \leq 0.$$

Der erste Term zur Berechnung der a_ζ gewährleistet, daß ein Ziel, das bei einer Variation von x nur geringe Abweichungen von der Ideallösung zeigt, auch nur gering auf die Variation der Gewichtewerte reagiert. Demzufolge wird einer solchen Zielfunktion ein geringes Gewicht zugewiesen. Mit zunehmender Abhängigkeit der Ergebniswerte von der Variation in x nehmen auch die Gewichte w_ζ zu. Der zweite Term dient der Normierung, so daß die Summe der w_ζ eins ergibt. Für das Beispiel berechnen sich die Gewichte nach

$$a_1 = \frac{47,11-0}{47,11} \cdot \left(\frac{1}{\sqrt{1^2+3^2}}\right) = 0,3162 \quad \rightarrow w_1 = \frac{a_1}{a_1+a_2} = 0,4142$$

$$a_2 = \frac{-32-0}{-32} \cdot \left(\frac{1}{\sqrt{(-2)^2+(-1)^2}}\right) = 0,4472 \quad \rightarrow w_2 = \frac{a_2}{a_1+a_2} = 0,5858.$$

Das zu lösende lineare Programmierungsproblem lautet also:

Ziel:

$\min_{x,\xi} \xi$

u.d.N.:

$0,4142(47,11 - x_1 - 3x_2) \leq \xi \leftrightarrow \xi + 0,4142x_1 + 1,2426x_2 \geq 19,5134$

$0,5858(0 + 2x_1 + x_2) \leq \xi \quad \leftrightarrow -\xi + 1,1716x_1 + 0,5858x_2 \leq 0$

$x \in X, \quad \xi \geq 0.$

Es ergeben sich $x_1 = 0$ und $x_2 = 10,6724$. Die Lösung lautet somit:

$$x_1 = (x_1^1, x_2^1) = (0; 10,6724); \quad f^1 = (f_1^1, f_2^1) = (32,01; -10,6724).$$

Schritt 3: Entscheidungsphase

Die Kompromißlösung x_1 wird dem Manager vom Controller vorgelegt. Dieser vergleicht den Zielvektor $f^1 = (32,01; -10,67)$ mit dem Idealvektor $f^* = (47,11; 0)$. Wenn beide Zielwerte von f^1 für den Manager befriedigend sind, ist die Lösung gefunden. Hält der Manager dagegen f_2 für befriedigend, f_1

---

[97] Vgl. Goicoechea/Hansen/Duckstein (1982), S. 219.

aber für zu gering, muß er angeben, welche Verschlechterung in f_2 er für
eine Verbesserung in f_1 in Kauf nimmt. Dies sei durch $\Delta f_2 = 10$ Einheiten
gegeben. Die Nebenbedingungen des Kalküls ändern sich demgemäß zu

$$x^1 = \begin{cases} X \\ f_\zeta(x) \geq f_\zeta(x^1) - \Delta f_\zeta, \\ g_\theta(x) \geq g_\theta(x^1), \end{cases} \quad \text{hier also} \quad x^1 = \begin{cases} X \\ 2x_1 + x_2 \leq 20,67 \\ x_1 + 3x_2 \geq 32,01. \end{cases}$$

Iteration 2:

Schritt 2: Berechnungsphase
Das Gewicht w_ζ wird auf Null gesetzt, da der Manager die Realisation des
Ziels f_ζ als befriedigend ansieht. Die Berechnungen der verbleibenden Ge-
wichte w sowie die Lösung des LP-Problems erfolgen gemäß Iteration 1. Als
Lösung ergibt sich:

$$x^2 = (x_1^2, x_2^2) = (3,4833; 13,7033)$$

und

$$f^2 = (f_1^2, f_2^2) = (44,5932; -20,67).$$

Schritt 3: Entscheidungsphase
Die Kompromißlösung f^2 sei für den Manager in allen Zielwerten befriedigend, so daß der STEM-Algorithmus mit dieser Lösung endet. In einer vom
Controller durchzuführenden Sensitivitätsanalyse[98] kann weiter untersucht
werden, wie sich unterschiedliche Toleranzgrenzen Δf_ζ auf die Lösung auswirken.

Methode der verschobenen Ideallösung

Die auf Zeleny[99] zurückgehende Methode der verschobenen Ideallösung basiert auf der Annahme, daß die beste Kompromißlösung eine minimale Ge-
samtabweichung vom idealen Punkt f^* hat. Dementsprechend ist die Vorgehensweise der Methode ähnlich der von STEM, d.h. es wird zunächst wieder
eine Ideallösung ermittelt. Im Anschluß werden die nicht-dominierten Lösungen bestimmt[100].

Die Besonderheit dieser Methode liegt in der Behandlung der Menge nicht-
dominierter Lösungen. Während in STEM mit Hilfe einer Abstandsfunktion
versucht wird, diejenige nicht-dominierte Lösung zu finden, die im Minimax-
Sinn den Abstand zur Ideallösung minimiert, verlangt die Methode der verschobenen Ideallösung von einer nicht-dominierten Lösung lediglich, daß diese

---

[98] Vgl. zum Grundprinzip z.B. Eisenführ/Weber (1994) sowie Abschnitt 5.3.
[99] Vgl. Zeleny (1974), S. 479 ff und (1976), S. 153 ff.
[100] Zu den hier möglichen Vorgehensweisen vgl. Hwang/Masud (1979), S. 210 f und
Zeleny (1974), S. 479-482.

„möglichst nah" an der Ideallösung liegt[101]. Dabei muß der Entscheidungsträger (in der Person des Managers) Kriterien festlegen, anhand derer vom
Controller eine Kompromißmenge ermittelt werden kann, die eine Teilmenge der Menge nicht-dominierter Lösungen ist. Kann der Manager mit Hilfe
seiner Präferenzen eine Kompromißlösung als zufriedenstellend identifizieren,
endet der interaktive Prozeß. Andernfalls wird er erneut begonnen und der
Zulässigkeitsbereich X des VOP durch die Kompromißmenge ersetzt.

Durch die Verkleinerung des ursprünglichen Zulässigkeitsbereichs X auf
die Kompromißmenge können individuelle Optimallösungen („Ecken" des ursprünglichen Zulässigkeitsraums) ausgeschlossen werden. Liefern solche Lösungen mindestens eine Komponente eines Zielvektors F^*, verschieben sich
diese Komponenten bei der Neuberechnung eines idealen Zielvektors – ein
Umstand, der in der Bezeichnung dieser Methode zum Ausdruck kommt.

Modifikationen dieses Verfahrens[102] sehen u.a. zusätzliche Informationen
für den Benutzer über Auswirkungen möglicher Änderungen vor. Auch wird
an dem Begriff der „Nähe" zur Ideallösung angesetzt und Unschärfe explizit
im Algorithmus berücksichtigt. Zum Teil wird auch die Möglichkeit geboten,
bereits festgelegte Untergrenzen – zu Lasten der Konvergenz – zu revidieren.

Interaktive Verfahren mit explizitem Trade-off

Surrogate Worth Trade-off-Methode

Die Surrogate Worth Trade-off-Methode (SWT)[103] kann auf Probleme mit
differenzierbaren Funktionen angewandt werden. Sie geht von der Annahme
aus, daß der Entscheidungsträger implizit eine Nutzenfunktion angibt, wenn
er Paarvergleiche vornimmt. Diese Vergleiche werden dadurch erleichtert, daß
die Trade-off-Funktion explizit generiert und evaluiert wird. Die Vorgehensweise der Surrogate Worth Trade-off Methode gestaltet sich dabei im wesentlichen in folgenden Schritten[104]: Zunächst werden die nicht-dominierten Lösungen identifiziert, indem auf die Vorgehensweise der ϵ-constraint-Methode
zurückgegriffen wird. Die gewonnenen Lösungen bestimmen eine sog. Trade-
off-Funktion. Im nächsten Schritt findet eine interaktive Verknüpfung der
Präferenzstruktur des entscheidungsmaßgeblichen Managers mit der Menge
nicht-dominierter Lösungen statt. Zu diesem Zweck werden sog. Surrogate
Worth-Funktionen eingeführt. An folgendem – aus Gründen der Komplexi-
tätsreduktion einfach gehaltenen – Beispiel soll die Vorgehensweise der SWT-
Methode erläutert werden[105]:

---

[101] Vgl. Zimmermann/Gutsche (1991), S. 172.
[102] Vgl. Zeleny (1974), S. 490 f und (1976), S. 192 ff.
[103] Vgl. Haimes/Hall (1974), S. 615 ff; Chankong/Haimes (1978), S. 42 ff.
[104] Vgl. Hwang/Masud (1979), S. 126.
[105] Vgl. zur Schrittfolge Hwang/Masud (1979), S. 126 ff; Chankong/Haimes (1978),
S. 351 ff; Goicoechea/Hansen/Duckstein (1982), S. 140 ff.

Schritt 1: Formulierung des Entscheidungsproblems und Ermittlung der Optimallösungen der Einzelzielfunktionen

Betrachtet werden soll die Gewinnfunktion $f_1 = x_1 \cdot x_2$ und eine Fertigungskostenfunktion $f_2 = (x_1 - 2)^2 + x_2^2$ der Produktion von x_1 und x_2. Die Gesamtproduktion sei auf 20 Einheiten pro Tag beschränkt. Es ergibt sich als Zielsystem:

Ziele: $f_1 = x_1 \cdot x_2$ $\rightarrow$ max!

$f_2 = (x_1 - 2)^2 + x_2^2 \rightarrow$ min! bzw. $f_2 = -(x_1 - 2)^2 - x_2^2 \rightarrow$ max!

u.d.N.: $x_1 + x_2 \leq 20$

$x_1, x_2 \geq 0.$

Die optimale Lösung für f_1 ergibt $x_1 = x_2 = 10$ mit $f_1^* = 100$, und für f_2 ist $x_1 = 2$ und $x_2 = 0$ mit $f_2^* = 0$.

Schritt 2: Generierung nicht-dominierter Lösungen über Trade-off-Funktionen

Grundsätzlich lassen sich die Trade-off-Funktionen aus den Dualwerten der Nebenbedingungen ableiten. Als Zielsystem ist zugrunde zu legen:

Ziel: $\max f_1(x)$

u.d.N.: $f_\zeta(\underline{x}) \geq \epsilon_\zeta$ $\zeta = 2, ..., m$

$g_\theta(x) \leq 0$ $\theta = 1, ..., n$

mit $\epsilon_\zeta = f_\zeta^* - \overline{\epsilon}_\zeta$ $\zeta = 2, ..., m$

und $\epsilon_\zeta > 0.$

Dabei sind die f_ζ^* die Optimallösungen der Einzelzielfunktionen[106]. Dieses Zielsystem läßt sich über den Lagrange-Ansatz gemäß

$$L = f_1(x) + \sum_{\theta=1}^{n} \mu_\theta \cdot g_\theta(x) + \sum_{\zeta=2}^{m} \sigma_{k\zeta} \cdot (f_\zeta(\underline{x}) - \overline{\epsilon}_\zeta)$$

lösen. Die hier interessierenden Trade-off-Funktionen $\sigma_{k\zeta}(\epsilon_\zeta)$ ergeben sich durch Anwendung der Kuhn-Tucker-Bedingungen[107] und einige Umformungen gemäß

$$\sigma_{k\zeta}(\epsilon_\zeta) = -\frac{\partial f_k(\cdot)}{\partial f_\zeta(\cdot)} \quad k \neq j \quad k, \zeta = 1, ..., m.$$

---

[106] Vgl. zur Generierung der ϵ_ζ die Ausführungen zur ϵ-constraint-Methode.
[107] Vgl. Bertsekas (1995), S. 284 f.

Übertragen auf das Beispiel resultiert als Zielsystem:

$$\underline{\text{Ziel:}} \qquad f_1 = x_1 \cdot x_2 \rightarrow \max!$$

$$\underline{\text{u.d.N.:}} \quad -(x_1 - 2)^2 - x_2^2 \geq -o$$

$$x_1 + x_2 \leq 20$$

$$x_1, x_2 \geq 0.$$

Zur Lösung wird der Lagrange-Ansatz wie folgt gewählt:

$$L = x_1 \cdot x_2 + \mu(x_1 + x_2 - 20) + \sigma_{12}[-(x_1 - 2)^2 - x_2^2 + o].$$

Die Kuhn-Tucker-Bedingungen lauten:

(I) $\dfrac{\partial L}{\partial x_1} = x_2 + \mu - 2 \cdot \sigma_{12}(x_1 - 2) \leq 0$

(II) $\dfrac{\partial L}{\partial x_2} = x_1 + \mu - 2 \cdot \sigma_{12}x_2 \leq 0$

(III) $\dfrac{\partial L}{\partial \mu} = x_1 + x_2 - 20 \leq 0$

(IV) $\dfrac{\partial L}{\partial \sigma_{12}} = -(x_1 - 2)^2 - x_2^2 + o \geq 0$

(V) $\mu(x_1 + x_2 - 20) = 0$

(VI) $\lambda_{12}[-(x_1 - 2)^2 - x_2^2 + o] = 0.$

Wenn $x_1 + x_2 \leq 20$, $\mu = 0$ und $x_1, x_2 > 0$ sind, gilt $\partial L/\partial x_1 = \partial L/\partial x_2 = 0$. Aus (I) und (II) resultiert in diesem Fall:

$$\sigma_{12} = \frac{x_2}{2 \cdot (x_1 - 2)} = \frac{x_1}{2 \cdot x_2} \quad \text{oder}$$

$$x_2 = \sqrt{x_1 \cdot (x_1 - 2)} \quad \text{und} \quad (x_1 - 2)^2 + x_2^2 = o \quad \text{für alle } \lambda_{12} > 0.$$

Die über die einzige hier betrachtete Trade-off-Funktion $\sigma_{12} = \dfrac{x_1}{2x_2}$ ermittelte Relation $x_2 = \sqrt{x_1 \cdot (x_1 - 2)}$ bestimmt die Menge der nicht-dominierten Alternativen. Diese ist aus Tabelle 3.8 ersichtlich.

Schritt 3: Interaktive Ermittlung der Surrogate Worth-Funktionen
Die Surrogate Worth-Funktionen w_{kj} leitet der Controller aus den Präferenzen des Managers bezüglich der ermittelten Ergebnisse ab. Dabei gibt ein

Tabelle 3.8: Trade-off- und Surrogate Worth-Funktionswerte

x_1	x_2	σ	f_1	f_2	w
2	0	∞	0	0	–
3	1,73	0,866	5,20	4	+10
4	2,83	0,707	11,31	12	+4
5	3,87	0,645	19,36	24	0
6	4,90	0,612	29,39	40	-5
7	5,92	0,592	41,41	60	-8
8	6,93	0,577	55,43	84	-10

Wert w_{kj} an, wie stark der Manager eine marginale Erhöhung des k-ten Ziels f_k einer marginalen Erhöhung des j-ten Ziels f_j – bei Konstanz aller verbleibenden Ziele – vorzieht. Zur Bewertung wird eine ordinale Skala von -10 bis +10 verwendet, wobei 0 Indifferenz bedeutet. Als Lösungsmengen kommen diejenigen Surrogate Worth-Funktionen in Frage, bei denen $w_{kj}(\sigma_{kj}) = 0$ gilt. Die Funktionswerte sind für das Beispiel ebenfalls Tabelle 3.8 zu entnehmen. Der Manager hat in diesem Fall das Urteil abgegeben, daß bei einem gegebenen Gewinn von 5,20 pro Einheit und zusätzlichen Kosten von 4 eine marginale Steigerung von 0,866 Einheiten Gewinn bei 1 Einheit erhöhter Kosten stark vorziehenswürdig (+10) ist.

Schritt 4: Ermittlung der Indifferenzlösungen
Alle Lösungen mit $w_{kj} = 0$ stellen Indifferenzlösungen und damit optimale Lösungen für das Entscheidungsproblem dar. Ausgehend von konsistenten Bewertungen des Managers im Beispiel ist die Lösung durch $\sigma_{12}^* = 0,645$ gegeben.

Schritt 5: Übertragung der Lösung auf den Entscheidungsraum
Übertragen auf den Entscheidungsraum bedeutet die Wahl von $\sigma_{12}^* = 0,645$, daß sich die Produktion von x_1 und x_2 gemäß $\underline{x} = (5; 3, 87)$ zusammensetzen sollte. Der Schritt 5 gewinnt insbesondere dann an Bedeutung, wenn in Schritt 4 keine Indifferenzlösungen vorlagen und approximierte Surrogate Worth-Funktionen verwendet werden mußten. In letzterem Fall dient Schritt 5 zur Überprüfung der Widerspruchsfreiheit von Lösungsvorschlag und Entscheidungsraum[108].

Neben den Anwendungsproblemen der ϵ-constraint-Methode, die analog auch bei der Surrogate Worth Trade-off-Methode bestehen, tritt hier ein weiteres Problem auf: Die Trade-off-Funktionen σ_{kj} zeigen den marginalen Trade-off zweier Ziele in einer sehr begrenzten Region um die gegenwärtige Lösung auf. Der Manager muß jedoch diese Marginalaspekte bei der Abgabe seiner Vergleichsurteile w_{kj} nicht explizit berücksichtigen[109]. Für Entschei-

---

[108] Vgl. Hwang/Masud (1979), S. 133.
[109] Vgl. Hwang/Masud (1979), S. 144.

dungsprobleme mit mehr als drei Zielen, vier Beschränkungen und drei Entscheidungsvariablen stellt sich ein Komplexitätsproblem, das im Rahmen der normalen Problemverarbeitungskapazität eines Managers kaum, bei Heranziehung leistungsfähiger Software durch den Controller aber gut gelöst werden kann.

Verfahren von Geoffrion/Dyer/Feinberg

Bei einem Multi-Objective-Entscheidungsproblem mit mehr als zwei Zielfunktionen ist die Angabe von Trade-offs zwischen diesen Zielen schwierig. Dies liegt darin begründet, daß sowohl Interdependenzbeziehungen zwischen den Zielen implizit zu berücksichtigen wären als auch generell akzeptierte Vorgehensweisen fehlen[110]. In Anbetracht dessen übertragen Geoffrion/Dyer/Feinberg ein mathematisch effizientes Verfahren der nichtlinearen Optimierung auf das Multi-Objective-Entscheidungsproblem und lassen dabei die vom Entscheidungsträger zur Berechnung benötigten Informationen interaktiv einfließen. Hierbei wird angenommen, daß sich eine Optimierung durchführen läßt, wenn es dem Entscheidungsträger möglich ist, eine Gesamtnutzenfunktion U anzugeben, in die die Nutzenwerte aller betrachteten Zielfunktionswerte eingehen. Dabei ist eine explizite Angabe der Gesamtnutzenfunktion nicht erforderlich. Vielmehr genügt es, auf lokale Präferenzinformationen des Entscheidungsträgers (in der Person des Managers) zurückzugreifen, sofern diese zur Berechnung benötigt werden[111]. Das Vektormaximierungsproblem ist gegeben durch

$$\underline{\text{Ziel:}} \quad \max U[f_1(x), \cdots, f_m(x)]$$
$$\underline{\text{u.d.N.:}} \quad x \in X.$$

Der im Verfahren von Geoffrion/Dyer/Feinberg zugrundeliegende Frank-Wolfe-Algorithmus der nichtlinearen Optimierung ist relativ einfach anwendbar und hinsichtlich der Konvergenzeigenschaften robust. Die Anwendung erfordert jedoch folgende Annahmen[112]:

- Die Zielfunktionen $f_\zeta(x)$ und der Zulässigkeitsraum X müssen explizit bekannt sein,

- die Zielfunktionen $f_\zeta(x)$ seien reellwertig und konkav,

---

[110] Vgl. Geoffrion/Dyer/Feinberg (1972), S. 357.

[111] Vgl. Geoffrion/Dyer/Feinberg (1972), S. 357; Hwang/Masud (1979), S. 104.

[112] Vgl. Hwang/Masud (1979), S. 104 f; Kirchgäßner (1983), S. 145 f; Zimmermann/Gutsche (1991), S. 142 f.

- der Zulässigkeitsraum X stelle eine konvexe und kompakte Teilmenge des $\mathbb{R}^n$ dar,

- die Gesamtnutzenfunktion U sei konkav und stetig differenzierbar.

Die Gesamtnutzenfunktion U ist nur implizit gegeben, da bei Anwendung des Algorithmus jeweils Trade-offs zweier Zielfunktionen abgefragt werden, mit deren Hilfe der Gradient von U approximiert werden kann. Somit ist es möglich, an einem beliebigen Ausgangspunkt x innerhalb des Zulässig-keitsraums den Algorithmus beginnen zu lassen und schrittweise jeweils über den Gradienten den steilsten Anstieg in x zu identifizieren. Wird dann noch eine optimale Schrittlänge in eine verbessernde Richtung angegeben, läßt sich eine schrittweise Annäherung an das Gesamtoptimum vollziehen. Dieses ist erreicht, wenn der steilste Anstieg in der Umgebung von x Null ist. Über die Annahmen wird ausgeschlossen, daß das Verfahren ein nur lokales Maximum liefert. Der konkrete Ablauf des Verfahrens sei am Beispiel des folgenden VOP aufgezeigt:

$$\underline{\text{Ziele:}} \quad f_1(x) = -0,2x_1 - 2x_2 - 0,8x_3 - 0,1x_4$$

$$f_2(x) = -10x_1 - 20x_2 - 100x_3$$

$$f_3(x) = -20x_1 - 25x_2 - 15x_4$$

$$\underline{\text{u.d.N.:}} \quad g_1(x) = 600x_1 + 100x_2 + 7.000x_3 \geq 1.000$$

$$g_2(x) = 0,2x_1 + 10x_2 + 13x_3 + 0,75x_4 \geq 10$$

$$g_3(x) = x_1 \leq 6$$

$$g_4(x) = x_2 \leq 2$$

$$g_5(x) = x_3 \leq 0,5$$

$$g_6(x) = x_4 \leq 10$$

$$x_\theta \geq 0 \quad \theta = 1, \cdots, 4.$$

Iteration 1

Schritt 1: Wahl eines Ausgangspunktes
Ausgangspunkt $\underline{x}^1 \in X$ sei $\underline{x}^1 = (3; 1; 0, 2; 5)$.

Schritt 2: Bestimmung der Richtung der Verbesserung
Der Ausgangspunkt $\underline{x}^1$ liefert als Zielfunktionswerte
$\underline{f}^0 = (f_1(\underline{x}^1); f_2(\underline{x}^1); f_3(\underline{x}^1)) = (-3, 26; -70; -160)$.
Um eine verbessernde Richtung in der Umgebung von $\underline{x}^1$ finden zu können, muß der Controller folgendes Problem lösen[113]:

---

[113] Vgl. auch Kirchgäßner (1983), S. 151.

$$\underline{\text{Ziel:}} \quad \max \operatorname{grad}_{\underline{x}} U[f_1(\underline{x}^1), \cdots, f_m(\underline{x}^1)] \cdot \underline{y}^1$$

$$\underline{\text{u.d.N.:}} \quad \underline{y}^1 \in X.$$

Da U nicht bekannt ist, muß der Manager Trade-off-Informationen liefern, mit denen die Richtung des Gradienten von U an der Stelle $\underline{x}^1$ abgeschätzt werden kann. Über die Anwendung der Kettenregel läßt sich die Zielfunktion umformen zu $\operatorname{grad}_{\underline{x}} U[f_1(\underline{x}^1), \cdots, f_m(\underline{x}^1)] \cdot \underline{y}^1 = \sum_{\zeta=1}^{m} \frac{\partial U}{\partial f_\zeta^1} \operatorname{grad}_{\underline{x}} f_\zeta(\underline{x}^1) \cdot \underline{y}^1$.

Da die Multiplikation der Zielfunktion mit einem Skalar – hier $\left(\frac{\partial U}{\partial f_1^1}\right)^{-1}$ – keine Veränderung der Zielwerte bewirkt, ist folgendes Problem äquivalent:

$$\underline{\text{Ziel:}} \quad \max \sum_{\zeta=1}^{m} w_\zeta^1 \cdot \operatorname{grad}_{\underline{x}} f_\zeta(\underline{x}^1) \cdot \underline{y}^1$$

$$\underline{\text{u.d.N.:}} \quad \underline{y}^1 \in X$$

$$\text{mit} \quad w_\zeta^1 = \frac{\frac{\partial U}{\partial f_\zeta^1}}{\frac{\partial U}{\partial f_1^1}} \quad \zeta = 1, \cdots, m.$$

Um w_ζ^1 zu erhalten, muß der Manager eine infinitesimale Veränderung Δf_1 angeben, die exakt eine infinitesimale Veränderung Δf_ζ ausgleicht – bei Konstanz aller übrigen Zielwerte. Die Approximation $w_\zeta^1 = -\Delta f_1/\Delta f_\zeta$ stellt also nichts anderes als einen indifferenten Trade-off, also die Grenzrate der Substitution, zwischen zwei Zielfunktionen dar[114]. Im Beispiel gebe der Manager folgende Trade-offs als indifferent an:

– für f_1 und f_2: $(-3, 26; -70; 160) \sim (-3, 26 + 0, 5; -70 - 10; -160)$

– für f_1 und f_3: $(-3, 26; -70; 160) \sim (-3, 26 + 0, 5; -70; -160 - 40)$.

Daraus resultieren als Gewichte:

$$w_1^1 = 1, \; w_2^1 = -\frac{\Delta f_1}{\Delta f_2} = -\frac{0, 5}{-10} = 0, 05, \; w_3^1 = -\frac{\Delta f_1}{\Delta f_3} = -\frac{0, 5}{-40} = 0, 0125.$$

Damit ergibt sich als Problem der Richtungsfindung:

$$\underline{\text{Ziel:}} \quad \max \sum_{\zeta=1}^{3} w_\zeta^1 \operatorname{grad}_{\underline{x}} f_\zeta(\underline{x}^1) \cdot \underline{y}^1 = f_1(\underline{y}^1) + 0, 05 f_2(\underline{y}^1) + 0, 0125 f_3(\underline{y}^1)$$

$$\underline{\text{u.d.N.:}} \quad \underline{y}^1 \in X.$$

Als Lösung resultiert $\underline{y}^1 = (0; 0, 8297; 0, 1310; 0)$. Die Richtung der Verbesserung $\underline{z}^1$ ist definiert als $\underline{z}^1 = \underline{y}^1 - \underline{x}^1$, also $\underline{z}^1 = (-3; -0, 1703; -0, 069; -5)$.

---

[114] Vgl. Geoffrion/Dyer/Feinberg (1972), S. 359; Hwang/Masud (1979), S. 107.

Schritt 3: Bestimmung der optimalen Schrittlänge
Nachdem die Richtung der Verbesserung $\underline{z}^1$ ermittelt wurde, ist nun die optimale Länge des Verbesserungsschritts und damit zu bestimmen, wie weit in diese Richtung zu gehen ist[115]. Dazu ist als Problem zu lösen:

$$\text{Ziel:}\quad \max U[f_1(\underline{x}^1 + t^1\underline{z}^1), \cdots, f_m(\underline{x}^1 + t^1\underline{z}^1)]$$

$$\text{mit } 0 \leq t^1 \leq 1.$$

Da U nicht bekannt ist, gibt es zwei Arten, die optimale Schrittlänge zu identifizieren. Entweder wird für jede Zielfunktion $f_\zeta(\underline{x}^1+t^1\underline{z}^1)$ der Verlauf für $0 \leq t^1 \leq 1$ graphisch dargestellt und der Manager wählt jenes t^1, welches seine Präferenzen in den Zielfunktionswerten optimal ausdrückt, oder es werden bestimmte Intervalle für t^1 bestimmt und tabellarisch aufbereitet. Letzteres ist in Tabelle 3.9 dargestellt.

Tabelle 3.9: Schrittgrößenwahl Iterationsschritt 1

t^1	0	0,2	0,4	0,6	0,8	1
f_1	-3,26	-2,96084	-2,66168	-2,36252	-2,06336	-1,7642
f_2	-70	-61,9388	-53,8776	-45,8164	-37,7552	-29,694
f_3	-160	-132,1485	-104,297	-76,4435	-48,594	-20,7425

Der Manager wählt in diesem Fall als beste Lösung:
$\underline{f}^1 = (-1,7642; -29,694; -20,7425)$ mit $t^1 = 1$. Nun wird $\underline{x}^2 = \underline{x}^1 + t^1\underline{z}^1$ gesetzt: $\underline{x}^2 = (0; 0,8297; 0,131; 0)$ und ein neuer Iterationsschritt begonnen.

Iteration 2:

Schritt 2: Bestimmung der Richtung der Verbesserung
Die Vorgehensweise verläuft hier analog zu Iterationsschritt 1. Der Entscheidungsträger äußert für

- f_1 und f_2:
  $(-1,7642; -29,694; -20,7425) \sim (-1,7642+0,5; -29,694-20; -20,7425)$
- f_1 und f_3:
  $(-1,7642; -29,694; -20,7425) \sim (-1,7642+0,5; -29,694; -20,7425-5)$.

Demnach betragen $w_1^2 = 1$; $w_2^2 = -0,5/-20 = 0,025$; $w_3^2 = -0,5/-5 = 0,1$. Als Lösung des Verbesserungsproblems ergibt sich $\underline{y}^2 = (0; 0,35; 0,5; 0)$. Man erhält

$$\underline{z}^2 = \underline{y}^2 - \underline{x}^2 = (0; -0,4797; 0,369; 0).$$

Schritt 3: Bestimmung der optimalen Schrittlänge
Die Werte für $0 \leq t^2 \leq 1$ sind in $0,2$-Intervallschritten der Tabelle 3.10 zu entnehmen.

[115] Vgl. Wierzbicki (1997), S. 31.

Tabelle 3.10: Schrittgrößenwahl Iterationsschritt 2

t^2	0	0,2	0,4	0,6	0,8	1
f_1	-1,7642	-1,63136	-1,49052	-1,36568	-1,23284	-1,1
f_2	-29,694	-35,1552	-40,6164	-46,0776	-51,5388	-57
f_3	-20,7425	-18,344	-15,9455	-13,547	-11,1485	-8,75

Der Manager hält hier $t^2 = 0,6$ mit $f^2 = (-1,36568; -46,0776; -13,547)$ für optimal. Das Ende der Iterationsschleifen ist gegeben, wenn die Lösungen zweier aufeinanderfolgender Iterationsschritte übereinstimmen. Da dieses nur als Grenzwert nach vielen Iterationsschleifen erreicht wird, besteht die Möglichkeit, die Iterationsschleifen zu beenden, wenn die Verbesserung, die durch die nachfolgende Schleife gegenüber der vorherigen Schleife eingetreten ist, einen vom Manager festgelegten Wert Φ unterschreitet[116]. In diesem Fall gibt der Manager an, daß die optimale Lösung erreicht ist, wenn ein Iterationsschritt nicht mehr als 15% Verbesserung in den Zielfunktionswerten liefert. Das Verhältnis der Verbesserung im zweiten Iterationsschritt gegenüber dem ersten bestimmt sich nach: $\dfrac{\Delta 2}{\Delta 1} = \dfrac{(w_1^2, w_2^2, w_3^2) \cdot (\underline{f}^2 - \underline{f}^1)^T}{(w_1^1, w_2^1, w_3^1) \cdot (\underline{f}^1 - \underline{f}^0)^T}$

$$= \frac{(1; 0,025; 0,1) \cdot (-1,36568 + 1,7642; -46,0776 + 29,694; -13,547 + 20,7425)^T}{(1; 0,05; 0,0125)(-1,7642 + 3,26; -29,694 + 70; -20,7425 + 160)^T}$$

$$= \frac{(1; 0,025; 0,1) \cdot (0,39852; -16,3836; 7,1955)^T}{(1; 0,05; 0,0125) \cdot (1,4958; 40,306; 139,2575)^T} = \frac{0,70848}{5,2518187} \approx 0,1349.$$

Da $\Delta 2/\Delta 1 < \Phi$, ist das Abbruchkriterium erfüllt und die optimale Kompromißlösung $f^2 = (-1,36568; -46,0776; -13,547)$ erreicht.

Verfahren von Zionts/Wallenius

Das Verfahren von Zionts/Wallenius[117] ist ein interaktives Verfahren für eine Klasse von Vektormaximierungsproblemen, die folgende Bedingungen erfüllen: Alle Nebenbedingungen sind linear, die Zielfunktionen sind linear oder konvex. Die (implizite) Nutzenfunktion ist entweder additiv-linear oder eine konkave Funktion aus linearen Zielfunktionen in jedem Ziel, die monoton fallend sind. Diese Bedingungen lassen sich ggf. durch Linearisierung erreichen. Interaktivität liegt wegen der Verwendung von Trade-offs vor. Ausgehend von (zulässigen) linearen Approximationen wird die beste Kompromißlösung eine Extrempunktlösung der linearisierten Constraint-Menge sein, nicht unbedingt aber eine Lösung des ursprünglichen Problems. Das Verfahren basiert auf der Simplexmethode. Von dieser aber abweichend bestimmt der Entscheidungsträger (in der Person des Managers), welche Variable als nächste neu in

---

[116] Vgl. Hwang/Masud (1979), S. 117.
[117] Vgl. dazu Zionts/Wallenius (1983), S. 519 ff.

die Basis eintritt. Zu diesem Zweck werden dem Manager in jedem Iterationsschritt spezifische Trade-off-Vektoren zu einer funktional-effizienten Lösung
vorgelegt. Auf Basis dieser Beurteilung wird ein neues lineares Programm
konstruiert[118]. Insgesamt läuft das Verfahren in folgenden Schritten ab[119]:

Schritt 1: Initialisierung
Wähle einen beliebigen Vektor positiver Gewichte w.

Iteration 1:

*Schritt 2: Ermittlung und Lösung einer zusammengesetzten Gesamtzielfunk-
tion*
Die ursprünglichen m Zielfunktionen werden zu einer Gesamtzielfunktion ge-
mäß $\sum_{\theta=1}^{m} w_\theta \cdot f_\theta(x)$ mit $\sum_{\theta=1}^{m} w_\theta = 1$ zusammengefaßt[120]. Sodann generiert
der Controller eine nicht-dominierte Lösung mittels des in Abschnitt 3.3.3.2
beschriebenen Mehrziel-Simplexverfahrens. Die Menge der im Endtableau des
Simplexalgorithmus enthaltenen Nicht-Basis-Variablen wird identifiziert.

Schritt 3: Identifikation der Menge effizienter Nicht-Basis-Variablen
Die Menge effizienter Nicht-Basis-Variablen $\Gamma_{\theta\zeta}$, die an die optimale Lösung
des zweiten Schritts angrenzen, ist zu bestimmen. Zu diesem Zweck wird über
die Vorschrift

$$\underline{\text{Ziel:}} \quad \max x_\zeta$$
$$\underline{\text{u.d.N.:}} \quad \underline{x} \in X$$
$$\text{mit } \zeta \in \{\text{Nicht-Basis-Variablen}\}$$

für jede Nicht-Basis-Variable untersucht, um wieviel sich die Lösung aus
Schritt 2 verändert, wenn eine Einheit von x_ζ zusätzlich in die Lösung ein-
fließt. Die Menge $\Gamma_{\theta\zeta}$ bestimmt sich dann gemäß $\Gamma_{\theta\zeta} = (\underline{f}^1 - f_{\theta\zeta})/x_\zeta$ mit
$\underline{f}^1$ als optimaler Lösung des zweiten Schritts. Die so erhaltenen Werte $\Gamma_{\theta\zeta}$
werden über die Vorschrift

$$\underline{\text{Ziel:}} \quad \min \sum_{\theta=1}^{m} \Gamma_{\theta k} \cdot w_\theta$$
$$\underline{\text{u.d.N.:}} \quad \sum_{\theta=1}^{m} \Gamma_{\theta\zeta} \cdot w_\theta \geq 0$$
$$\sum_{\theta=1}^{m} w_\theta = 1$$
$$\underline{w} \geq 0$$
$$\text{mit} \quad \zeta, k \in \{\text{Nicht-Basis-Variablen}\}, \ \zeta \neq k$$

---

[118] Vgl. zu Verfahrenserweiterungen Koksalan/Beseli (1989), S. 283 ff.
[119] Zur formalen Vorgehensweise und einem Anwendungsbeispiel vgl. Hwang/Masud
(1979), S. 150 ff.
[120] Vgl. Wierzbicki (1997), S. 33.

einer Effizienzprüfung unterzogen[121]. Dieses LP-Problem ist nur zu lösen, wenn wenigstens ein Element $\Gamma_{\theta\zeta}$ existiert mit $\Gamma_{\theta\zeta} < 0$. Ergibt die Minimallösung einen negativen Wert, ist die Variable x_ζ effizient.

Schritt 4: Entscheidungsphase
Für jede effiziente Nicht-Basis-Variable x_k wird der Manager vom Controller befragt, ob er eine Abnahme bezüglich des Ziels 1 in Höhe von w_{1k}, eine Abnahme in Bezug auf Ziel 2 in Höhe von w_{2k} usw. zugunsten einer Abnahme von x_k präferiert, nicht-präferiert oder indifferent beurteilt. Wenn alle Variablen x_k nicht-präferiert werden, ist mit w^* die beste Gewichtung und damit die beste Kompromißlösung gefunden. Anderenfalls werden die x_k wie folgt klassifiziert:

a) $\sum\limits_{\theta=1}^{m} \Gamma_{\theta k} \cdot w_\theta \leq -\varepsilon$, wenn der x_k-Wert präferiert wird[122],

b) $\sum\limits_{\theta=1}^{m} \Gamma_{\theta k} \cdot w_\theta \geq \varepsilon$, wenn der x_k-Wert nicht präferiert wird oder

c) $\sum\limits_{\theta=1}^{m} \Gamma_{\theta k} \cdot w_\theta = 0$, wenn eine indifferente Beurteilung vorliegt.

Schritt 5: Bestimmung der neuen Gewichtung
Die in Schritt 4 ermittelten Gleichungen/Ungleichungen ermöglichen die Bestimmung neuer Gewichtungen. Dazu wird eine der Ungleichungen als zu maximierende Zielfunktion eines LP-Problems angenommen, und alle verbleibenden Gleichungen/Ungleichungen bilden die Nebenbedingungen. Die Lösung liefert eine neue Gewichtung w. Daraufhin wird ein neuer Iterationsschritt begonnen.

Probleme dieses Verfahrens bestehen in den Annahmen, das Wahlverhalten des Entscheidungsträgers sei durchgängig konsistent und das Vektormaximumproblem sei linear[123]. In einer erweiterten Version des Algorithmus[124] sind diese Schwachpunkte behoben.

3.4 Vergleich multikriterieller Entscheidungsverfahren

In den vorangegangenen Abschnitten dieses Kapitels wurden verschiedene multikriterielle Verfahren dargestellt. Dabei wurde auch verfahrensspezifisch

---

[121] Vgl. Wallenius/Zionts (1978), S. 77 ff.
[122] Mit ε als genügend kleiner positiver Zahl; so z.B. $\varepsilon = 0,001$ bei Hwang/Masud (1979), S. 160.
[123] Vgl. dazu Zimmermann/Gutsche (1991), S. 159–161.
[124] Vgl. dazu Zionts/Wallenius (1983), S. 652 ff. In einer Modifikation vgl. auch Koksalan/Beseli (1989), S. 283 ff.

auf das Zusammenwirken von Manager und Controller eingegangen. Tabelle
3.11 betrachtet diesen Aspekt der Arbeitsteilung und vermittelt in zusam-
mengefaßter Form einen Überblick, wie das Zusammenwirken von Manager
und Controller bei den einzelnen Verfahren organisiert werden kann.

Auch wenn Tabelle 3.11 für jedes der vorgestellten multikriteriellen Verfahren die Möglichkeit aufgezeigt hat, in einer konzertierten Aktion zwischen
Manager und Controller zum Einsatz zu gelangen, sind diese Verfahren nicht
unterschiedslos für Zwecke des strategischen Controllings geeignet. Neben
der grundsätzlich bestehenden Möglichkeit, in einem arbeitsteiligen Kontext
zwischen Manager und Controller eingesetzt zu werden, wird die Eignung
der Verfahren für die Praxis des strategischen Managements und Controllings von weiteren Eigenschaften abhängen. Als solche Eignungsmerkmale
führte Abschnitt 3.1 die *strukturellen Eigenschaften des Entscheidungsproblems* (sprich: seine Prämissen), die *Schnittstellen zwischen Controller und
Algorithmus* sowie *zwischen Controller und Manager*, sowie die *Eigenschaften der (verfahrensspezifisch erzielten) Ergebnisse* an[125]. Für das Kriterium
der Schnittstelle zwischen Controller und Algorithmus seien die Unterkriterien der *Komplexität* der *Benutzerfreundlichkeit* und des *Rechenaufwands*
eines Verfahrens beurteilungsrelevant. Das Kriterium der Schnittstelle zwischen Controller und Manager sei durch die Unterkriterien repräsentiert, welche *Informationen der Manager bereitstellen muß*, inwieweit Gründe für die
Akzeptanz eines *Verfahrens durch den Manager* bestehen und wie *häufig* der
Manager die *Schnittstelle in Anspruch nimmt*. Das Kriterium der Ergebnisse
wird auf die Unterkriterien der *intersubjektiven Nachprüfbarkeit* der Schritte
eines Verfahrens sowie auf *Charakteristika seiner Ergebnisse* zurückgeführt.
Mißt man die vorgestellten Verfahren an diesen Kriterien, resultieren die aus
Tabelle 3.12 ersichtlichen Befunde.

---

[125] Zu einem – empirisch gestützten – Vergleich von STEM, der Methode von Geoffri-
on/Dyer/Feinberg und einem unstrukturierten Verfahren nach Dyer (unter Ausrichtung an abweichenden Kriterien) vgl. Wallenius (1975), S. 1387 ff.

Tabelle 3.11: Verfahrensspezifische Funktionenteilung zwischen Manager und Controller

Verfahren	Beitrag des Managers	Beitrag des Controllers
Auswahl ohne zusätzliche Attributinformationen (Einfache Strategie)		
– Dominanzstrategie	wird nicht verlangt	Identifikation dominierender und dominierter Alternativen
– Maximin- und Maximax-Strategie	Explikation einer – ggf. existierenden – extrem risikofreudigen oder -aversen Unsicherheitspräferenz, nach der sich die Auswahlstrategie richtet	Anwendung der Auswahlstrategie
Auswahl auf der Basis von Anspruchsniveaus		
– Konjunktives Vorgehen	Vorgabe und ggf. Anhebung von Mindestgrenzen (Anspruchsniveaus)	Eliminierung von Alternativen; Feststellung nicht-dominierter Lösungen
– Disjunktives Vorgehen	Vorgabe von Anspruchsniveaus	Identifikation der Alternativen, die mit mindestens einem Kriterium ein Anspruchsniveau erfüllen

Forts. Tab 3.11

Verfahren	Beitrag des Managers	Beitrag des Controllers
Auswahl auf der Basis ordinaler Attributinformationen – Lexikographische Methode		
• ohne Halbordnung	Ordnung der entscheidungsrelevanten Kriterien	Messung der Alternativen an der Kriterienordnung
• mit Halbordnung	Ordnung der entscheidungsrelevanten Kriterien; Festlegung von Toleranzgrenzen für (nicht) signifikante Abweichungen	Messung der Alternativen an der Kriterienordnung
Auswahl auf der Basis kardinaler Attributinformationen – gewichteter Mittelwert	Explikation linearer Nutzenfunktionen für präferenz- und nutzenunabhängige Kriterien sowie der kriterienspezifischen Gewichte	Berechnung der gewichteten Nutzenwerte der Alternativen; Vorlage der ermittelten Rangordnung gegenüber dem Manager
– Lineare Zuordnungsmethode	Herstellung einer ordinalen Rangordnung unter den Alternativen im Hinblick auf Attribute und Gewichtevektoren	Erzeugung von Permutationsmatrizen; Ermittlung der Gesamtrangwerte und -ordnung

Forts. Tab 3.11

Verfahren	Beitrag des Managers	Beitrag des Controllers
– Outranking/ELECTRE	Vorgabe der Schwellenwerte zur Bestimmung der Konkordanz- und Diskordanzmengen	Ermittlung der Menge nicht-dominierter Lösungen; Durchführung von Paarvergleichen der Alternativen zwecks Feststellung einer Dominanzbeziehung; rechnerische Durchführung der Konkordanzanalyse
– Analytischer Hierarchie-Prozeß	Explikation von Umweltzuständen, Ziel- und Mittelalternativen sowie von ordinalen Paarvergleichsurteilen	Berechnung der Eigenwerte; Rückkopplung an den Manager bei Überschreitung von Inkonsistenzgrenzen
Verfahren zur Charakterisierung nicht-dominierter Lösungen		
– Gewichtungsmethode	Formulierung der verschiedenen Zielfunktionen und ihrer Gewichte; Entscheidung über die Art der Bestimmung eines Gewichtevektors und eventuelle Beurteilung der Ergebnisse einer Sensitivitätsanalyse	Ermittlung des Maximums einer Kompromißzielfunktion; eventuell Durchführung einer Sensitivitätsanalyse der Gewichte
– ϵ-constraint-Methode	Formulierung der Zielfunktionen; Setzung präferentieller Schranken; Abwägung präferentieller Schrittweiten	Variation der Schranken ϵ_ζ und Aufzeigen nicht-dominierter Lösungen; Lösung des Gesamtzielsystems für jede mögliche Kombination der einzelnen ϵ_ζ-Schranken

Forts. Tab 3.11

Verfahren	Beitrag des Managers	Beitrag des Controllers
– Mehrziel-Simplex-Verfahren	Aufstellung linearer Zielfunktionen mit linearen Nebenbedingungen	Anwendung des Simplex-Algorithmus auf die vektorwertige Zielfunktion
Stetige Verfahren mit a priori bekannten Präferenzen		
– Zielprogrammierung	Vorgabe der Zielwerte und Gewichtungen; Ordnung der Zielwerte nach Prioritätsklassen beim lexikographischen Zielprogrammieren	Minimierung der Abstandsfunktion
Interaktive Verfahren		
– mit implizitem Trade-off		
• STEM	Vorgabe unterer Schranken für die Zielfunktion; Entscheidung über die Annahme einer Kompromißlösung	Bestimmung der individuellen Ideallösungen; Anwendung des Algorithmus; Bestimmung einer nicht-dominierten Lösung mit geringstem Abstand zur Ideallösung; Durchführung der Iterationen
• Methode der verschobenen Ideallösung	Festlegung der Kriterien, mittels derer eine Kompromißmenge (als Teilmenge der Menge nicht-dominierter Lösungen) ermittelt wird	Bestimmung einer Ideallösung; Ermittlung der Kompromißmenge

Forts. Tab 3.11

Verfahren	Beitrag des Managers	Beitrag des Controllers
– mit explizitem Trade-off		
• Surrogate Worth Trade-off Methode	Bestimmung von Zielsystemen; Vorgabe der Inputinformationen für Surrogate-Worth-Funktionen	Herleitung von Trade-off-Funktionen; Bestimmung von Surrogate-Worth-Funktionen aus den Inputinformationen des Managers; Bestimmung von Indifferenzlösungen
• Verfahren von Geoffrion/ Dyer/Feinberg	Implizite Angabe einer Gesamtnutzenfunktion anhand lokaler Präferenzinformationen; Angabe von Trade-off-Informationen zur Bestimmung einer Richtung der Verbesserung; Wahl einer Schrittlänge; ggf. Bestimmung eines Wertes als Abbruchkriterium	Abfrage von Trade-offs des Managers; Erzeugung von Informationen über alternative Schrittgrößen
• Verfahren von Zionts/Wallenius	Entscheidung darüber, welche Variable neu in die Basis eintritt; Angabe von Präferenzurteilen über Verminderungshöhen effizienter Nicht-Basis-Variablen	Zusammenfassung der m Zielfunktionen zu einer Gesamtzielfunktion; Generierung einer nicht-dominierten Lösung; Bestimmung der Menge effizienter Nicht-Basis-Variablen

Tabelle 3.12: Kriterienspezifische Bewertung der Verfahren

Verfahren zur Auswahl ohne zusätzliche Attributinformation		
Kriterien	Dominanz-Strategie	Maximin-/Maximax-Strategie
Prämissen bezüglich der Struktur des Entscheidungsproblems	diskrete Entscheidungsproblemstellung; sonst keine zusätzliche Annahme notwendig; Vergleichbarkeit der Alternativen muß gegeben sein	diskrete Entscheidungsproblemstellung; Vergleichbarkeit der Alternativen muß gegeben sein; evtl. Skalierung der Attributausprägungen notwendig; Normierung der Attribute auf einheitlicher Skala
Schnittstelle Controller – Algorithmus:		
– Komplexität	sehr einfaches Verfahren; Identifikation von Dominanzbeziehungen; Paarvergleichsurteile	sehr einfaches Verfahren; Identifikation der schlechtesten Attributausprägung je Alternative; Vergleich der Minima bzw. Maxima der Alternativen
– Benutzerfreundlichkeit	sehr einfach zu handhaben	sehr einfach zu handhaben
– Rechenaufwand	maximal $n \cdot (n-1)/2$ Vergleiche; minimal $(n-1)$ Vergleiche; sehr einfach über Tabellenkalkulationsprogramme zu realisieren (wenn-dann-Abfrage)	n Bestimmungen der Maxima/Minima; $(n-1)$ Vergleiche; sehr einfach über Tabellenkalkulationsprogramme zu realisieren (Summenbildung, wenn-dann-Abfrage)

Forts. Tab 3.12

Verfahren zur Auswahl ohne zusätzliche Attributinformation		
Kriterien	Dominanz-Strategie	Maximin-/Maximax-Strategie
Schnittstelle Controller – Manager:		
– Informationsbereitstellung durch Manager	Dominanz wird als logische Beziehung durch Controller festgestellt	Manager gibt extreme Unsicherheitspräferenz vor
– Akzeptanz durch Manager	unproblematisch, auch wenn auf anderes Verfahren zur Bestimmung nicht-dominanter Lösungen zugegriffen wird	gegeben, wenn Unsicherheitspräferenz real in derart extremer Form vorliegt
– Häufigkeit der Schnittstelleninanspruchnahme durch Manager	Schnittstellen werden nicht benötigt	einmalige Vorgabe der Entscheidungsregel und einmalige Ergebnispräsentation
Ergebnisse:		
– intersubjektive Nachprüfbarkeit	gegeben	gegeben
– Ergebnischarakteristika	Menge nicht-dominierter Alternativen; Verfahren kann zu einer Vorauswahl angewandt werden	Alternative(n) mit höchster minimaler bzw. höchster maximaler Attributausprägung

Forts. Tab 3.12

Verfahren auf der Basis von Anspruchsniveaus		
Kriterien	konjunktives Vorgehen	disjunktives Vorgehen
Prämissen bezüglich der Struktur des Entscheidungsproblems	diskrete Entscheidungsproblemstellung; Vergleichbarkeit der Alternativen muß gegeben sein; die Attributausprägungen müssen sich mindestens auf ordinalem Niveau messen lassen	diskrete Entscheidungsproblemstellung; Vergleichbarkeit der Alternativen muß gegeben sein; die Attributauspägungen müssen sich mindestens auf ordinalem Niveau messen lassen
Schnittstelle Controller – Algorithmus:		
– Komplexität	sehr einfaches Verfahren; Vergleich von Attributausprägungen mit vorgegebenen Anspruchsniveaus	sehr einfaches Verfahren; Vergleich von Attributausprägungen mit vorgegebenen Anspruchsniveaus
– Benutzerfreundlichkeit	sehr einfach zu handhaben; setzt im Hinblick auf Anspruchsniveaus einen geeigneten Informationsfluß in der Schnittstelle Controller – Manager voraus	sehr einfach zu handhaben; setzt im Hinblick auf Anspruchsniveaus einen geeigneten Informationsfluß in der Schnittstelle Controller – Manager voraus
– Rechenaufwand	von der Anzahl gesetzter Anspruchsniveaus abhängig; maximal für jedes Attribut ein Anspruchsniveau; über größer-gleich-Abfragen sehr einfach in Tabellenkalkulationsprogrammen zu realisieren	i.d.R. geringer als beim konjunktiven Vorgehen, da Erreichung eines Niveaus zur Akzeptanz der Alternative ausreicht; alle verbleibenden Niveaus müssen dann nicht mehr geprüft werden; softwaretechnisch ebenso unproblematisch umzusetzen

Forts. Tab 3.12

Verfahren auf der Basis von Anspruchsniveaus		
Kriterien	konjunktives Vorgehen	disjunktives Vorgehen
Schnittstelle Controller – Manager:		
– Informationsbereitstellung durch Manager	Manager gibt Anspruchsniveaus und deren etwaige Änderungen vor	Manager gibt Anspruchsniveaus und deren etwaige Änderungen vor
– Akzeptanz durch Manager	gegeben, sofern Entscheidungsproblem in alleiniger Verantwortung des Managers liegt, der Anspruchsniveaus festlegt	höher als beim konjunktiven Vorgehen, da stark kompensatorisch
– Häufigkeit der Schnittstelleninanspruchnahme durch Manager	abhängig von der Anzahl gewünschter Änderungen von Anspruchsniveaus	abhängig von der Anzahl gewünschter Änderungen von Anspruchsniveaus
Ergebnisse:		
– intersubjektive Nachprüfbarkeit	nicht gegeben, da Wahl und Höhe der Anspruchsniveaus subjektiv bestimmt sind; auch Klassifizierung in akzeptable und nicht-akzeptable Lösungen ist subjektiv	nicht gegeben, da Wahl und Höhe der Anspruchsniveaus subjektiv bestimmt sind; auch Klassifizierung in akzeptable und nicht-akzeptable Lösungen ist subjektiv
– Ergebnischarakteristika	Identifikation akzeptabler Lösungen; durch schrittweise Anhebung der Anspruchsniveaus ist „optimale" Alternative bestimmbar; Verfahren ist nicht-kompensatorisch; einsetzbar, wenn Vorauswahl akzeptabler Lösungen erfolgen soll	Identifikation akzeptabler Lösungen; durch schrittweise Anhebung der Anspruchsniveaus ist „optimale" Alternative bestimmbar; Verfahren ist extrem kompensatorisch

Forts. Tab 3.12

Verfahren auf der Basis ordinaler Attributinformation		
Kriterien	lexikographische Methode (ohne Halbordnung)	lexikographische Methode (mit Halbordnung)
Prämissen bezüglich der Struktur des Entscheidungsproblems	diskrete Entscheidungsproblemstellung; ordinale Vergleichbarkeit der Alternativen muß gewährleistet sein	diskrete Entscheidungsproblemstellung; ordinale Vergleichbarkeit der Alternativen muß gewährleistet sein
Schnittstelle Controller – Algorithmus:		
– Komplexität	einfaches Verfahren; schrittweise unikriterielle Maximierung	einfaches Verfahren; schrittweise unikriterielle Maximierung unter Berücksichtigung von Signifikanzniveaus
– Benutzerfreundlichkeit	einfach zu handhaben; setzt Informationsfluß hinsichtlich der ordinalen Wichtigkeitsrangordnung der Attribute zwischen Controller und Manager voraus	einfach zu handhaben; setzt Informationsfluß hinsichtlich der ordinalen Wichtigkeitsrangordnung der Attribute und möglicher Toleranzgrenzen zwischen Controller und Manager voraus
– Rechenaufwand	hängt von der Anzahl der Kriterien und den konkreten Attributausprägungen ab; einfach über gängige Programmiersprachen (z.B. Cobol, Turbo Pascal) mittels wenn-dann-Abfrage zu realisieren	hängt neben der Anzahl der Kriterien und den konkreten Attributausprägungen auch von der Anzahl und Breite möglicher Toleranzgrenzen ab; im Vergleich zur lexikographischen Methode ohne Halbordnung etwas aufwendiger zu programmieren, da durch Toleranzgrenzen die Abfragebedingungen komplexer sind

Forts. Tab 3.12

Verfahren auf der Basis ordinaler Attributinformation		
Kriterien	lexikographische Methode (ohne Halbordnung)	lexikographische Methode (mit Halbordnung)
Schnittstelle Controller – Manager:		
– Informationsbe- reitstellung durch Manager	Manager gibt Ordnung der Kriterien vor	Manager gibt Ordnung der Kriterien und Anzahl sowie Höhe möglicher Toleranzgrenzen vor
– Akzeptanz durch Manager	unproblematisch, wenn Ordnung der Kriterien unkritisch	unproblematisch, da Manager Toleranzgrenzen für signifikanten Unterschied zwischen Kriterienausprägungen angeben
– Häufigkeit der Schnittstellenin- anspruchnahme durch Manager	einmalige Vorgabe der Ordnung und einmalige Präsentation der Ergebnisse	einmalige Vorgabe der Ordnung und Toleranzgrenzen sowie einmalige Präsentation der Ergebnisse
Ergebnisse:		
– intersubjektive Nachprüfbarkeit	gegeben, wenn Kriterienordnung unstrittig	nicht gegeben, da Toleranzgrenzen rein subjektiv vorgegeben werden
– Ergebnischarakte- ristika	Identifikation optimaler Alternativen gemäß präferierter Kriterienordnung bzw. Menge optimaler (identischer) Alternativen; Verfahren ist nicht-kompensatorisch	Identifikation optimaler Alternativen gemäß präferierter Kriterienordnung bzw. Menge optimaler, nicht signifikant unterschiedlicher Alternativen; Verfahren ist bedingt kompensatorisch, kann aber zu Intransitivitä- ten führen

Forts. Tab 3.12

Verfahren auf der Basis kardinaler Attributinformationen		
Kriterium	gewichteter Mittelwert	lineare Zuordnungsmethode
Prämissen bezüglich der Struktur des Entscheidungsproblems	diskrete Entscheidungsproblemstellung; die vorzugebende Nutzenfunktion muß bzgl. jedes Kriteriums linear sein; der Gesamtnutzenwert muß sich aus additiven Teilnutzenwerten zusammensetzen lassen	diskrete Entscheidungsproblemstellung; ordinale Vergleichbarkeit der Alternativen muß gegeben sein; Gewichtevektor erfordert kardinale Meßbarkeit
Schnittstelle Controller – Algorithmus:		
– Komplexität	Verarbeitung der benötigten Information sehr einfach, aber Explikation einer Nutzenfunktion schwer realisierbar	Generierung benötigter Permutationsmatrizen bei großer Alternativzahl komplex
– Benutzerfreundlichkeit	Algorithmus einfach, aber u.U. hohe Transferleistungen des Controllings an das Management zur Explikation der Nutzenfunktion nötig	einfach zu handhaben; setzt Informationsfluß bzgl. ordinaler Rangordnung der Alternativen nach Attributen und des Gewichtevektors zwischen Controller und Manager voraus
– Rechenaufwand	gering; bei großer Kriterienzahl bietet sich Einsatz von Tabellenkalkulationsprogrammen an	mit zunehmender Anzahl der Alternativen steigt die Zahl der durchzuführenden Vergleiche ($n!$) sprunghaft an; Rechnerunterstützung ist für $n \geq 4$ unbedingt anzuraten, jedoch zeitaufwendig zu programmieren

Forts. Tab 3.12

Verfahren auf der Basis kardinaler Attributinformationen		
Kriterium	gewichteter Mittelwert	lineare Zuordnungsmethode
Schnittstelle Controller – Manager:		
– Informationsbereitstellung durch Manager	Manager gibt Nutzenfunktion und Gewichtevektor bekannt	Manager gibt attributweise Rangordnung und Gewichtevektor bekannt
– Akzeptanz durch Manager	bei korrekt explizierter Nutzenfunktion und additiver Separierbarkeit unproblematisch	potentiell günstig, da alle verfügbaren Attributinformationen verarbeitet werden; u.U. tritt extremer Rechen-/Zeitaufwand auf
– Häufigkeit der Schnittstelleninanspruchnahme durch Manager	einmalige Vorgabe des Gewichtevektors sowie der Nutzenfunktion und einmalige Präsentation der gewichteten Nutzwerte der Alternativen	einmalige Vorgabe der attributiven Rangordnung und des Gewichtevektors sowie einmalige Präsentation der optimalen Alternativen
Ergebnisse:		
– intersubjektive Nachprüfbarkeit	für die Bildung der Nutzenfunktion, nicht dagegen für die Berechnung gegeben	auf der Basis der Gewichtung und der ordinalen Rangordnung der Attribute gegeben
– Ergebnischarakteristika	Rangordnung der gewichteten Nutzenwerte der Alternativen	optimale Kompromißlösung aller attributweisen Ränge; Verfahren ist kompensatorisch, da alle verfügbaren Informationen über die attributweisen Ränge verwendet werden

Forts. Tab 3.12

Verfahren auf der Basis kardinaler Attributinformationen		
Kriterium	Outranking – ELECTRE	Analytischer Hierarchie-Prozeß
Prämissen bezüglich der Struktur des Entscheidungsproblems	für diskrete Entscheidungsproblem-stellungen; Attributinformationen sind unvollständig oder inkonsistent, so daß Alternativen nicht unterscheidbar	für diskrete Entscheidungsproblem-stellungen; Attributinformationen müssen kardinal meßbar sein
Schnittstelle Controller – Algorithmus:		
– Komplexität	komplexes Verfahren; Präferenzrelationen müssen in Outranking-Relationen umdefiniert werden; Konkordanzanalyse für größere Attributanzahl komplex	komplexes Verfahren; Matrixoperationen und Eigenwertverfahren mathematisch anspruchsvoll; durch Paarvergleiche aber relativ einfach umsetzbar
– Benutzerfreund-lichkeit	Algorithmus anspruchsvoll, aber handhabbar; zur Vermittlung des Verfahrens u.U. hohe Transferleistungen des Controllings notwendig	einfach zu handhaben; setzt guten Informationsfluß Manager – Controller bzgl. der Paarvergleichsurteile voraus
– Rechenaufwand	relativ hoch; Automatisierungs- bzw. Vereinfachungs-möglichkeiten durch Rechnerunterstützung beschränkt realisierbar	ohne Rechnerunterstützung sehr hoch; komfortable Softwarepakete sind aber verfügbar
Schnittstelle Controller – Manager:		
– Informationsbe-reitstellung durch Manager	Manager gibt Schwellenwerte zur Bestimmung der Kon- und Diskordanzmengen vor; Controller präsentiert (graphisch) die Dominanzbezie-hungen der Alternativen	Manager nimmt Explikation von Umweltzuständen, Ziel- und Mittelalter-nativen vor; Manager gibt ordinale Paarvergleichsurteile ab

Forts. Tab 3.12

Verfahren auf der Basis kardinaler Attributinformationen		
Kriterium	Outranking – ELECTRE	Analytischer Hierarchie-Prozeß
– Akzeptanz durch Manager	nicht uneingeschränkt gegeben, da die Festlegung der Schwellenwerte eher willkürlich ist; Verständlichkeit des Verfahrens setzt Verständnis der Outranking-Relationen voraus	potentiell hoch, da die Komplexität auf Paarvergleiche reduziert wird und das Management in alle wesentlichen Bereiche des Entscheidungsprozesses einbezogen wird; die Entscheidungsfindung ist sehr transparent
– Häufigkeit der Schnittstelleninanspruchnahme durch Manager	einmalige Vorgabe der Schwellenwerte und einmalige Präsentation der Dominanzbeziehungen der Alternativen	hängt von der Anzahl der Szenarien, Ziele und Alternativen ab; insgesamt aber vergleichsweise hoch, da für die Bildung der Zielhierarchie und der Szenarien sowie die Paarvergleichsurteile starke Interaktion zwischen Management und Controlling erforderlich ist
Ergebnisse:		
– intersubjektive Nachprüfbarkeit	nicht gegeben, da die Wahl der Schwellenwerte willkürlich ist und bei der Ergebnispräsentation nicht transparent wird	gegeben, da alle Paarvergleichsurteile transparent und damit diskutabel werden; durch Einsatz entsprechender Software kann der gesamte Entscheidungsprozeß intersubjektiv nachvollziehbar dargestellt werden
– Ergebnischarakteristika	Menge nicht-dominierter Alternativen	Rangordnung der aus den Paarvergleichsurteilen abzuleitenden Vorziehenswürdigkeiten der Alternativen

Forts. Tab 3.12

Verfahren zur Charakterisierung nicht-dominierter Lösungen			
Kriterien	Gewichtungs-methode	ε-constraint-Methode	Mehrziel-Simplex-Verfahren
Prämissen bezüglich der Struktur des Entscheidungspro-blems	für stetige Ent-scheidungspro-blemstellungen; an die Stelle des Vektormaximie-rungsproblems muß eine eindi-mensionale, reellwertige Kompromißziel-funktion treten können	für stetige Ent-scheidungspro-blemstellungen; Manager muß Zielfunktionen angeben können, für die ε-Werte festzulegen sind	für stetige Ent-scheidungspro-blemstellungen mit linearen Zielfunktionen und linearen Nebenbedin-gungen über einer konvexen Teilmenge des $\mathbb{R}^n$
Schnittstelle Controller – Algorithmus:			
– Komplexi-tät	einfaches Verfahren; Zu-sammenfassung einzelner Zielfunktionen über Gewichtungen zu einer Kompromißziel-funktion; Generierung von Gewichten u.U. komplex	verständliches Verfahren; Festlegung der Anzahl und Ausprägung der ε_ζ-Werte komplex	sehr komplexes Verfahren; Generierung von Trade-off-Vektoren mittels eines Simplextable-aus mit m Zielfunktionen
– Benutzer-freund-lichkeit	Verfahren einfach zu handhaben und leicht zu vermitteln; Verständnis der Bedeutung einer Gewichts-variation bedarf u.U. einer Transferleistung des Controllings an das Management	Verfahren handhabbar, aber Verständ-nis der Bedeutung der Schranke ε und deren Höhe Voraussetzung	Verfahren schwer hand-habbar; Vermittelbar-keit der Bedeutung des jeweils nächsten Pivotelements begrenzt; sehr hohe Transfer-leistungen des Controllings an das Manage-ment erforder-lich

Forts. Tab 3.12

Verfahren zur Charakterisierung nicht-dominierter Lösungen			
Kriterien	Gewichtungs-methode	ε-constraint-Methode	Mehrziel-Simplex-Verfahren
– Rechen-aufwand	relativ gering; Rechnerunter-stützung leicht zu realisieren; Gewichtevaria-tion einfach rechnerunter-stützt simulierbar	abhängig von der Anzahl präferentieller Schranken; wird mit zunehmen-der Anzahl sprunghaft aufwendiger; als Teilschritt komplexerer Verfahren ist Rechnerunter-stützung teilweise möglich	ohne Rechner-unterstützung sehr hoch; es existieren (mathematisch) ausgerichtete Programme; mit zunehmen-der Anzahl von Zielfunktionen und Nebenbe-dingungen steigt die Anzahl der Ite-rationsschritte sprunghaft
Schnittstelle Controller – Manager: – Informati-onsbereit-stellung durch Manager	Manager formuliert die Zielfunktionen und deren Gewichte; Manager gibt Art der Bestimmung des Gewichte-vektors vor	Manager formuliert Zielfunktionen, setzt präferenti-elle Schranken und deren Bereiche	Manager gibt Zielfunktionen, Nebenbedin-gungen sowie Präferenzen bzgl. der Pivotelemente vor

Forts. Tab 3.12

Verfahren zur Charakterisierung nicht-dominierter Lösungen			
Kriterien	Gewichtungs-methode	ε-constraint-Methode	Mehrziel-Simplex-Verfahren
– Akzeptanz durch Manager	relativ hoch, sofern Gewichtevektor unkritisch; kann durch Präsentation der Auswirkungen vor Gewichtsvariationen erhöht werden	nur eingeschränkt, da Wertebereiche der Zielfunktionen nicht a priori bekannt sind und in der Grundversion des Verfahrens nicht sichergestellt ist, daß die generierten Lösungen wirklich nicht-dominiert sind	nur in stark eingeschränkter Form zu erwarten, da sehr hohe Transferleistungen des Controllings zur Vermittlung des Verfahrens an das Management erforderlich sind
– Häufigkeit der Schnitt-stellenin-anspruch-nahme durch Manager	gering; abhän-gig von etwaigen Gewichtsvaria-tionen	gering; einmali-ge Schranken-vorgabe und einmalige Präsentation der Lösungs-menge	abhängig von der Anzahl festgelegter Pivotelemente und der Wahl der Nicht-Basis-Variablen
Ergebnisse: – intersub-jektive Nachprüf-barkeit	gegeben, sofern Auswirkungen von Gewichts-variationen präsentiert werden	nur einge-schränkt gegeben, da Wahl und Anzahl der ε-Werte willkürlich erfolgt; dies wird aus Ergebnis nicht deutlich	nur einge-schränkt gegeben, da Pi-votelementwahl eher willkürlich erfolgt

Forts. Tab 3.12

Verfahren zur Charakterisierung nicht-dominierter Lösungen			
Kriterien	Gewichtungs-methode	ε-constraint-Methode	Mehrziel-Simplex-Verfahren
– Ergebnis-charakte-ristika	beste nicht-dominierte Kompromißlö-sung bzw. bei Gewichtsvaria-tion Approxi-mation der Menge nicht-dominierter Lösungen	Menge der zumindest „schwach nicht-dominierten" Lösungen	Menge nicht-dominierter Lösungen

Forts. Tab 3.12

Stetige Verfahren mit a priori bekannten Präferenzen		
Kriterium	archimedisches Zielprogrammieren	lexikographisches Zielprogrammieren
Prämissen bezüglich der Struktur des Entscheidungsproblems	für stetige Entscheidungsproblemstellung; anzustrebende Zielwerte müssen für alle Zielfunktionen angebbar sein	für stetige Entscheidungsproblemstellung; anzustrebende Zielwerte und deren präferentielle Reihenfolge müssen angebbar sein
Schnittstelle Controller – Algorithmus:		
– Komplexität	in wesentlichem Maße gegeben, da l_p-Norm komplex und Lösungen nicht unbedingt nicht-dominiert sind	in wesentlichem Maße gegeben, da l_p-Norm komplex und Lösungen nicht unbedingt nicht-dominiert sind
– Benutzerfreund-lichkeit	handhabbar, wenn Informationsfluß bzgl. Zielvektor und Zielgewichtungen zwischen Management und Controlling gegeben ist	handhabbar, wenn Informationsfluß bzgl. Zielvektor, Zielgewichtungen und Prioritätsklassen zwischen Management und Controlling gegeben ist
– Rechenaufwand	relativ hoch, aber durch vorhandene Softwarepakete rationalisierbar	relativ hoch, aber teilweise Rechnerunterstützung möglich
Schnittstelle Controller – Manager:		
– Informationsbe-reitstellung durch Manager	Manager gibt anzustrebenden Zielvektor und Zielgewichtungen vor; Manager entscheidet über die Ausgestaltung der Abstandsfunktion	Manager gibt Zielvektor, Zielgewichtungen, Abstandsfunktion und Prioritätsklassen vor

Forts. Tab 3.12

Stetige Verfahren mit a priori bekannten Präferenzen		
Kriterium	archimedisches Zielprogrammieren	lexikographisches Zielprogrammieren
– Akzeptanz durch Manager	nur eingeschränkt gegeben, da der Raum möglicher Zielwerte nicht a priori bekannt ist und generierte Lösungen nicht unbedingt nicht-dominiert sein müssen	nur eingeschränkt gegeben, da der Raum möglicher Zielwerte nicht a priori bekannt ist und generierte Lösungen nicht unbedingt nicht-dominiert sein müssen
– Häufigkeit der Schnittstellenin-anspruchnahme durch Manager	einmalige Vorgabe durch Manager, die im Fall dominierter Lösungen durch erneute Abfrage revidiert wird	einmalige Vorgaben durch Manager, die im Fall dominierter Lösungen durch erneute Abfragen revidiert werden
Ergebnisse:		
– intersubjektive Nachprüfbarkeit	nicht gegeben, da Satisfizierung nach Präferenzen des Managers durchgeführt wird und diese aus der Ergebnispräsentation nicht deutlich werden	nicht gegeben, da Satisfizierung nach Präferenzen des Managers durchgeführt wird und diese aus der Ergebnispräsentation nicht deutlich werden
– Ergebnisscharak-teristika	vollständige Ordnung der Alternativen auf der Menge X hinsichtlich des minimalen Abstandes zum Zielvektor; keine Garantie für eine nicht-dominierte Lösung gegeben	vollständige Ordnung der Alternativen auf der Menge X hinsichtlich des minimalen Abstandes zum Zielvektor und den vorgegebenen Prioritätsklassen; keine Garantie für eine nicht-dominierte Lösung gegeben

Forts. Tab 3.12

Interaktive Verfahren mit implizitem Trade-off		
Kriterium	STEM	Methode der verschobenen Ideallösung
Prämissen bezüglich der Struktur des Entscheidungsproblems	für diskrete und stetige Entscheidungsproblem-stellungen; untere Schranken für Ziele müssen sich angeben lassen; interaktiver Informationsaustausch muß gegeben sein	für stetige Entscheidungsproblem-stellungen; Kriterien müssen angegeben werden, nach denen sich X schrittweise verkleinern läßt; interaktiver Informationsaustausch muß gegeben sein
Schnittstelle Controller – Algorithmus:		
– Komplexität	komplexes Verfahren; jeweils Minimierung des Abstandes zur Ideallösung unter gegebenen Schranken	komplexes Verfahren; Identifikation der Kompromißlösung, die „möglichst nahe" an der Ideallösung liegt
– Benutzerfreund-lichkeit	aufgrund schrittweisen Vorgehens und i.a. mehrerer Iterationsschleifen gegeben	im Vergleich zu STEM schwerer handhabbar, da l_p-Norm zur Abstandsbestimmung herangezogen wird
– Rechenaufwand	sehr hoch und nur durch konsequente Rechnerunterstützung realisierbar	sehr hoch; stellt an Software verglichen mit STEM höhere Anforderungen
Schnittstelle Controller – Manager:		
– Informationsbe-reitstellung durch Manager	Manager liefert implizite Trade-off-Informationen und entscheidet über die Annahme der Kompromißlösung	Manager liefert implizite Trade-off-Kriterien, nach denen X schrittweise eingeengt wird, und entscheidet über die Annahme der Kompromißlösung

Forts. Tab 3.12

Interaktive Verfahren mit implizitem Trade-off		
Kriterium	STEM	Methode der verschobenen Ideallösung
– Akzeptanz durch Manager	unproblematisch, da die Auswirkungen der Trade-off-Informationen schrittweise an den jeweiligen Kompromißlösungen deutlich werden;	unproblematisch, da Kriterien zur Ermittlung der Kompromißmenge vom Manager stammen
– Häufigkeit der Schnittstellenin-anspruchnahme durch Manager	abhängig von der Anzahl benötigter Iterationen; generell starke Interaktion Management – Controlling erforderlich	abhängig von der Anzahl benötigter Iterationen; generell starke Interaktion Management – Controlling erforderlich
Ergebnisse:		
– intersubjektive Nachprüfbarkeit	nur gegeben, wenn alle Präferenzinformationen mit den Kompromißlösungen präsentiert werden	nur aufgrund einer Kenntnis der Informationen möglich, die zu einer Verschiebung des Lösungsraumes geführt haben
– Ergebnischarak-teristika	Kompromißlösung mit minimalem Abstand zur Ideallösung; Garantie für nicht-dominierte Lösung nicht gegeben	Kompromißlösung, die „möglichst nah" an der Ideallösung liegt; individuelle Optimallösungen können schrittweise beseitigt werden

Forts. Tab 3.12

Interaktive Verfahren mit explizitem Trade-off			
Kriterien	Surrogate Worth Trade-off Methode	Verfahren von Geoffrion/Dyer/Feinberg	Verfahren von Zionts/Wallenius
Prämissen bezüglich der Struktur des Entscheidungsproblems	stetige Entscheidungsproblemstellungen mit differenzierbaren Zielfunktionen	stetige Entscheidungsproblemstellungen, für die der Frank-Wolfe-Algorithmus anwendbar ist	stetige Entscheidungsproblemstellungen mit linearen Nebenbedingungen, linearen oder konvexen Zielfunktionen und einer additiv-linearen oder konkaven Nutzenfunktion
Schnittstelle Controller – Algorithmus:			
– Komplexität	sehr komplex; setzt Verständnis der ε-constraint-Methode und der Lagrange-Optimierung voraus; u.U. hohe Transferleistungen zur Vermittlung des Verfahrens notwendig	sehr komplex; setzt Gradientenverfahren und Frank-Wolfe-Algorithmus der nichtlinearen Optimierung voraus; erfordert hohe Transferleistungen zur Verfahrensvermittlung	sehr komplex; setzt Mehrzielsimplexverfahren voraus; erfordert hohe Transferleistung zur Verfahrensvermittlung; Bedeutung der Pivotelementwahl ohne Vorkenntnisse nur schwer nachvollziehbar
– Benutzerfreundlichkeit	durch schrittweises Vorgehen zwar handhabbar, aber ohne detaillierte Vorkenntnisse nicht zu bewältigen	durch schrittweises Vorgehen zwar handhabbar, aber ohne detaillierte Vorkenntnisse nicht zu bewältigen	durch schrittweises Vorgehen zwar handhabbar, aber ohne detaillierte Vorkenntnisse nicht zu bewältigen

Forts. Tab 3.12

Interaktive Verfahren mit explizitem Trade-off			
Kriterien	Surrogate Worth Trade-off Methode	Verfahren von Geoffrion/Dyer/Feinberg	Verfahren von Zionts/Wallenius
– Rechenaufwand	sehr hoch; abhängig von der Anzahl der Iterationsschritte; Rechnerunterstützung sinnvoll	sehr hoch; abhängig von der Anzahl der Iterationsschritte; Rechnerunterstützung sinnvoll	sehr hoch, aber Softwarepakete zur Realisierung vorhanden, wobei vielfach eine freie Wahl der Nicht-Basis-Variablen nicht möglich ist
Schnittstelle Controller – Manager:			
– Informationsbereitstellung durch Manager	Manager bestimmt Zielsystem und liefert Informationen zur Bestimmung der Surrogate-Worth-Funktionen; Manager beurteilt Lösung	Manager liefert implizite Angaben zur Bestimmung einer Gesamtnutzenfunktion sowie einer verbessernden Richtung und zur Wahl der optimalen Schrittlänge	Manager entscheidet, welche Variable neu in die Basis eintritt; Manager gibt Verminderungshöhen effizienter Nicht-Basis-Variablen an
– Akzeptanz durch Manager	nur bei detaillierten Vorkenntnissen zu erwarten	nur bei detaillierten Vorkenntnissen zu erwarten	nur bei detaillierten Vorkenntnissen zu erwarten
– Häufigkeit der Schnittstelleninanspruchnahme durch Manager	abhängig von der Anzahl benötigter Iterationen; starke Interaktion erforderlich	abhängig von der Anzahl benötigter Iterationen; starke Interaktion erforderlich	abhängig von der Anzahl benötigter Iterationen; starke Interaktion erforderlich

Forts. Tab 3.12

Interaktive Verfahren mit explizitem Trade-off			
Kriterien	Surrogate Worth Trade-off Methode	Verfahren von Geoffrion/Dyer/Feinberg	Verfahren von Zionts/Wallenius
Ergebnisse:			
– intersubjektive Nachprüfbarkeit	problematisch, da Auswirkungen alternativer Präferenzurteile nicht deutlich werden	problematisch, da Auswirkungen alternativer Präferenzurteile nicht deutlich werden	problematisch, da Auswirkungen alternativer Präferenzurteile nicht deutlich werden
– Ergebnischarakteristika	optimale Kompromißlösung; Verallgemeinerung einer an sich nur marginal gültigen Aussage	optimale Kompromißlösung oder Kompromißlösung, die innerhalb einer Schrankenbreite um die optimale Lösung liegt	optimale Kompromißlösung, wenn durchgängig konsistent entschieden wird

3.5 Strategisches Controlling und MADM-Verfahren

Ausgehend von den in den vorangegangenen Abschnitten erörterten MADM-
und MODM-Verfahren wird sich der Betrachtungsrahmen im weiteren auf
die Entscheidungsprobleme konzentrieren, die durch eine endliche Anzahl
von Alternativen gekennzeichnet und daher potentielles Bezugsobjekt von
MADM-Verfahren sind. Angesichts weitgehender Zurückhaltung in der Praxis gewinnzielorientierter Unternehmen, für die Lösung strategischer Control-
lingprobleme multikriterielle Verfahren einzusetzen, wäre bereits ein großer
Fortschritt erreicht, wenn sich stärker die Neigung ausprägen würde, bei Entscheidungsproblemen diskreter Struktur MADM-Verfahren einzusetzen.

Im strategischen Controlling besteht ein besonderer Bedarf nach Verfahren, die bestimmten praxistypischen Anforderungen genügen. Hierzu gehört,
daß Manager keine entscheidungsproblemspezifischen Ziel- bzw. Präferenz-
systeme „vorrätig" haben, sondern diese erst sukzessive entwickeln müssen.
Zudem lassen Entscheidungsprobleme auf strategischer Ebene oft keine Urteile in der Schärfe einer kardinalen Skalierung zu. Angesichts dessen bietet sich
der Analytische Hierarchie-Prozeß als Instrument zur Lösung einer Vielzahl
von Typen strategischer Entscheidungsprobleme an. Kommt doch das Prinzip der Dekomposition eines komplexen Ausgangsproblems in Teilprobleme,
die aus Paaren von Objekten bestehen, den natürlichen Kapazitätsgrenzen
strategischer Manager entgegen. Auch wenn der AHP nicht explizit als interaktives Verfahren konstruiert ist, eignet er sich dennoch für den Einsatz
in einem interaktiven Arbeitskontext, wie er für das Zusammenwirken von
Management und Controlling charakteristisch ist. Nicht zuletzt entsprechen
die nur ordinalen Urteilsanforderungen des Verfahrens der – oft bestehenden – Unschärfe einer strategischen Entscheidungsproblemstellung sowie der
verfügbaren Rechtfertigungen für Alternativenbewertungen.

Der AHP verfügt über einen erheblichen Bekanntheitsgrad im angloame-
rikanischen Schrifttum. So führen die Internet-Adressen

http://www.expertchoice.com/hierarchon/references/reflist.htm
und
http://www.expertchoice.com/hierarchon/references/disslist.htm

über 1.500 (englischsprachige) Schriften zu Grundfragen und Anwendungen
des AHP auf. Auch wenn derzeit die Bekanntheit des AHP außerhalb An-
gloamerikas deutlich geringer ist, kann man dem AHP auch für den deutsch-
sprachigen Raum eine wachsende Bedeutung für das strategische Controlling
prognostizieren. Vor diesem Hintergrund wird sich das nachfolgende Kapitel
detaillierter mit dem AHP auseinandersetzen.

4 Verfahrensgrundlagen und Implikationen des Analytischen Hierarchie-Prozesses

4.1 Anforderungen und Charakteristika des Verfahrens

4.1.1 Die Bedingung einer hierarchischen Struktur des Entscheidungsproblems

Im vorangegangenen Kapitel wurde der Analytische Hierarchie-Prozeß (AHP) von den erörterten Multi-Criteria-Verfahren für besonders geeignet befunden, im Einsatzkontext Management-Controlling auf strategischer Ebene eingesetzt zu werden. Bei diesem von Thomas L. Saaty entwickelten Ansatz handelt es sich um ein Multi Attribute Decision Making (MADM)-Verfahren, bei dem ein normierter Nutzenwert ermittelt und dem Entscheidungsträger dadurch die Auswahl einer Handlungsalternative ermöglicht wird. Der Ansatz[1] eignet sich insbesondere als Unterstützung für die Lösung schlecht strukturierter Entscheidungsprobleme[2] und bietet sich daher für die Ebene der strategischen Führung eines Unternehmens an. Dabei interagieren Manager als Entscheidungsträger eines Unternehmens mit sie unterstützenden Controllern. Diese decken die Präferenzen der Manager auf und leiten aus deren Implikationen eine Rangordnung der Vorziehenswürdigkeit unter den Alternativen rechnerisch her. Das Verfahren verlangt grundsätzlich, daß ein Entscheidungsträger in einem ersten Schritt sein Entscheidungsproblem als „Entscheidungssystem" in Form einer *Hierarchie* strukturiert. Für Saaty handelt es sich bei letzterem um „an abstraction of the structure of a system to study the functional interactions of its components and their impacts on the entire system"[3]. Welche Hierarchie dabei zweckmäßig ist, hängt von der expliziten Problemsituation und der subjektiven Einschätzung der beteiligten Entscheidungsträger ab. In der Regel werden zwei verschiedene Entscheidungsträger unterschiedliche Hierarchien in Bezug auf dasselbe Entscheidungsproblem aufstellen, d.h. eine Hierarchie ist nicht eindeutig[4].

---

[1] Vgl. zu diesem Ansatz Saaty (1977), S. 235 ff; (1980), S. 3 ff; (1986a), S. 841 ff; (1986b), S. 355 ff; (1987), S. 369 ff; (1990a), S. 9 ff; Saaty/Vargas (1979), S. 333 ff; (1987), S. 107 ff; Harker/Vargas (1987), S. 1383 ff.

[2] Vgl. Saaty (1980), S. 3.

[3] Saaty (1980), S. 5.

[4] Vgl. Vargas (1990), S. 2.

Allen Hierarchien ist gemeinsam, daß auf ihrer höchsten Stufe *ein* über-
geordnetes Erfolgsziel steht, das auf der nächsten hierarchischen Stufe durch
konkrete Unterziele präzisiert wird. Der Vorgang einer Präzisierung von Zielen durch Unterziele auf nachgeordneter hierarchischer Stufe wird so lange wiederholt, bis der Entscheidungsträger die unterste Stufe erreicht hat,
die den einzelnen Handlungsalternativen reserviert ist, mit deren Hilfe die
übergeordneten Ziele erreicht werden sollen. Diese in Top-down Richtung
entwickelte Struktur kann dadurch erweitert werden, daß die Gültigkeit der
Präzisierung eines Oberziels von der Gültigkeit einer bestimmten Umweltentwicklung, d.h. eines Szenariums, abhängig gemacht wird.

Möglich erscheint auch ein Bottom-up-Ansatz, bei dem die höheren Hierarchiestufen, ausgehend von den Alternativen, festgelegt werden. Zu beachten
ist bei der Hierarchieaufstellung, daß *alle* relevanten Unterziele und Alternativen aufgeführt werden. Außerdem dürfen die Elemente einer Hierarchieebene
jeweils nur die nächsthöhere Ebene beeinflussen und von der darunter liegen-
den Ebene beeinflußt werden. Innerhalb der einzelnen Ebenen dürfen keine
Abhängigkeiten bestehen. Werden diese Prinzipien verletzt, können Probleme
auftreten, auf die in Abschnitt 4.3 einzugehen sein wird.

4.1.2 Paarweise Vergleichsurteile und Bewertungsskalen

Saaty unterstellt „natürlichen Systemen" einen hierarchischen Aufbau, mit
dessen Hilfe komplexe Zusammenhänge übersichtlich dargestellt werden können. Man erkennt, wie sich Veränderungen in den einzelnen Hierarchieebenen auf übergeordnete Elemente und letztlich auf das Oberziel auswirken
können[5]. Zur Verdeutlichung sei ein Beispiel betrachtet: Ein Führerschein-
neuling will sich ein Auto kaufen. Er hat drei verschiedene Modelle in die
engere Auswahl gezogen, die sich nur hinsichtlich des Preises und des Aussehens grundlegend unterscheiden. Motorleistung, Verbrauch, Ausstattung etc.
werden dagegen bei allen drei Modellen als gleich angenommen. Im Hinblick
auf sein Wertesystem gibt der Entscheidungsträger die aus Abbildung 4.1
ersichtliche Hierarchiestruktur an.

Im nächsten Schritt muß der Entscheidungsträger die Elemente innerhalb
einer Hierarchiestufe im Hinblick auf alle relevanten Elemente der nächsthöheren Stufe vergleichen. Dies geschieht mit Hilfe von *Paarvergleichen*. In dem
angeführten Beispiel werden die Alternativen x_1 und x_2, x_1 und x_3, sowie x_2
und x_3 bezüglich Preis und Aussehen verglichen. Dem Entscheidungsträger
steht dabei die in Tabelle 4.1 wiedergegebene, von 1 bis 9 reichende Skala zur
Verfügung[6], die von Saaty vorgeschlagen und verwendet wird.

---

[5] Vgl. Saaty (1980), S. 14.
[6] Vgl. Saaty (1980), S. 54.

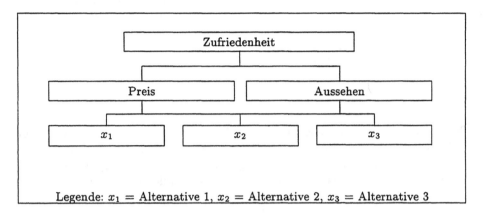

Abbildung 4.1: Beispielhafte Zielhierarchie

Tabelle 4.1: Skala für Paarvergleichsurteile (nach Saaty)

Skalenwert	Wichtigkeitsrelation zweier Unterziele	Erklärung
1	gleich wichtig	zwei Elemente haben die gleiche Bedeutung im Hinblick auf das Bezugsobjekt
3	etwas wichtiger	Erfahrung und Einschätzung sprechen für eine etwas größere Bedeutung eines Elements
5	spürbar wichtiger	Erfahrung und Einschätzung sprechen für eine erheblich größere Bedeutung eines Elements
7	viel wichtiger	die sehr viel größere Bedeutung eines Elements hat sich klar gezeigt
9	extrem wichtiger	hier liegt der größtmögliche Bedeutungsunterschied zwischen zwei Elementen vor
2, 4, 6, 8	Zwischenwerte	falls Abstufungen getroffen werden sollen
$1/\kappa$ $\kappa \in \{1, ..., 9\}$		wenn beim Vergleich von zwei Elementen A und B der Wert κ gewählt wird, dann ergibt sich der Wert $1/\kappa$ beim Vergleich von B mit A

Die Paarvergleiche innerhalb der aufgeführten Skala können übersichtlich in Matrixform dargestellt werden:

$$A := \begin{pmatrix} 1 & a_{12} & \cdots & a_{1\chi} \\ \dfrac{1}{a_{12}} & 1 & \cdots & a_{2\chi} \\ \vdots & \vdots & \ddots & \vdots \\ \dfrac{1}{a_{1\chi}} & \dfrac{1}{a_{2\chi}} & \cdots & 1 \end{pmatrix}$$

Entsprechende Matrizen ergeben sich für jede Hierarchiestufe in Bezug auf jedes Element der übergeordneten Ebene. In unserem Beispiel sind folgende Matrizen denkbar: In der Matrix M1 werden Preis (P) und Aussehen (A) bezüglich des Oberziels Zufriedenheit (Z) miteinander verglichen:

(Z)	(P)	(A)	
(P)	1	2	$=: M1$
(A)	1/2	1	

Analog ergeben sich für die Unterziele (P) und (A) folgende Vergleichsmatrizen M2 und M3 bezüglich der Alternativen:

(P)	x_1	x_2	x_3	
x_1	1	1/3	4	
x_2	3	1	9	$=: M2$
x_3	1/4	1/9	1	

(A)	x_1	x_2	x_3	
x_1	1	2	1/4	
x_2	1/2	1	1/8	$=: M3$
x_3	4	8	1	

Allgemein sind zur Erstellung einer $\chi \times \chi$-Matrix $\chi(\chi - 1)$ Paarvergleiche nötig. Da Saaty aber die Bedingung der *Reziprozität*[7] ($a_{st} = 1/a_{ts}$) fordert, vermindert sich diese Anzahl auf $\chi(\chi - 1)/2$. Ist eine Paarvergleichsmatrix nicht reziprok, muß der Entscheidungsträger seinen offensichtlichen Irrtum revidieren. In unserem Beispiel sind insgesamt $3 \cdot 2/2 + 3 \cdot 2/2 + 2 \cdot 1/2 = 3 + 3 + 1 = 7$ Paarvergleiche nötig.

4.1.3 Konsistenzanforderung an Vergleichsurteile

Eine Paarvergleichsmatrix wird als *konsistent* bezeichnet, wenn gilt:

$$a_{s\bar{r}} \cdot a_{\bar{r}t} = a_{st} \quad \text{mit} \quad \bar{r}, s, t \in \{1, ..., \chi\}.$$

---

[7] Vgl. dazu Abschnitt 4.2.1, Axiom 1.

Dabei stehen in der Diagonale nur Einsen, da jedes Element gleich wichtig im Vergleich mit sich selbst ist.

Die Matrix $M3$ erfüllt die Konsistenzbedingung, während $M2$ inkonsistent ist, denn dort gilt: $a_{12} \cdot a_{23} = 1/3 \cdot 9 = 3 \neq 4 = a_{13}$. $M1$ als reziproke 2×2-Matrix ist dagegen konsistent ($a_{12} \cdot a_{21} = a_{12} \cdot 1/a_{12} = 1 = a_{11}$). Wie man leicht erkennt, folgt aus Konsistenz stets Reziprozität: $a_{st} \cdot a_{ts} = a_{ss} = 1 \Longrightarrow a_{st} = 1/a_{ts}$. Soll die Konsistenzbedingung erfüllt werden, verringert sich die Anzahl der nötigen Paarvergleiche bei einer $\chi \times \chi$-Matrix auf $\chi - 1$, da sich alle anderen daraus ableiten lassen.

Normalerweise wird eine Paarvergleichsmatrix nicht konsistent ausfallen. Dies liegt an der Begrenzung der verwendeten Werteskala: Betrachtet man beispielsweise die inkonsistente Matrix $M2$, ergibt sich $a_{21} \cdot a_{13} = 3 \cdot 4 = 12$. Da aber die Skala durch den Höchstwert 9 begrenzt ist, liegt ein Verstoß gegen die Konsistenzbedingung vor. Kann doch für a_{23} höchstens der Wert 9 gewählt werden.

Da der menschlichen Denkkapazität Grenzen gesetzt sind[8], wird der Entscheidungsträger besonders bei Matrizen höherer Ordnung kaum noch in der Lage sein, die Paarvergleiche ohne rechnerische Überlegungen konsistent zu gestalten. Die Konsistenzbedingung wird jedoch im AHP-Ansatz nicht gefordert. „Es ist gerade das Bestreben des AHP, und darin liegt seine (gegenüber der üblichen Nutzwertanalyse) eigentliche Besonderheit, Wertfunktionen zu bestimmen, die auf eine konsistente Situation führen, die jedoch von den durch den Entscheidungsträger angegebenen Inkonsistenzen so wenig wie möglich abweichen"[9]. Diese Wertefunktionen oder Gewichtevektoren werden aus den Paarvergleichsmatrizen abgeleitet und drücken die Bedeutung der Elemente einer Hierarchiestufe bezüglich der jeweiligen Elemente aus der nächsthöheren Ebene aus.

Zur Ableitung der Wertefunktionen im AHP verwendet Saaty das sogenannte *Eigenwertverfahren*. Dabei wird zunächst der größte Eigenwert jeder Paarvergleichsmatrix bestimmt. Aus den zugehörigen, bis auf eine multiplikative Konstante eindeutigen Eigenvektoren ergeben sich schließlich durch Normierung die gesuchten Gewichtevektoren. Der größte Eigenwert einer konsistenten Matrix ist stets gleich der Anzahl der Zeilen bzw. Spalten[10]. Außerdem liefert im konsistenten Fall jede Spalte einen zugehörigen Eigenvektor[11]. Bei Inkonsistenz der Schätzungen gilt stets $\lambda_{\max} > \chi$. Je größer die Inkonsistenz ist, desto mehr unterscheidet sich $\lambda_{\max}$ von χ. Auf die Problematik der Inkonsistenz von Schätzungen und ihrer formalen Behandlung wird in Abschnitt 4.2.1 näher einzugehen sein.

---

[8] Vgl. Sugden (1985), S. 167 ff.
[9] Schneeweiß (1991a), S. 186.
[10] Vgl. Abschnitt 4.2.1, Satz 1.
[11] Vgl. dazu auch Abschnitt 4.2.1, Satz 6.

Für die im vorangegangenen Abschnitt vorgestellten Vergleichsmatrizen betragen die maximalen Eigenwerte λ_{max} und die zugehörigen, normierten Eigenvektoren v_{ges}:

$$\text{M1: } \lambda_{max} = 2 \qquad v_{ges} = \left(\frac{2}{3}; \frac{1}{3}\right)^T$$

$$\text{M2: } \lambda_{max} = 3,01 \quad v_{ges} = (0,250; \ 0,681; \ 0,069)^T$$

$$\text{M3: } \lambda_{max} = 3 \qquad v_{ges} = \left(\frac{2}{11}; \frac{1}{11}; \frac{8}{11}\right)^T.$$

Im letzten Schritt wird die Wertaggregation für jede Alternative mit Hilfe einer linearen Präferenzfunktion durchgeführt. Dabei müssen alle durch die Hierarchie vorgegebenen Abhängigkeitsbeziehungen berücksichtigt werden. Betrachtet man unter diesen Gesichtspunkten das angeführte Beispiel, sind folgende Zusammenhänge erkennbar: Der Alternative 1 (x_1) wird bezüglich des Kriteriums Preis der numerische Wert 0,250 zugewiesen. Der Preis wiederum trägt mit einem 2/3-Anteil zum Oberziel Zufriedenheit bei. Außerdem ergibt sich bei x_1 bezüglich des Unterziels Aussehen, dessen Gewichtungsfaktor 1/3 beträgt, der Wert 2/11. Insgesamt erhält die Alternative 1 den numerischen Wert

$$f(x_1) := 0,250 \cdot \frac{2}{3} + \frac{2}{11} \cdot \frac{1}{3} = 0,228.$$

Analog ergeben sich:

$$f(x_2) \quad := \quad 0,681 \cdot \frac{2}{3} + \frac{1}{11} \cdot \frac{1}{3} = 0,484$$
$$f(x_3) \quad := \quad 0,069 \cdot \frac{2}{3} + \frac{8}{11} \cdot \frac{1}{3} = 0,288$$

$$(f(x_1) + f(x_2) + f(x_3) = 0,228 + 0,484 + 0,288 = 1).$$

Die Präferenzordnung lautet daher: $x_2 \succ x_3 \succ x_1$.

4.2 Theoretische Grundlagen des Verfahrens

4.2.1 Axiomatik

Der AHP wird aus folgenden grundlegenden Voraussetzungen hergeleitet[12]:

a) Mit X soll eine Menge von Alternativen bezeichnet werden, wobei $|X| = n$, $n \in N$ beliebig gelten soll. Die Alternativen aus X sollen anhand von endlich vielen Kriterien ζ verglichen werden, die in der Menge K zusammengefaßt sind.

b) Damit die Elemente aus X bezüglich der Kriterien aus K vergleichbar sind, muß für jedes Kriterium eine Ordnungsrelation auf X definiert sein. Dabei bedeute „$\succ_\zeta$" „besser als" bezüglich des Kriteriums $\zeta \in K$ und „$\sim_\zeta$" „indifferent zu" bezüglich $\zeta \in K$.

c) Um ferner eine Bewertung der Alternativen bezüglich der Kriterien anhand einer Skala vornehmen zu können, muß für jedes Kriterium $\zeta \in K$ eine Funktion $f : K \to \bar{J}$ existieren, die jedem Kriterium ζ aus der Menge K sämtlicher Kriterien eine Abbildung J_ζ aus der Menge $\bar{J}$ aller Abbildungen von $X \times X$ nach $\mathbb{R}^+$ zuordnet, die die Bewertung anhand der Skala widergibt. Existiert eine solche Funktion, kann jedem 2-Tupel $(x_h, x_i) \in X \times X$ eine positive reelle Zahl $J_\zeta(x_h, x_i) := a_{hi}$ zugeordnet werden, die etwas über die Bewertung der Alternative x_h im Vergleich zur Alternative x_i bezüglich des Kriteriums ζ aussagt. Dabei soll noch angenommen werden, daß a_{hi} immer dann größer als 1 ist, wenn Alternative x_h im Vergleich zu Alternative x_i bezüglich des Kriteriums ζ besser abschneidet und $a_{hi} = 1$ beträgt, wenn beide Alternativen indifferent sind. Formal gilt somit:

$$x_h \succ_\zeta x_i \quad \Leftrightarrow \quad J_\zeta(x_h, x_i) > 1$$
$$x_h \sim_\zeta x_i \quad \Leftrightarrow \quad J_\zeta(x_h, x_i) = 1.$$

Hierauf aufbauend hat Saaty die vier nachfolgenden Axiome als Basis des AHP aufgestellt.

Axiom 1 (Reziprozität)

Gegeben seien zwei Alternativen x_h, $x_i \in X$. Dann gelte:

$$J_\zeta(x_h, x_i) = \frac{1}{J_\zeta(x_i, x_h)} \quad \forall\, (x_h,\ x_i) \in X \times X, \quad \zeta \in K.$$

Dies bedeutet: Wenn x_1 verglichen mit x_2 3-mal besser eingeschätzt wird, dann muß x_2 als 1/3-mal so gut wie x_1 beurteilt werden.

---

[12] Vgl. Saaty (1986a), S. 844-847; Harker/Vargas (1987), S. 1384-1387.

Um Handlungsalternativen im Hinblick auf ein Oberziel beurteilen zu können, wird beim AHP das Oberziel in eine Hierarchie von Unterzielen aufgespalten. Dann sollen die Handlungsalternativen paarweise im Hinblick auf die untersten Kriterien der Hierarchie verglichen werden. Anschließend werden die Unterziele im Hinblick auf die nächst höheren Ziele der Hierarchie bewertet usw., bis für alle Alternativen und Kriterien eine vergleichende Bewertung bezüglich aller Kriterien der nächsthöheren Ebene vorliegt. Dabei sind die Unterziele bei der Bewertung im Hinblick auf die Oberziele wie Alternativen zu behandeln. Dann kann eine vollständige Beurteilung errechnet werden. In Abschnitt 4.1.2 wurde beispielsweise das Oberziel Zufriedenheit in die Unterziele Preis und Aussehen zerlegt. Es wurde dann eine Bewertung der drei Alternativen x_1, x_2 und x_3 anhand des Preises und des Aussehens vorgenommen. Anschließend wurde die Wichtigkeit der Kriterien Preis und Aussehen im Hinblick auf das übergeordnete Kriterium der Zufriedenheit beurteilt. Aus den Einzelbewertungen ergab sich die Gesamtbewertung der Alternativen. Um eine Einzelbewertung durchführen zu können, müssen die nachfolgenden Bedingungen I–IV erfüllt sein.

I. Es muß eine Hierarchie der Ober- und Unterziele gemäß folgenden Definitionen aufstellbar sein:

Definition 1

Eine *Hierarchie H* ist eine partiell geordnete Menge, die folgende Bedingungen erfüllt:

(1) Es existiert eine Unterteilung von H in einzelne Ebenen $\{L_\pi : \pi = 1, \ldots, \pi'\}$, $L_1 = \{z\}$.

(2) Ist x ein Element der π-ten Ebene, $x \in L_\pi$, dann ist die Menge der Elemente „unterhalb" von x ($x^- = \{y | x$ überdeckt $y\}, \pi = 1, 2, \ldots, \pi' - 1$) eine Teilmenge der $(\pi + 1)$-ten Ebene, $x^- \subseteq L_{\pi+1}$.

(3) Ist x ein Element der π-ten Ebene, dann ist die Menge der Elemente „über" x ($x^+ = \{y | y$ überdeckt $x\}, \pi = 2, 3, \ldots, \pi'$) eine Teilmenge der $(\pi - 1)$-ten Ebene, $x^+ \subseteq L_{\pi-1}$.

II. Die Elemente einer Hierarchiestufe müssen vergleichbar sein. Beispielsweise kann das Gewicht der Sonne mit dem eines einzelnen Atoms nicht sinnvoll verglichen werden. In einem solchen Fall müßte die geforderte Vergleichbarkeit erst – etwa durch Clusterbildung – geschaffen werden[13]. Saaty fordert deshalb die Gültigkeit von Axiom 2.

Axiom 2 (Vergleichbarkeit)

Gegeben sei eine Hierarchie H, und es sei $x \in L_\pi \subset H$.
Dann gelte: $x^- \subseteq L_{\pi+1}$ ist p-homogen $\forall \pi = 1, 2, \ldots, \pi' - 1$.

---

[13] Vgl. Harker/Vargas (1987), S. 1386.

„p-homogen" ist dabei wie folgt definiert:

Definition 2

Sei $1 \leq p < \infty$. Dann heißt eine nichtleere Menge $x^- \subseteq L_{\pi+1}$ p-homogen bezüglich $x \in L_\pi$, wenn gilt:

$$\frac{1}{p} \leq J_\zeta(y_1, y_2) \leq p \quad \forall\, y_1, y_2 \in x^-.$$

Axiom 2 besagt nichts anderes, als daß die Alternativen bezüglich der untersten Kriterien und alle Unterkriterien bezüglich ihrer Oberkriterien bewertbar sein müssen und für alle Unterkriterien und Alternativen bei jeder Bewertung ein p mit $1 \leq p < \infty$ existieren muß, so daß die Bewertung zweier Alternativen bzw. Kriterien zwischen $1/p$ und p liegt.

III. Ziele einer höheren Ebene sollen nur von Zielen einer tieferen Ebene abhängen, aber nicht umgekehrt. Auch sollen die Elemente einer Hierarchiestufe nicht voneinander hinsichtlich eines Kriteriums einer anderen Ebene abhängig sein. Zur Betrachtung der beiden Forderungen werden die Begriffe „innerlich abhängig" und „äußerlich abhängig" definiert.

Definition 3

Eine Menge X soll „äußerlich abhängig" von einer Menge K genannt werden, wenn für jedes $\zeta \in K$ auf X eine Fundamentalskala definiert werden kann.

Definition 4

X sei äußerlich abhängig von K. Die Elemente von X heißen „innerlich abhängig" in Bezug auf ein $j \in K$, wenn für einige $x \in X$ gilt: X ist äußerlich abhängig von x.

Die Forderungen der Bedingung (III) lassen sich nun wie folgt formulieren:

Axiom 3 (Abhängigkeit)

Sei H eine Hierarchie mit den Ebenen $L_1, \ldots, L_{\pi'}$. Für jedes $L_\pi, \pi = 1, \ldots, \pi' - 1$ gelte:

(1) $L_{\pi+1}$ ist äußerlich abhängig von L_π;
(2) $L_{\pi+1}$ ist nicht innerlich abhängig unter Berücksichtigung aller $x \in L_\pi$;
(3) L_π ist nicht äußerlich abhängig von $L_{\pi+1}$.

In einigen Situationen hängen die Alternativen aber auch von den Kriterien ab[14]. Dabei liegt ein allgemeiner Fall mit Feedback vor[15], den Saaty

---

[14] Vgl. Harker/Vargas (1987), S. 1386.
[15] Vgl. dazu auch das Supermatrixverfahren in Abschnitt 4.3.

und Takizawa[16] konzeptionell erläutert haben und für den Saaty[17] ein Beispiel mit Interdependenzen formuliert hat.

IV. Ferner muß die Vollständigkeit einer Hierarchie gegeben sein, da für eine korrekte Bewertung der Alternativen im Hinblick auf ein Oberziel alle relevanten Kriterien berücksichtigt werden müssen. Aus diesem Grund fordert Saaty noch Axiom 4.

Axiom 4 (Vollständigkeit)

Alle relevanten Kriterien, Unterziele und Alternativen müssen in der Hierarchie vertreten sein, d.h. $K \subset H \setminus L_{\pi'}$ und $X = L_{\pi'}$. $K \subset H \setminus L_{\pi'}$ bedeutet, daß sämtliche zur Beurteilung notwendigen Kriterien in der gesamten Hierarchie ohne die unterste Hierarchiestufe $L_{\pi'}$ vorhanden sein müssen. In der untersten Hierarchiestufe $L_{\pi'}$ sollen sämtliche Alternativen $x_\theta \subset X$ stehen. Also ist $X = L_{\pi'}$ zu fordern.

Aufbauend auf den Axiomen 1 bis 4 sollen mit Hilfe der vorgestellten 1–9-Werteskala (p = 9 in Definition 2 für alle $x \in L_\pi$, $\pi = 1, \ldots, \pi' - 1$) die Attribute gewichtet werden. Dies erfolgt mit Hilfe des von Saaty verwendeten Eigenwertverfahrens, mit dem sich aus den Paarvergleichen $J_\zeta(x_h, x_i)$ Gewichte w_ζ für alle Alternativen $x_\theta \in X$ ableiten lassen. Dabei geht man von dem (theoretischen) Fall aus, daß die gesuchten Gewichte w_ζ für die bezüglich eines Kriteriums zu vergleichenden Alternativen bekannt sind. Der Quotient w_h/w_i gibt dann das Verhältnis von Alternative x_h zu Alternative x_i bezüglich des betrachteten Kriteriums an. Mit $a_{hi} := w_h/w_i$ läßt sich die Paarvergleichsmatrix

$$ A = \begin{pmatrix} 1 & a_{12} & \cdots & a_{1\chi} \\ \dfrac{1}{a_{12}} & 1 & \cdots & a_{2\chi} \\ \vdots & \vdots & \ddots & \vdots \\ \dfrac{1}{a_{1\chi}} & \dfrac{1}{a_{2\chi}} & \cdots & 1 \end{pmatrix} $$

aufstellen. Da definitionsgemäß

$$ a_{ih} = \frac{w_i}{w_h} = \frac{1}{a_{hi}} $$

und

$$ a_{hs}a_{si} = \frac{w_h}{w_s}\frac{w_s}{w_i} = \frac{w_h}{w_i} = a_{hi} \quad \forall\, h,i,s \in \{1,\ldots,\chi\} $$

---

[16] Vgl. Saaty/Takizawa (1986).
[17] Vgl. Saaty (1980), S. 199 ff.

gilt, ist die Matrix A reziprok und konsistent. Ferner läßt sich für die Matrix A zeigen:

Behauptung

(I) $w := (w_1, \ldots, w_\chi)^T$ ist Eigenvektor von A zum Eigenwert $\chi := \dim A$.

(II) χ ist betragsgrößter Eigenwert von A, χ ist einfacher Eigenwert von A, und sämtliche anderen Eigenwerte von A sind gleich Null.

Beweis:

(I) Es gilt:

$$a_{hi} = \frac{w_h}{w_i} \quad \Leftrightarrow \quad a_{hi} \cdot w_i = w_h$$

$$\Rightarrow \quad \sum_{i=1}^{\chi} a_{hi} \cdot w_i = \chi \cdot w_h \quad \Leftrightarrow \quad A \cdot w = \chi \cdot w, \quad w = (w_1, \ldots, w_\chi)^T.$$

Der Gewichtevektor w ist also ein Eigenvektor von A zum Eigenwert χ.

(II) Die zweite Behauptung folgt unmittelbar aus Hilfssatz 1[18] und Satz 1 in Verbindung mit Hilfssatz 2.

Hilfssatz 1

Sei A eine $\chi \times \chi$-Matrix, seien $\lambda_b, b = 1, \ldots, \chi$ die Eigenwerte von A. Dann gilt:

$$\text{Spur}(A) = \sum_{b=1}^{\chi} a_{bb} = \sum_{b=1}^{\chi} \lambda_b.$$

Für den Beweis des noch folgenden Satzes 1 wird der Hilfssatz 2 benötigt:

Hilfssatz 2

Sei A eine $\chi \times \chi$-Matrix, seien $\lambda_b, b = 1, \ldots, \chi$ die Eigenwerte von A. Dann gilt: $\text{Rang}(A) = 1 \Rightarrow \exists! \; b \in \{1, \ldots, \chi\}$ mit $\lambda_b \neq 0$.

Satz 1

Wenn A konsistent ist, gilt: $\lambda_{\max} = \chi$.

Beweis:

A konsistent $\Rightarrow a_{hi} = a_{h1} \cdot a_{1i} \quad \forall \, h, i = 1, \ldots, \chi$
$\Rightarrow$ jede Spalte ist ein Vielfaches der ersten Spalte

---

[18] Vgl. Bronstein/Semendjajew (1989), S. 164.

$\Rightarrow$ Rang(A)=1

$\overset{\text{Hilfssatz 2}}{\Longrightarrow}$ alle Eigenwerte bis auf ein λ_t sind gleich Null

$\overset{\text{Hilfssatz 1}}{\Longrightarrow}$ $\lambda_t = \sum_{b=1}^{\chi} \lambda_b = \text{Spur}(A) = \chi \Rightarrow \lambda_t = \lambda_{max}.$

Wie somit aus dem Beweis des Teils (II) der Behauptung folgt, ist bei einer konsistenten Vergleichsmatrix A der Gewichtevektor Eigenvektor zum maximalen Eigenwert $\lambda_{\max} = \chi = \dim A$. Es wird nun davon ausgegangen, daß die Eigenwerte der modifizierten Matrix nur leicht von denen der konsistenten Matrix abweichen und man daher den auf 1 normierten Eigenvektor des betragsgrößten Eigenwertes einer inkonsistenten Vergleichsmatrix als Gewichtevektor verwenden kann. Diese Änderungen können z.B. durch eine inkonsistente Beurteilung seitens des Entscheidungsträgers bewirkt werden. Damit diese Vorgehensweise auch auf jede Vergleichsmatrix anwendbar ist, muß zunächst gewährleistet sein, daß bei einer Vergleichsmatrix der betragsmäßig größte Eigenwert $\lambda_{\max}$ reell ist. Daß dies der Fall ist, gewährleistet Satz 2.

Satz 2 (Perron)[19]

Eine positive Matrix $A = (a_{st})$, d.h. $a_{st} > 0$ $\forall$ s, t, besitzt stets einen einfachen und positiven Eigenwert λ^*, der einfache Nullstelle des charakteristischen Polynoms von A ist und den Betrag aller anderen Eigenwerte übertrifft. Für λ gilt also $\lambda^* = \lambda_{\max} = \max\{|\lambda| : \lambda$ ist Eigenwert von $A\}$. Zu λ^* gibt es einen Eigenvektor $v = (v_1, v_2, \dots, v_\chi)^T$ der Matrix A mit positiven Koordinaten $v_b > 0$ $(b = 1, 2, \dots, \chi)$.

Für das charakteristische Polynom einer Matrix gilt Lemma 1.

Lemma 1

Sei A eine $\chi \times \chi$-Matrix, $\lambda \in \mathbb{R}$. Dann gilt:

(I) Das homogene lineare Gleichungssystem $(A - \lambda I) \cdot v = 0$ besitzt eine nichttriviale Lösung: $\Leftrightarrow$ $A - \lambda I$ ist singulär, d.h. $\det(A - \lambda I) = 0$.

(II) $\det(A - \lambda I)$ ist ein Polynom χ-ten Grades. Es wird als charakteristisches Polynom der Matrix A bezeichnet.

Ein zu bestimmender Gewichtevektor für eine Vergleichsmatrix muß eindeutig und positiv sein. Nach Satz 2 ist $\lambda_{\max}$ einfache Nullstelle des charakteristischen Polynoms von A. Alle zugehörigen Eigenvektoren sind demnach bis auf einen skalaren Faktor identisch. Legt man sich also auf eine Normierung der Eigenvektoren fest, ist die Eindeutigkeit des Gewichtevektors gesichert. Nach Satz 2 existieren zu $\lambda_{\max}$ Eigenvektoren $v_{\max}$ mit positiven Koordinaten. So kann für jede Vergleichsmatrix ein zum Eigenwert $\lambda_{\max}$ gehörender Eigenvektor bestimmt werden, der einen sinnvollen Gewichtevektor darstellt.

---

[19] Vgl. zu diesem Satz von Perron z.B. Gantmacher (1986), S. 398.

Dieser grundsätzlichen Vorgehensweise wird auch bei der Ermittlung der Gewichte der einzelnen Alternativen im Hinblick auf ein Kriterium und der Unterkriterien im Hinblick auf die Oberkriterien gefolgt: Dabei ist zunächst die größte Nullstelle λ_{max} des charakteristischen Polynoms der Vergleichsmatrix zu bestimmen. Der zugehörige Eigenvektor $v_{max} = (v_1, \dots, v_\chi)^T$ kann positiv gewählt werden. Er ist bis auf eine multiplikative Konstante eindeutig bestimmt. Durch Normierung ergibt sich daraus der gesuchte (eindeutige) Vektor der Gewichte v_{ges}[20]:

$$
\begin{aligned}
v_{ges} &= \frac{v_{max}}{\|v_{max}\|} = \frac{v_{max}}{\sum_{b=1}^{\chi} v_b} \\
&= \left(\frac{v_1}{\sum_{b=1}^{\chi} v_b}, \frac{v_2}{\sum_{b=1}^{\chi} v_b}, \dots, \frac{v_\chi}{\sum_{b=1}^{\chi} v_b} \right)^T.
\end{aligned}
$$

Eine andere Art der Normierung wäre z.B. die sog. Bandbreitennormierung, bei der der besten Ausprägung eine 1, der schlechtesten eine 0 und den restlichen ein verhältnismäßiger Wert dazwischen zugeordnet wird[21].

Es stellt sich indes die Frage, inwieweit der berechnete Eigenvektor eine sinnvolle Näherung für die Gewichte darstellt. Diese liegt aber sicher nur dann vor, wenn die inkonsistente Vergleichsmatrix nicht zu stark von einer konsistenten Matrix abweicht. Was bedeutet aber „nicht zu stark"? Hierzu bedarf es eines Maßstabs, mit dessen Hilfe eine Aussage darüber möglich ist, ob der ermittelte Eigenvektor als Gewichtevektor verwendbar ist oder nicht. Ist er als Gewichtevektor verwendbar und können für alle Kriterien und Alternativen lokale Gewichte ermittelt werden, ist noch zu klären, wie daraus eine Gesamtbewertung der Alternativen im Hinblick auf das Oberziel berechnet werden kann. Zunächst soll aber ein Maß definiert werden, das eine Information über die Verwendbarkeit des Eigenvektors als Gewichtevektor liefert. Im Hinblick darauf ist Satz 3 einzuführen, der für jede Vergleichsmatrix gilt.

Satz 3

Sei A eine reelle, reziproke $\chi \times \chi$-Matrix, deren Elemente a_{st} leicht von v_s/v_t abweichen, so daß A nicht mehr konsistent ist. Seien also a_{st} leicht um den Faktor δ_{st} verzerrte Paarvergleichsurteile mit $a_{st} := (1 + \delta_{st}) \cdot v_s/v_t$, $\delta_{st} > -1$ (damit $a_{st} > 0$ gilt), wobei $v_{max} = (v_1, \dots, v_\chi)^T$ ein Eigenvektor zu λ_{max} ist, d.h. $A \cdot v_{max} = \lambda_{max} \cdot v_{max}$. Dann gilt: $\lambda_{max} \geq \chi$.

---

[20] Vgl. Saaty (1990a), S. 18.
[21] Vgl. Belton/Gear (1985); Dyer (1990).

Beweis:[22]

Es ist

$$A \cdot v_{max} = \begin{pmatrix} 1 + \delta_{11} & (1 + \delta_{12})\frac{v_1}{v_2} & \cdots & (1 + \delta_{1\chi})\frac{v_1}{v_\chi} \\ (1 + \delta_{21})\frac{v_2}{v_1} & 1 + \delta_{22} & \cdots & (1 + \delta_{2\chi})\frac{v_2}{v_\chi} \\ \vdots & \vdots & \ddots & \vdots \\ (1 + \delta_{\chi 1})\frac{v_\chi}{v_1} & \cdots & \cdots & 1 + \delta_{\chi\chi} \end{pmatrix} \cdot \begin{pmatrix} v_1 \\ v_2 \\ \vdots \\ v_\chi \end{pmatrix}$$

$$= \begin{pmatrix} v_1 \sum_{t=1}^{\chi}(1 + \delta_{1t}) \\ v_2 \sum_{t=1}^{\chi}(1 + \delta_{2t}) \\ \vdots \\ v_\chi \sum_{t=1}^{\chi}(1 + \delta_{\chi t}) \end{pmatrix} = \begin{pmatrix} v_1(\chi + \sum_t \delta_{1t}) \\ \vdots \\ v_\chi(\chi + \sum_t \delta_{\chi t}) \end{pmatrix}$$

$$= \begin{pmatrix} \lambda_{max} v_1 \\ \vdots \\ \lambda_{max} v_\chi \end{pmatrix}$$

$$\Rightarrow \lambda_{max} = \chi + \sum_t \delta_{1t} = \chi + \sum_t \delta_{2t} = \ldots = \chi + \sum_t \delta_{\chi t}.$$

Addiert man rechte und linke Seite χ-mal ergibt sich:

$$\Rightarrow \sum_{s=1}^{\chi}(\chi + \sum_t \delta_{st}) = \sum_s \chi + \sum_s \sum_t \delta_{st} = \chi^2 + \sum_s \sum_t \delta_{st} = \sum_{s=1}^{\chi} \lambda_{max}$$

$$= \chi \cdot \lambda_{max}.$$

Nach beidseitiger Division durch χ folgt:

$$\Rightarrow \chi + \frac{1}{\chi} \sum_s \sum_t \delta_{st} = \lambda_{max} \qquad (*)$$

Weiterhin gilt:

$$a_{ts} = \frac{1}{a_{st}} \Leftrightarrow (1 + \delta_{ts})\frac{v_t}{v_s} = \frac{1}{(1 + \delta_{st})\frac{v_s}{v_t}} \Leftrightarrow 1 + \delta_{ts} = \frac{1}{1 + \delta_{st}}$$

$$\Leftrightarrow \delta_{ts} = \frac{1}{1 + \delta_{st}} - 1$$

---

[22] Vgl. Saaty (1990a), S. 13.

$$\Rightarrow \sum_{s} \sum_{t} \delta_{st} = \sum_{s<t} (\delta_{st} + \frac{1}{1+\delta_{st}} - 1)$$

$$= \sum_{s<t} \frac{\delta_{st}(1+\delta_{st}) + 1 - 1 - \delta_{st}}{1+\delta_{st}} = \sum_{s<t} \frac{\delta_{st}^2}{1+\delta_{st}}$$

$$\overset{(*)}{\Rightarrow} \lambda_{\max} - \chi = \frac{1}{\chi} \cdot \sum_{s<t} \frac{\delta_{st}^2}{1+\delta_{st}} \geq 0, \qquad (**)$$

da $\delta_{st}^2 \geq 0$ und $1 + \delta_{st} > 0$ $(\delta_{st} > -1) \Rightarrow \lambda_{\max} \geq \chi$.

Bemerkung

Aus dem Beweis von Satz 3 folgt:

(I) $\lambda_{\max} = \chi \Leftrightarrow \delta_{st} = 0 \quad \forall \, s, t \Leftrightarrow A$ konsistent.
Dies entspricht unmittelbar der Aussage von Satz 1.

(II) Nach $(**)$ gilt: Je mehr $\delta_{st} \neq 0$ sind, d.h. je inkonsistenter die Matrix ist, desto mehr unterscheidet sich $\lambda_{\max}$ von χ.

Auf diesen Ergebnissen aufbauend definiert Saaty einen *Konsistenzindex* C.I. (consistency index). Da die Konsistenz einer Matrix mit wachsendem C.I. aber immer mehr abnimmt, soll dieses Maß im folgenden *Inkonsistenzindex* heißen und mit IK bezeichnet werden:

$$IK := \frac{\lambda_{\max} - \chi}{\chi - 1}.$$

Durch Division mit der durchschnittlichen Inkonsistenz (DI)[23] gleich großer zufallserzeugter Matrizen ergibt sich ein *Inkonsistenzmaß*

$$IKM := \frac{IK}{DI},$$

das den Inkonsistenzgrad von Matrizen der Ordnung χ ausdrückt[24]. Dabei werden Matrizen mit $IKM \leq 0,1$ akzeptiert[25]. Im Falle $IKM > 0,1$ sollte der Entscheidungsträger seine Paarvergleiche nochmals überdenken.

Die DI-Werte von Saaty entstanden durch Experimente im Oak Ridge National Laboratory und der Wharton School[26]. Dabei wurden jeweils 500

---

[23] Vgl. Saaty (1980), der die Bezeichnung „random index" (R.I.) wählt.
[24] Vgl. Saaty (1980), der die Bezeichnung „consistency ratio" (C.R.) wählt.
[25] Vgl. Saaty (1980), S. 21; Vargas (1982), S. 75 ff.
[26] Vgl. Saaty (1980), S. 21.

Zufallsmatrizen der Ordnung 3–11 und 100 der Ordnung 12–15 erzeugt. Sodann wurde der Durchschnittswert der Inkonsistenzindizes dieser Matrizen gebildet.

Donegan/Dodd[27] haben diese Stichproben als zu klein kritisiert, daraufhin selbst Stichproben von jeweils 1.000 Zufallsmatrizen erzeugt und hieraus DI-Werte ermittelt. Tabelle 4.2 stellt die DI-Werte von Saaty und Donegan/Dodd gegenüber[28].

Tabelle 4.2: DI-Werte nach Saaty und Donegan/Dodd

Ordnung der Matrix	3	4	5	6	7	8	9
Saaty	0,58	0,9	1,12	1,24	1,32	1,41	1,45
Donegan/ Dodd	0,4887	0,8045	1,0591	1,1797	1,2519	1,3171	1,3733
Ordnung der Matrix	10	11	12	13	14	15	16
Saaty	1,49	1,51	1,48	1,56	1,57	1,59	-
Donegan/ Dodd	1,4055	1,4213	1,4497	1,4643	1,4822	1,4969	1,5078

Die Methode, ein Inkonsistenzmaß durch einen Vergleich mit den Inkonsistenzindizes von Zufallsmatrizen zu errechnen, ist von Golden und Wang[29] in Frage gestellt worden. Sie haben an Saatys Methode insbesondere kritisiert, daß Matrizen kleinerer Ordnung zu leicht als konsistent eingestuft werden, und haben deshalb einen Ansatz vorgelegt, der ohne DI-Werte auskommt[30]: Dabei werden alle Elemente der Matrix A mittels der Spaltensummen normiert:

$$a_{st}^* := \frac{a_{st}}{\sum_{s=1}^{\chi} a_{st}}.$$

Gegeben sei $v_{ges} = (v_1', \cdots, v_\chi')$ als Lösung des Eigenwertproblems. Unter dieser Voraussetzung definieren Golden/Wang einen Inkonsistenzindex

$$\overline{IK} = \frac{1}{\chi} \sum_s \sum_t |a_{st}^* - v_s'|$$

und errechnen im Rahmen einer Simulation mit 1.000 Testpersonen unter Anwendung statistischer Methoden für Matrizen der Ordnung 3–11 Grenz-

---

[27] Vgl. Donegan/Dodd (1991), S. 135.

[28] Die Angaben Saatys reichen nur bis zur Dimension $\chi = 15$. Für den Fall, daß nur unvollständige Paarvergleichsmatrizen vorliegen, hat Forman explizite *DI*-Werte zur Verwendung für die Inkonsistenzbestimmung errechnet. Vgl. dazu Forman (1990), S. 154.

[29] Vgl. Golden/Wang (1989), S. 68 ff.

[30] Vgl. zum folgenden Golden/Wang (1989), S. 71 ff.

werte. Überschreitet $\overline{IK}$ einen solchen Grenzwert, wird die jeweilige Matrix als inkonsistent eingestuft[31]. Im Falle von $\overline{IK} = 0$ ist eine Matrix konsistent.

Eine weitere Methode zur Inkonsistenzmessung stellen Lane/Verdini[32] für Matrizen der Ordnung 3 und 4 vor. Sie versuchen dabei mit Hilfe statistischer Hypothesenbildung, die bei DI-Werten auftretenden Ungenauigkeiten zu vermeiden.

Neben der Eigenwertmethode werden in der Literatur noch andere Methoden zur Bestimmung des gesuchten Gewichtevektors diskutiert. Als erstes ist dabei die Least-Squares-Methode (LSM) zu nennen, die auf Eckart/Young[33] zurückgeht. Gesucht wird hier der Vektor v, der den Ausdruck

$$\sum_{s,t=1}^{\varkappa} \left(a_{st} - \frac{v_s}{v_t} \right)^2$$

minimiert. Es liegt somit ein regressionsanalytischer Ansatz, d.h. ein sog. Kleinste-Quadrate-Schätzer, vor. Das gesuchte v ist derjenige Vektor, der die Gesamtfläche aller Quadrate mit Kantenlänge $(a_{st} - v_s/v_t)$ minimiert. Bemerkenswerterweise gibt es jedoch weder eine exakte Lösungsformel noch eine verbreitete numerische Methode zur Lösung des Problems[34].

Der ferner vorgeschlagenen Logarithmic Least-Squares-Methode (LLSM)[35] zufolge ergibt sich v durch Minimierung von

$$\sum_{s,t=1}^{\varkappa} \left(\ln a_{st} - \ln \frac{v_s}{v_t} \right)^2 .$$

Auch hier liegt ein Kleinste-Quadrate-Schätzer vor. Im Gegensatz zur LSM findet dabei jedoch vorher eine Reskalierung mit Hilfe des Logarithmus statt. Ein großer Vorteil dieser Methode liegt darin, daß mit[36]

$$v_s = \left(\prod_{t=1}^{\varkappa} a_{st} \right)^{\frac{1}{\varkappa}}$$

eine Lösungsformel existiert. v_s stellt also gerade das geometrische Mittel der s-ten Zeile der Paarvergleichsmatrix dar. Aus diesem Grund wird dieser Ansatz auch Geometric Mean-Methode genannt.

---

[31] Vgl. Golden/Wang (1989), S. 76 f.
[32] Vgl. Lane/Verdini (1989), S. 575–590.
[33] Vgl. Eckart/Young (1936), S. 211–217.
[34] Vgl. dazu Saaty/Vargas (1984a), S. 311.
[35] Vgl. dazu Saaty/Vargas (1984a), S. 310 f; Saaty (1990c), S. 156 f.
[36] Vgl. Torgerson (1958).

Satz 4

A sei eine konsistente $\chi \times \chi$-Matrix. Für $\chi \geq 2$ liefern LSM, LLSM und Eigen-wertverfahren - wie Saaty/Vargas[37] bewiesen haben – das gleiche Ergebnis.

Falls A inkonsistent ist, ist nach Harker/Vargas[38] die Eigenwertmethode das einzig richtige Verfahren. Diese Behauptung belegen sie mit graphentheo-retischen Argumenten, die im folgenden kurz dargestellt werden sollen.

Definition 5

(I) Ein *gerichteter Graph* $G = (\Omega, Y)$ besteht aus einer Menge Ω, deren Elemente die *Knoten* von G heißen, zusammen mit einer Teilmenge Y von $\Omega \times \Omega$, deren Elemente gerichtete *Kanten* oder *Pfeile* von G genannt werden. Jedes $y \in Y$ hat die Form $y = (d, e) =: y_{de}$ mit $d, e \in \Omega$; d heißt *Anfangs-*, e *Endpunkt* von y, und es kann gesagt werden: y *führt von d nach e*. Anschaulich stellt man y durch einen von d nach e gerichteten Pfeil dar. Kanten der Form (d, d) heißen *Schlingen*.

(II) Mit jedem Pfeil y_{de} vom Knoten d zum Knoten e wird eine positive Zahl a_{de} verbunden, die die *Intensität des Pfeils* genannt wird.

(III) Ein *Weg* vom Knoten d zum Knoten e in einem gerichteten Graphen ist eine Sequenz von Pfeilen und Knoten. Dabei ist jeder Knoten innerhalb des Weges Endpunkt des einen und Anfangspunkt eines anderen Pfeils.

(IV) Unter der *Länge eines Weges* versteht man die Anzahl der Pfeile, die den Weg definieren.

(V) Die *Intensität eines Weges der Länge* γ ist das Produkt der Intensitäten der Pfeile im Weg.

(VI) Die *Gesamtintensität* aller Wege der Länge γ vom Knoten d zum Knoten e ist die Summe der Intensitäten der betreffenden Wege.

Mit Hilfe dieser Definition ist es möglich, jede Paarvergleichsmatrix A als gerichteten Graphen darzustellen, indem die Alternativen als Knoten und die Elemente a_{de} von A als Intensitäten der Pfeile y_{de} zwischen den Alternativen d und e angesehen werden.

Satz 5

Sei A eine positive reziproke $\chi \times \chi$-Matrix. Dann sind die Elemente $a_{de}^{(\gamma)}$ der Matrix A^γ gleich der Gesamtintensität der Wege von Knoten d zu Knoten e mit Länge γ. Dies läßt sich durch Matrizenmultiplikation nachweisen.

Die Paarvergleichsmatrix A gibt nur die „einfache Dominanz" einer Al-ternative bezüglich der restlichen Alternativen an. Interdependenzen werden

---

[37] Vgl. Saaty/Vargas (1984a), S. 312.
[38] Vgl. Harker/Vargas (1987), S. 1392.

dabei nicht berücksichtigt. Im Graphen werden also nur die Intensitäten von Wegen der Länge 1 betrachtet. Eine Alternative d kann jedoch auch eine andere Alternative e dominieren, indem sie eine dritte Alternative s dominiert, die ihrerseits wieder e dominiert. Dies entspricht im graphentheoretischen Ansatz einem Weg von d über s nach e. Er muß also die Intensität eines Weges der Länge $\gamma = 2$ betrachtet werden.

Analog ergeben sich Dominanzen in $\gamma = 3, 4, 5, \ldots$ Schritten, wobei mit wachsendem γ immer mehr Interdependenzen berücksichtigt werden. Nach Satz 5 bedeutet dies gerade, daß die Paarvergleichsmatrix A entsprechend oft potenziert werden muß, damit in den Einträgen die entsprechenden Dominanzen der verschiedenen Alternativen bzw. Kriterien zueinander erreicht werden können[39].

Die e-te Spalte von A^γ repräsentiert die Gesamtintensitäten aller Wege vom Knoten d zum Knoten e mit Länge γ. Die normierten Spalten geben die relative Wichtigkeit jeder Alternative bzw. jedes Kriteriums im γ-ten Schritt wieder[40]. Sie entsprechen also für $\gamma \to \infty$ gerade dem gesuchten Gewichtevektor.

Im konsistenten Fall gilt[41]:

$$A^\gamma = \chi^{\gamma-1} \cdot A, \quad (\gamma \geq 1).$$

Nach Normierung erhält man für jedes γ dieselben Spaltenvektoren. Ein Potenzieren von A ist somit unnötig. Es kann der Grenzwert $\lim_{\gamma \to \infty} A^\gamma$ errechnet werden, wenn folgender Satz beachtet wird:

Satz 6
Sei A eine positive, reziproke $\chi \times \chi$-Matrix.

(I) Falls A konsistent ist, wird – wie Saaty[42] bewiesen hat – die Wichtigkeit der Alternativen im Verhältnis zueinander durch jede der normierten Spalten von A in skalierter Form ausgedrückt. Die Wichtigkeitsskala stimmt mit dem normierten Eigenvektor zum betragsgrößten Eigenwert von A überein.

(II) Falls A inkonsistent ist, stimmt – wie Saaty und Vargas[43] bewiesen haben – der betragsgrößte Eigenwert von A mit dem Grenzwert der normierten Gesamtintensitäten von Wegen der Länge γ (also den normierten Spalten der Matrix A^γ) überein, d.h.

---

[39] Vgl. Saaty (1990a), S. 18 f.
[40] Vgl. Harker/Vargas (1987), S. 1393.
[41] Vgl. Saaty (1986a), S. 851.
[42] Vgl. Saaty (1986a), S. 851.
[43] Vgl. Saaty/Vargas (1984b), S. 209–212; vgl. zum weiteren auch Saaty (1986a), S. 852.

$$v'_d = \lim_{\gamma \to \infty} \frac{a_{ds}^{(\gamma)}}{\sum_{e=1}^{\chi} a_{es}^{(\gamma)}} = \lim_{\gamma \to \infty} \frac{a_{dt}^{(\gamma)}}{\sum_{e=1}^{\chi} a_{et}^{(\gamma)}}$$

mit $d = 1, \ldots, \chi$. Dabei ist $s, t = 1, \ldots, \chi$ die d-te Komponente des normierten Eigenvektors zum betragsgrößten Eigenwert von A.

Aus diesem Satz und obigen Ausführungen erkennt man, daß der vorgestellte Ansatz der Graphentheorie gerade auf die Eigenwertmethode führt. Die theoretischen Ausführungen seien durch ein Beispiel verdeutlicht: Die Matrix

$$M3 = \begin{pmatrix} 1 & 2 & 0,25 \\ 0,5 & 1 & 0,125 \\ 4 & 8 & 1 \end{pmatrix}$$

aus Abschnitt 4.1.2 ist konsistent und läßt sich – wie aus Abbildung 4.2 ersichtlich – als gerichteter Graph darstellen. Dieser Graph gibt aber nur die Intensität von Wegen der Länge 1 direkt wieder. Betrachtet seien nun Wege der Länge 2.

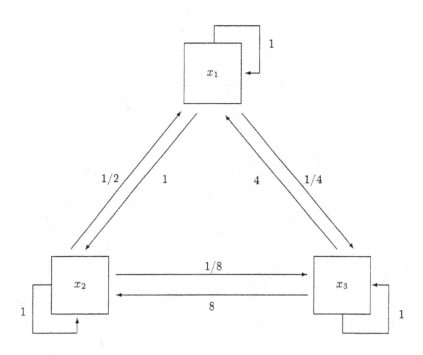

Abbildung 4.2: Graphentheoretische Darstellung der Paarvergleichsmatrix M3

Von Knoten x_1 zu Knoten x_1 gibt es folgende Möglichkeiten:
$x_1 \to x_1 \to x_1$ mit Intensität $1 \cdot 1 = 1$,

$x_1 \rightarrow x_2 \rightarrow x_1 \ (2 \cdot 0,5 = 1)$,
$x_1 \rightarrow x_3 \rightarrow x_1 \ (0,25 \cdot 4 = 1)$.
Es ergibt sich eine Gesamtintensität von $1 + 1 + 1 = 3$.

Von Knoten x_1 zu Knoten x_2 führen folgende Wege der Länge 2:
$x_1 \rightarrow x_1 \rightarrow x_2 \ (1 \cdot 2 = 2)$,
$x_1 \rightarrow x_2 \rightarrow x_2 \ (2 \cdot 1 = 2)$,
$x_1 \rightarrow x_3 \rightarrow x_2 \ (0,25 \cdot 8 = 2)$.
Die Gesamtintensität dieser Wege ist somit gleich 6.

Bei Durchführung dieses Verfahrens für alle Knotenverbindungen ist zu erkennen, daß die resultierenden Werte gerade an den entsprechenden Stellen der Matrix

$$(M3)^2 = \begin{pmatrix} 3 & 6 & 0,75 \\ 1,5 & 3 & 0,375 \\ 12 & 24 & 3 \end{pmatrix}$$

zu finden sind (vgl. Satz 5). Für Wege der Länge 3 ergibt sich analog die Matrix

$$(M3)^3 = \begin{pmatrix} 9 & 18 & 2,25 \\ 4,5 & 9 & 1,125 \\ 36 & 72 & 9 \end{pmatrix}$$

Eine Normierung jeder der Spalten von $M3$, $(M3)^2$ oder $(M3)^3$ führt stets zum gleichen Vektor $(2/11, \ 1/11, \ 8/11)^T$. Dieser ist gerade der normierte Eigenvektor zum betragsgrößten Eigenwert $\lambda_{\max} = 3$ der Matrix M3.

Betrachtet man nun die inkonsistente Matrix

$$M2 = \begin{pmatrix} 1 & 0,333 & 4 \\ 3 & 1 & 9 \\ 0,25 & 0,111 & 1 \end{pmatrix}$$

aus Abschnitt 4.1.2, ergeben sich durch Potenzieren (bzw. mittels obiger graphentheoretischer Überlegungen) und anschließende Normierung folgende Matrizen:

$$(M2)^2 = \begin{pmatrix} 3 & 1,11 & 10,997 \\ 8,25 & 3 & 30 \\ 0,833 & 0,305 & 3 \end{pmatrix}$$

$$(M2)^2_{\text{Norm}} = \begin{pmatrix} 0,248 & 0,251 & 0,25 \\ 0,683 & 0,679 & 0,682 \\ 0,069 & 0,069 & 0,068 \end{pmatrix}$$

$$(M2)^3 = \begin{pmatrix} 9,079 & 3,331 & 32,987 \\ 24,75 & 9,077 & 90 \\ 2,498 & 0,915 & 9,077 \end{pmatrix}$$

$$(M2)^3_{\text{Norm}} = \begin{pmatrix} 0,25 & 0,25 & 0,25 \\ 0,681 & 0,681 & 0,681 \\ 0,069 & 0,069 & 0,069 \end{pmatrix}$$

An dieser Stelle kann der Grenzprozeß schon abgebrochen werden, da sich die Spalten von $(M2)^3_{\text{Norm}}$ – bis auf geringe (hier nicht ausgewiesene) Abweichungen im Nachkommastellenbereich – nicht mehr unterscheiden. Sie entsprechen gerade dem normierten Eigenvektor v_{ges} zum betragsgrößten Eigenwert $\lambda_{\text{max}} = 3,01$ des Beispiels aus Abschnitt 4.1.2.

Die Frage, welche Methode für den AHP am günstigsten ist, wird in der Literatur, vor allem wegen des Problems des rank reversal[44], heftig diskutiert. Barzilai, Cook und Golany[45] fordern von einer Lösung des gegebenen Entscheidungsproblems drei grundlegende Eigenschaften:

(I) Falls $A = (a_{de}) = (v_d/v_e)$ konsistent ist, dann muß $v = (v_1, \dots, v_\chi)^T$ die Lösung sein.

(II) Die Lösung darf nicht von der Beschreibung des Problems abhängen.

(III) Die Lösung darf durch Kombinationen der Hierarchiestufen nicht beeinflußt werden.

Der Eigenwertansatz erfüllt nur die ersten beiden, die Geometric Mean-Methode dagegen alle drei von Barzilai, Cook und Golany erhobenen Forderungen. Sie propagieren daher verständlicherweise letzteres Verfahren als überlegen. Auch Crawford[46] zieht die Geometric Mean- der Eigenwert-Methode vor und zeigt dazu eine alternative Vorgehensweise der Konsistenzmessung auf.

Budescu, Cook und Golany[47] führen einen empirischen Vergleich der Eigenwert- und der LLSM-Methode mittels Monte-Carlo-Studien durch. Sie kommen zum Ergebnis, daß beide Methoden weder grundsätzlich abgelehnt noch kritiklos akzeptiert werden können. Sogar Crawford[48], ein Befürworter der LLSM-Methode, räumt ein, daß die subjektiven Einschätzungen des Entscheidungsträgers die Ergebnisse viel mehr beeinflussen als die Wahl zwischen Eigenwert- und LLSM-Methode, die beide in der Regel relativ übereinstimmende Ergebnisse liefern. Man wird die ausgetauschten Argumente,

---

[44] Vgl. dazu Abschnitt 4.3.

[45] Vgl. zum folgenden Barzilai/Cook/Golany (1987), S. 132 f.

[46] Vgl. Crawford (1987), S. 327 ff.

[47] Vgl. Budescu/Zwick/Rapoport (1986), S. 69–78.

[48] Vgl. Crawford (1987), S. 327.

die jeweils aus den spezifischen Postulaten der Vertreter der Eigenwertmethode sowie der Befürworter der Geometric Mean- und der LLSM-Methode hergeleitet worden sind, nicht abschließend bewerten können. Um den Kreis AHP-relevanter Berechnungsmethoden nicht zu umfangreich werden zu lassen, wird der weiteren Betrachtung zunächst (bis zum Abschnitt 4.5) nur das Eigenwertverfahren zugrunde gelegt. Hierzu ist strategischen Controllern sowohl ein breiter literarischer Fundus als auch Softwareunterstützung[49] verfügbar.

Nachdem mit Hilfe des Eigenwertverfahrens nach der Aufstellung der Vergleichsmatrizen durch den Entscheidungsträger Gewichte für alle Unterziele bezüglich ihrer unmittelbaren Oberziele und für alle Alternativen bezüglich der untersten Ziele in der Hierarchieebene Werte ermittelt worden sind und somit die Wichtigkeit der Alternativen und der Unterziele lokal angegeben werden kann, soll im nächsten Schritt mit Hilfe der lokalen Bewertungen eine Gesamtbeurteilung der Alternativen im Hinblick auf das oberste Ziel vorgenommen werden. Dazu wird zunächst für alle Kriterien x einer Hierarchiestufe L_π, $\pi = 1, \ldots, \pi' - 1$ eine Gewichtefunktion w_x mit

$$w_x : L_\pi \to [0,1] \text{ mit } \sum_{y \in L_{\pi+1}} w_x(y) = 1$$

definiert. Diese ordnet jedem y der Stufe $\pi + 1$ das mit Hilfe des Eigenwertverfahrens bestimmte Gewicht zu, falls $y \in x^-$ gilt, sowie den Wert 0 in den sonstigen Fällen.

Um eine Gewichtung eines Unterziels bzw. einer Alternative einer Stufe L_π bezüglich eines Kriteriums irgendeiner höheren Ebene L_r mit $r \leq \pi - 1$ vornehmen zu können, sei zunächst eine Gewichtefunktion konstruiert, die jedem Element x einer Ebene $L_{\pi+1}$ eine Bewertung bezüglich eines Elements y der Ebene $L_{\pi-1}$ zuordnet:

Sei $l \in L_{\pi-1}$, $L_\pi := \{y_1, \ldots, y_{n_\pi}\}$ und $L_{\pi+1} := \{x_1, \ldots, x_{n_{\pi+1}}\}$. Für jedes $l \in L_{\pi-1}$ sei die Gewichtefunktion $w_l : Y \to [0,1]$ und für jedes $y_\pi \in L_\pi$ die Gewichtefunktion $w_{y_\zeta} : X \to [0,1]$, $\zeta = 1, \ldots, n_\pi$ gegeben. Alle $x \in L_{\pi+1}$ seien im Hinblick auf ein Kriterium $l \in L_{\pi-1}$ durch die Funktion w mit

$$w(x_\theta) = \sum_{\zeta=1}^{n_\pi} w_{y_\zeta}(x_\theta) w_l(y_\zeta), \quad \theta = 1, \ldots, n_{\pi+1}$$

bewertet. w ist ebenfalls eine Gewichtefunktion, denn es gilt:

[49] Vgl. dazu Abschnitt 4.4.

$$0 \leq w(x_\theta) \quad \leq \sum_{\theta=1}^{n_{\pi+1}} w(x_\theta)$$

$$= \sum_{\theta=1}^{n_{\pi+1}} \sum_{\zeta=1}^{n_\pi} w_{y_\zeta}(x_\theta) w_l(y_\zeta)$$

$$= \sum_{\zeta=1}^{n_\pi} w_l(y_\zeta) \sum_{\theta=1}^{n_{\pi+1}} w_l(y_\zeta)$$

$$= \sum_{\zeta=1}^{n_\pi} w_l(y_\zeta) = 1.$$

Zur Vereinfachung können die Gewichte bezüglich einer Ebene mit Hilfe der Matrix $B := (b_{st})$ mit $b_{st} := w_{y_t}(x_s)$ zusammengefaßt werden, die die Bewertungen sämtlicher Elemente der $(\pi + 1)$-ten Ebene bezüglich jedes Kriteriums der π-ten Ebene enthält und deshalb Prioritätenmatrix der $(\pi + 1)$-ten Ebene genannt wird. Werden sämtliche Gewichte der Kriterien der π-ten Ebene bzgl. der Kriterien der $(\pi - 1)$-ten Ebene mit Hilfe eines Vektors $w' := (w_l(y_\zeta))$ dargestellt, so bestimmen sich die Gewichte der Kriterien bzw. Alternativen der $(\pi + 1)$-ten Ebene bzgl. der $(\pi - 1)$-ten Ebene nun als

$$w = Bw'.$$

Um sicherzugehen, daß alle für ein Kriterium relevanten und ihm übergeordneten Kriterien in der Hierarchie vorkommen und damit eine Gesamtbewertung der Alternativen durchgeführt werden kann, wird der Begriff der vollständigen Hierarchie eingeführt.

Definition 6

Eine Hierarchie heißt „vollständig", wenn $x^+ \subset L_{\pi-1} \quad \forall\, x \in L_\pi$, gilt. Auf dieser Definition basiert Satz 7.

Satz 7

Sei H eine vollständige Hierarchie mit größtem Element Z und π' Ebenen[50]. Sei B_π Prioritätenmatrix der π-ten Ebene, $\pi = 1, \ldots, \pi'$. Ist w' der Prioritätenvektor der $\tilde{p}$-ten Ebene in Bezug auf ein Element l in der $(\tilde{p} - 1)$-ten Ebene, dann ist der Prioritätenvektor w der $\tilde{q}$-ten Ebene mit $\tilde{p} < \tilde{q}$ in Bezug auf l bestimmt durch

$$w = B_{\tilde{q}} B_{\tilde{q}-1} \cdots B_{\tilde{p}+1} w'.$$

Der Prioritätenvektor der untersten Ebene in Bezug auf Z ist also gegeben durch

---

[50] Vgl. Saaty (1980), S. 77.

$$w = B_{\pi'} B_{\pi'-1} \cdots B_2 w'.$$

Die Bewertung einer Alternative bezüglich eines Elements einer bestimmten Ebene ergibt sich also aus der Summe der Produkte der lokalen Gewichte der Alternative und der Gewichte der Kriterien, die die Alternative oder die Kriterien auf dem Weg zu dieser Ebene überdecken.

4.2.2 Psychometrik

Dem AHP liegt die Einsicht zugrunde, daß mit komplexen Entscheidungsproblemen konfrontierte Individuen vor deren Komplexität oft in Anbetracht begrenzter Denkkapazität resignieren, daß aber das Problem nach schrittweiser Zerlegung in einfacher lösbare Teilprobleme[51] bewältigt werden kann. Voraussetzung ist dabei, daß ein zu bearbeitendes Problem in Gruppen mit Elementen ähnlicher Eigenschaften eingeteilt worden ist. Diese Einteilung kann durch Aufstellung einer Hierarchie unterstützt werden, auf deren Basis die einzelnen Elemente gewichtet werden sollen. Dabei würde eine direkte Zuordnung von Gewichten (insbesondere bei einer großen Anzahl von Alternativen) eine zu große Abstraktionsleistung erfordern und zu Ungenauigkeiten führen. Wird der Entscheidungsträger dagegen mit paarweisen Vergleichsproblemen konfrontiert, ist das zu bewältigende Problem weniger komplex. Aus der Zusammenfassung der Einzelbeurteilungen mittels geeigneter Methoden resultiert die Gesamtbeurteilung.

Gegenstand des AHP sind schlecht definierte Entscheidungsprobleme, bei denen der Entscheidungsträger Fragen in Form von Paarvergleichsurteilen zu beantworten hat. Harker/Vargas räumen ein, daß die Paarvergleichsurteile vom Standpunkt und Horizont des Entscheidungsträgers abhängen. Diese Faktoren unterliegen einem ständigen Wandel[52]. Allerdings stellt dies ein für alle Entscheidungsverfahren gültiges Problem dar. Hierdurch bedingte Unschärfen lassen sich aber durch eine klare Definition der Kriterien, Unterkriterien und Alternativen reduzieren[53]. Dieses Argument läßt Dyer jedoch mit der Begründung nicht gelten, daß im Rahmen der für den AHP gültigen Nutzentheorie wohldefinierte Probleme vorliegen, deren Lösung durch die Subjektivität der Wahl bestimmt wird, die zwischen den einzelnen Alternativen auf der Basis ordinaler Einschätzungen getroffen worden ist[54].

Grundsätzlich stellt sich auch beim AHP die Frage nach der Art der Skalierung. Eine Skala besteht aus folgenden drei Elementen[55]: einer Menge von

---

[51] Vgl. Saaty (1980), preface.
[52] Vgl. Harker/Vargas (1987), S. 1387 f.
[53] Vgl. Harker/Vargas (1987), S. 1388.
[54] Vgl. Dyer (1990), S. 249.
[55] Vgl. im folgenden Saaty (1990a), S. 10 ff.

Objekten, einer Menge von Zahlen und einer Abbildung der ersteren Menge auf die letztere. Dabei lassen sich verschiedene Arten von Skalen unterscheiden[56]: *Intervall-*, *Verhältnis-* oder *Absolutskalen* werden zum Messen einer bestimmten Eigenschaft entwickelt. Ihnen liegt eine *Einheit* zugrunde, aus der sich die gesamte Skala konstruieren läßt, etwa ein Meter, ein Dollar usw. Dabei ist es möglich, daß mehrere verschiedene Skalen zum Messen derselben Eigenschaft (z.B. Fahrenheit/Celsius oder Meter/inch) existieren.

Viele immaterielle Güter (z.B. Liebe, Macht, Ehrlichkeit usw.[57]) gehen mit subjektiven Empfindungen einher und lassen sich nur durch Ordinalskalen repräsentieren. Vorteilhaft bei Ordinalskalen ist, daß sie sich die Ergebnisse von Messungen anhand von Verhältnisskalen zunutze machen können. Vergleicht man etwa zwei Steine anhand ihres Gewichts, kann man das Verhältnis der beiden Steine bezüglich des Kriteriums Gewicht aus dem Quotienten der anhand einer Verhältnisskala gemessenen Einzelgewichte errechnen.

Aus diesen Gründen erscheint die Verwendung einer Ordinalskala für den AHP als sinnvoll: Auf der einen Seite liegen Kriterien vor, anhand derer die Ausprägungen einzelner Alternativen exakt mittels Verhältnisskalen gemessen werden können. So ist der Preis jedes Modells beim Gebrauchtwagenkauf genau bestimmbar. Als Verhältnis ergibt sich der Quotient aus den einzelnen Preisen. Werden auf der anderen Seite zwei Modelle bezüglich des Kriteriums Aussehen verglichen, muß – anstelle einer Verhältnisskala – auf eine Ordinalskala zurückgegriffen werden.

Dyer sieht in der Verwendung von Verhältnissen einen möglichen Fehlerfaktor[58] und führt hierzu an, daß die Frage „Um wieviel besser ist Alternative x_1 als x_2?" bezüglich eines bestimmten Kriteriums stets die Gegenfrage „relativ wozu?" auslöst. Dies würde die Notwendigkeit nach sich ziehen, einen *Referenzpunkt* 0,0 zu definieren. Saaty sieht dieses Problem nicht. Er verweist darauf[59], daß in der Praxis derartige Fragen beantwortet werden können und daß dabei stets an im Menschen ablaufenden innerlichen Vorgängen angeknüpft werden kann.

In der Literatur wird die Verwendung einer Ordinalskala i.a. akzeptiert[60]. Kritisiert wird aber die von Saaty gewählte 1–9-Skalierung. So stehen die gewählten Zahlen nur für Präferenzaussagen wie „gleich wichtig", „etwas wichtiger" usw. bis „extrem wichtiger". Für den Entscheidungträger ist es schwierig, eine genaue Zuordnung zu finden. Wo liegt etwa die Grenze zwischen „spürbar wichtiger" und „viel wichtiger"? Soll die Konsistenzbedingung $a_{hs} \cdot a_{si} = a_{hi}$ erfüllt sein, heißt das zum Beispiel: ist Alternative x_h etwas wichtiger als x_s (3) und x_s wiederum etwas wichtiger als x_i (3), muß x_h

---

[56] Vgl. dazu Abschnitt 3.2.2.
[57] Vgl. Saaty (1990a), S. 11.
[58] Vgl. Dyer (1990), S. 250.
[59] Vgl. Saaty (1990b), S. 262.
[60] Vgl. dazu Harker/Vargas (1987), S. 1389.

extrem wichtiger als x_i sein (9). Dies widerspricht dem normalen Sprachgebrauch.

Unter Umständen ist die Bedingung der Konsistenz nicht erfüllt. So sei etwa $a_{hs} = 2$ bzw. $a_{sh} = 1/2$ und $a_{hi} = 3$. Um die Konsistenzbedingung zu erfüllen, müßte in diesem Fall $a_{si} = 1,5$ gelten. Dies ist jedoch im Rahmen der vorgegebenen Skala nicht möglich. Holder[61] schlägt daher eine nicht-lineare Skala der Form

$$\alpha^0 = 1, \alpha, \alpha^2, \alpha^3, \cdots, \alpha^m$$

vor. Unter der Voraussetzung $\alpha > 1$ drückt $\alpha^0 = \alpha$ das kleinste und α^m das größte zu findende geschätzte Gewichtungsverhältnis aus, das größer als 1 ist. Wie in Saatys Skala könnten dieser multiplikativen Skala semantische Äquivalenzen zugeordnet werden, etwa $a^2 \approx$ „etwas wichtiger", $\alpha^4 \approx$ „spürbar wichtiger" usw. bis zu $\alpha^8 \approx$ „extrem wichtiger". Dies würde etwa implizieren: $a_{sh} = \alpha^2$, $a_{hi} = \alpha^4$ und $a_{si} = \alpha^6$. Wenn Alternative s etwas wichtiger ist als Alternative h, und Alternative h etwas wichtiger als Alternative i, dann bedeutet das nach der Skalierung von Holder, daß Alternative s viel wichtiger als Alternative i ist. Nach der von Saaty vorgeschlagenen Skalierung wären $a_{sh} = 2$, $a_{hi} = 4$ und damit $a_{si} = 8$. Ein Urteil, daß Alternative s extrem wichtiger als Alternative i ist, dürfte aber kaum der Realität entsprechen.

Ein weiteres Problem besteht darin, daß die lineare 1–9-Skala nicht geschlossen gegenüber multiplikativen Operationen ist. Dies bedeutet etwa für $a_{hs} = 3$ und $a_{si} = 4$, daß die Matrix ebenfalls nicht konsistent ausfallen kann, da $a_{hi} = 12$ unzulässig ist.

Aus formaler Sicht würde eine unbegrenzte Skala keine Probleme bereiten. Man betrachte folgende Matrix, bei der zwei Alternativen verglichen werden[62]:

$$\begin{pmatrix} 1 & a \\ 1/a & 1 \end{pmatrix}.$$

Da eine 2 × 2-Matrix stets konsistent ist, ergibt sich aus Satz 6 (II) in Abschnitt 4.2.1 der Gewichtevektor

$$\left(\frac{a}{1+a}, \frac{1}{1+a} \right).$$

Für $a \to \infty$ würde sich der Gewichtevektor dem Vektor (1, 0) annähern. Für $a \to \infty$ würde gelten, daß sich Alternative 1 der Einschätzung annähert, unendlich mal der Alternative 2 vorgezogen zu werden.

Saaty begründet die Verwendung einer begrenzten Skala damit, daß die Entscheidungsfähigkeit des Menschen in einer bestimmten Größenordnung begrenzt ist. Dies führt bei größeren Unterschieden zwischen den Objekten zu

---

[61] Vgl. zum folgenden Holder (1990), S. 1074.
[62] Vgl. Harker/Vargas (1987), S. 1389.

fehlerhaften Beurteilungen[63]. Aus diesem Grund wurde Axiom 2 in Abschnitt 4.2.1 aufgestellt.

Als weitere Argumente für die Verwendung einer 1–9-Skala führt Saaty an[64]:

– Die qualitativen Unterscheidungen sind in der Praxis sinnvoll und auch präzise, wenn die zu vergleichenden Objekte in Bezug auf die Eigenschaften, anhand derer sie verglichen werden sollen, einander ähnlich oder von derselben Größenordnung sind.

– Der Zweck, qualitative Unterscheidungen zu treffen, wird durch fünf Attribute gut erfüllt: „gleich wichtig", „etwas wichtiger", „spürbar wichtiger", „viel wichtiger" und „extrem wichtiger". Wird größere Präzision verlangt, sind noch Zwischenwerte vorhanden.

– Eine in der Praxis oft verwendete Methode, Objekte einzuordnen, ist eine Klassifizierung in die Kategorien *Ablehnung, Gleichgültigkeit* und *Akzeptanz*. Für eine feinere Einordnung wird jeder dieser Bereiche in *niedrig, mittel* und *hoch* unterteilt.

– Die Aussage aus der Psychologie, daß ein Individuum nur in der Lage ist, gleichzeitig 7 +/– 2 verschiedene Faktoren zu verarbeiten[65], führt zu der Schlußfolgerung, daß eine Skala mit 9 Stufen genügt.

Seine Entscheidung für die von ihm zugrunde gelegte Skala untermauert Saaty mit empirischen Untersuchungen, bei denen anhand von Beispielen bis zu 27 verschiedene Skalen verglichen werden[66].

Obwohl sich Saatys Skala auch in der Praxis bewährt hat, muß sie nicht als die einzig mögliche angesehen werden. Zu Recht betonen Harker/Vargas, daß jede Ordinalskala, die ggf. auf das jeweilige Problem zugeschnitten ist, akzeptable Lösungen zu bieten vermag[67].

4.3 Das Problem der Rangreversion

Einer der wichtigsten Gegenstände in den Diskussionen um den AHP ist die Möglichkeit des Auftretens von Rangreversionen (rank reversal)[68]. Dies

---

[63] Vgl. Saaty (1980), S. 57; Harker/Vargas (1987), S. 1389.
[64] Vgl. Saaty (1980), S. 55 ff.
[65] Vgl. dazu Miller (1956), S. 81 ff.
[66] Vgl. Saaty (1980), S. 50 ff.
[67] Vgl. Harker/Vargas (1987), S. 1389, 1391.
[68] Vgl. dazu Belton/Gear (1983), S. 228 ff und (1985), S. 143 f; Saaty/Vargas (1984b), S. 205 ff und (1984c), S. 513 ff; Holder (1990), S. 1074 f; Schenkerman (1994), S. 407 ff; Vargas (1994), S. 407 ff.

bedeutet, daß bei Hinzunahme einer weiteren Alternative zu bereits vorhandenen und bewerteten Alternativen sich die Rangordnung der ursprünglichen Alternativen nach der Durchführung des AHP verändert. Das Phänomen des rank reversal sei anhand eines Beispiels verdeutlicht: Ausgegangen sei von den Matrizen $M2$ und $M3$ gem. Abschnitt 4.1.2. Dabei werde die Alternative x_2 nicht berücksichtigt, $M1$ bleibt unverändert. Es ergeben sich folgende Paarvergleichsmatrizen:

$$M2' := \begin{array}{c|cc} (P) & x_1 & x_3 \\ \hline x_1 & 1 & 4 \\ x_3 & 1/4 & 1 \end{array} \qquad M3' := \begin{array}{c|cc} (A) & x_1 & x_3 \\ \hline x_1 & 1 & 1/4 \\ x_3 & 4 & 1 \end{array}$$

$M2'$ und $M3'$ sind als 2×2-Matrizen konsistent. Die Gewichtevektoren lauten:

$$M2' : v_{ges} = \left(\frac{4}{5}, \frac{1}{5}\right)^T,$$

$$M3' : v_{ges} = \left(\frac{1}{5}, \frac{4}{5}\right)^T.$$

Dies bedeutet:

$$\left. \begin{array}{ll} f(x_1) &= \dfrac{4}{5} \cdot \dfrac{2}{3} + \dfrac{1}{5} \cdot \dfrac{1}{3} = \dfrac{9}{15} \\[2ex] f(x_3) &= \dfrac{1}{5} \cdot \dfrac{2}{3} + \dfrac{4}{5} \cdot \dfrac{1}{3} = \dfrac{6}{15} \end{array} \right\} \quad \Rightarrow \quad x_1 \succ x_3.$$

Nimmt man die Alternative x_2[69] hinzu, ergibt sich die Präferenzordnung $x_2 \succ x_3 \succ x_1$. Durch Hinzufügen von Alternative x_2 vertauschen sich also die Ränge von x_3 und x_1. Dies erscheint plausibel; ist doch x_1 bezüglich des Kriteriums Preis eindeutig besser eingeschätzt worden als x_3 (mit dem Vergleichswert von 4), x_3 ist hingegen genausoviel besser als x_1 bezüglich des Kriteriums Aussehen. Nun wird x_2 hinzugefügt. x_2 ist in Bezug auf den Preis als sehr gut beurteilt worden, greift also gerade in die „Domäne" von x_1 ein. Betrachtet man die sich ergebenden Gewichtevektoren, verliert x_1 bezüglich des Preises $4/5 - 0,25 = 0,55$ an x_2. x_3 verliert hingegen nur $1/5 - 0,069 = 0,131$ an x_2. In Bezug auf das Aussehen des Autos ist x_2 nicht so gut beurteilt worden. Deshalb büßt x_3 auf seinem „starken Gebiet" nur $4/5 - 8/11 = 4/55$ ein (x_1 gar nur $1/5 - 2/11 = 1/55$). Der Verlust von x_1 an x_2 bezüglich des wichtigeren Kriteriums Preis läßt demnach x_1 hinter x_3 zurückfallen.

---

[69] Vgl. dazu Abschnitt 4.1.2.

Für den Fall konsistenter Paarvergleichsmatrizen geben Saaty und Vargas[70] mit dem folgenden Satz eine Formel an, mit deren Hilfe das Auftreten eines rank reversal vorausgesagt werden kann.

Satz 8:

Gegeben seien $n-1$ Alternativen $x_1, \cdots, x_{n-1}$, die nach den Kriterien K_1, $K_2, \cdots, K_m$ beurteilt wurden. $v_1, \cdots, v_n$ seien die Gewichte für die einzelnen Kriterien. Die Rangordnung der Alternativen nach der Gesamtbewertung sei $x_1 \geq x_2 \geq \cdots \geq x_{n-1}$. Dann gilt: Sind die Paarvergleiche von n Alternativen bezüglich jedes Kriteriums konsistent, wird die Rangordnung der $(n-1)$ alten Alternativen genau dann beibehalten, wenn für die Paarvergleiche $a_{sn}^{(\gamma)}$ ($\gamma = 1, 2, \cdots, m$) der neuen Alternative mit den alten Alternativen die Ungleichung

$$\sum_{\gamma=1}^{m} \frac{\left(\dfrac{1}{a_{s\zeta}^{(\gamma)}} - \dfrac{1}{a_{s\zeta+1}^{(\gamma)}}\right) a_{sn}^{(\gamma)}}{\displaystyle\sum_{h=1}^{n} \dfrac{a_{sn}^{(\gamma)}}{a_{sh}^{(\gamma)}}} \geq 0 \quad (\zeta = 1, 2, \cdots, n-2)$$

gilt.

Beweis:

Seien $A_1, A_2, \cdots, A_m$ konsistente Paarvergleichsmatrizen der Alternativen $x_1, x_2, \cdots, x_{n-1}$ für die Kriterien $K_1, \cdots, K_m$.

$$A^\gamma = (a_{st}^{(\gamma)}), \quad \gamma = 1, 2, \cdots, m; \ s, r = 1, 2, \cdots, n-1.$$

Nun wird die Alternative x_n hinzugefügt. Die zusammengesetzten Gewichte der Alternative sind gegeben durch

$$w_\zeta := \sum_{\gamma=1}^{m} w_\zeta^{(\gamma)} v_\gamma \quad (\zeta = 1, 2, \cdots, m).$$

Gilt für die Alternativen 1 bis $n-1$ ohne Berücksichtigung der Alternative x_n die Rangordnung $x_1 \geq x_2 \cdots \geq x_{n-1}$, dann muß $w_1 \geq w_2 \geq \cdots \geq w_{m-1}$ bzw. $w_\zeta \geq w_{\zeta+1} \ \forall \zeta = 1, \cdots, m-2$ gelten. Dies ist genau dann der Fall, wenn

$$\sum_{\gamma=1}^{m} \frac{\dfrac{a_{sn}^{(\gamma)}}{a_{s\zeta}^{(\gamma))}}}{\displaystyle\sum_{h=1}^{n} \dfrac{a_{sn}^{(\gamma)}}{a_{sh}^{(\gamma)}}} v_\gamma \geq \sum_{\gamma=1}^{m} \frac{\dfrac{a_{sn}^{(\gamma)}}{a_{s\zeta+1}^{(\gamma)}}}{\displaystyle\sum_{h=1}^{n} \dfrac{a_{sn}^{(\gamma)}}{a_{sh}}} v_\gamma \quad \forall \zeta = 1, \cdots, m-2$$

---

[70] Vgl. Saaty/Vargas (1984c), S. 514.

und somit gilt

$$\sum_{\gamma=1}^{m} \frac{\left(\dfrac{1}{a_{s\zeta}^{(\gamma)}} - \dfrac{1}{a_{s\zeta+1}^{(\gamma)}}\right) a_{sn}^{(\gamma)}}{\displaystyle\sum_{h=1}^{n} \dfrac{a_{sn}^{(\gamma)}}{a_{sh}^{(\gamma)}}} \geq 0 \quad (\zeta = 1, 2, \cdots, m-2).$$

Seien $a_{n\zeta}^{(\gamma)}$ mit $\zeta = 1, \cdots, n-1$ die Vergleiche der n-ten mit der ζ-ten Alternative bezüglich des Kriteriums K_γ. Die $a_{in}^{(\gamma)}$ $(i = 1, \cdots, n-1)$ sind dann durch $a_{in}^{(\gamma)} = 1/a_{ni}^{(\gamma)}$ gegeben, und es gilt: $a_{nn}^{(\gamma)} = 1$. Damit sind die $B_\gamma := (a_{i\zeta}^{(\gamma)})$ mit $\gamma = 1, 2, \cdots, m$; $i, \zeta = 1, 2, \cdots, n$ die erweiterten Paarvergleichsmatrizen. Nach Voraussetzung sollen die B_γ konsistent sein[71]:

Sei $w^{(\gamma)}$ normierter Eigenvektor zum größten Eigenwert von B_γ. Dann gilt:

$$B_\gamma, \ \gamma = 1, 2, \cdots, m \quad \text{konsistent}$$
$$\Leftrightarrow B_\gamma w^{(\gamma)} = n \cdot w^{(\gamma)}$$
$$\Leftrightarrow w_\zeta^{(\gamma)} = \frac{a_{in}^{(\gamma)}}{\displaystyle\sum_{h=1}^{n} a_{hn}^{(\gamma)}} = \frac{\dfrac{a_{sn}^{(\gamma)}}{a_{si}^{(\gamma)}}}{\displaystyle\sum_{h=1}^{n} \dfrac{a_{sn}^{(\gamma)}}{a_{sh}^{(\gamma)}}} \quad (i = 1, 2, \cdots, n).$$

Darüber hinaus treffen Saaty und Vargas einige grundlegende Aussagen über das Auftreten von Rangreversionen[72]:

– Wenn eine neue Alternative bezüglich jedes Kriteriums schlechter ist als die am niedrigsten bewertete Alternative, tritt wahrscheinlich kein rank reversal auf.

– Wenn eine neue Alternative bezüglich jeden Kriteriums zwischen zwei bestimmte Alternativen fällt, so wird sich ein endgültiger Rang zwischen diesen beiden ergeben; an anderer Stelle könnten jedoch Rangreversionen auftreten.

– Wenn die neue Alternative die am höchsten bewertete bezüglich jeden Kriteriums dominiert, ergibt sich auch kein rank reversal.

---

[71] Wenn die Matrizen A^γ konsistent sind, muß, damit die B_γ ebenfalls konsistent sind, für jedes Kriterium nur einer der Werte $a_{in}^{(\gamma)}$ $(i = 1, \ldots, n)$ festgelegt werden. Die restlichen $a_{\zeta n}^{(\gamma)}$, $\zeta = 1, \cdots, n-1; j \neq i$, lassen sich dann aus einem beliebigen $a_{i\zeta}$, $i, \zeta = 1, 2, \cdots, n-1$ und diesem Wert bestimmen. Vgl. Saaty/Vargas (1984c), S. 514.

[72] Vgl. Saaty/Vargas (1984c), S. 515.

Ein weiterer Fall, der zum rank reversal führen kann, liegt vor, wenn das *hierarchische Kompositionsprinzip (principle of hierarchic composition)*[73] verletzt wird. Dieses besagt, daß die Elemente einer Hierarchieebene nicht durch die Elemente einer höheren Ebene beeinflußt werden dürfen[74]. Wird diese Vorschrift nicht befolgt, darf nicht das AHP-Basisverfahren verwendet werden, sondern es muß auf das *Supermatrixverfahren* zurückgegriffen werden[75]. Dieses wurde von Saaty zur Verwendung in komplexeren Systemen mit Feedback konzipiert[76].

Im Supermatrixansatz werden Matrizen erstellt, die einerseits die (AHP-typischen) kriterienbezogenen Alternativenevaluationen und darüber hinaus die alternativenbezogenen Kriterienevaluationen berücksichtigen. Sie haben folgende Form[77]:

$$
W := \quad
\begin{array}{c|c|c}
 & K_1\ K_2\ \ldots\ K_m & x_1\ x_2\ \ldots\ x_n \\
\hline
\begin{array}{c} K_1 \\ K_2 \\ \vdots \\ K_m \end{array} & 0 & \begin{array}{c} \text{Kriterien-} \\ \text{gewichtung} \\ \text{relativ zu} \\ \text{Alternativen} \end{array} \\
\hline
\begin{array}{c} x_1 \\ x_2 \\ \vdots \\ x_n \end{array} & \begin{array}{c} \text{Alternativen-} \\ \text{gewichtung} \\ \text{relativ zu} \\ \text{Kriterien} \end{array} & 0
\end{array}
$$

wobei $K_1, \ldots, K_m$ Kriterien und $x_1, \ldots, x_n$ Alternativen sind.

Zunächst sind also nach dem herkömmlichen AHP-Ansatz die Alternativen bezüglich der Kriterien miteinander zu vergleichen, die entsprechenden Gewichtevektoren zu bestimmen und diese dann in die Supermatrix W einzutragen. Dies ergibt den Eintrag im linken unteren Block von W. Entsprechend ist eine Kriteriengewichtung in Bezug auf die einzelnen Alternativen durchzuführen. Die sich ergebenden Gewichte werden in die rechte obere Blockmatrix eingetragen.

Die Errechnung des Präferenzvektors sei anhand eines Beispiels verdeutlicht: Ausgegangen sei von einem Problem mit zwei Alternative x_1 und x_2 und drei Kriterien K_1, K_2 und K_3. Dabei sollen nicht nur die Alternativen die Kriterien beeinflussen, sondern auch die Kriterien die Alternativen. Es

---

[73] Vgl. Saaty (1980), S. 209 ff.
[74] Vgl. dazu Axiom 3 in Abschnitt 4.2.1.
[75] Vgl. Harker/Vargas (1987), S. 1397.
[76] Vgl. Saaty (1980), S. 206 ff.
[77] Vgl. Harker/Vargas (1987), S. 1397.

liegt also ein System mit Feedback-Ausrichtung vor. Gegeben seien folgende Gewichte für jede Alternative hinsichtlich der Kriterien[78]:

	K_1	K_2	K_3
x_1	0,5	0,4	0,8
x_2	0,5	0,6	0,2

Weiterhin sei folgende Gewichtung der Kriterien in Bezug auf die Alternativen unterstellt:

	x_1	x_2
K_1	0,3	0,3
K_2	0,3	0,5
K_3	0,4	0,2

Es ergibt sich folgende Supermatrix:

		K_1	K_2	K_3	x_1	x_2
	K_1	0	0	0	0,3	0,3
	K_2	0	0	0	0,3	0,5
$W :=$	K_3	0	0	0	0,4	0,2
	x_1	0,5	0,4	0,8	0	0
	x_2	0,5	0,6	0,2	0	0

Vom graphentheoretischen Standpunkt aus ist W eine Intensitätsmatrix, die Wege mit der Länge 1 repräsentiert[79]. W läßt sich daher auch als gerichteter Graph gem. Abbildung 4.3 darstellen.

Um auch alle weitergehenden Interdependenzen zu erfassen, ist die Matrix so oft zu potenzieren, bis die Matrixwerte stabil sind, d.h. sie sich nicht mehr oder nur noch geringfügig ändern. Das Resultat lautet[80]:

$$\lim_{\gamma \to \infty} W^{2\gamma+1} = \begin{pmatrix} 0 & 0 & 0 & 0,300 & 0,300 \\ 0 & 0 & 0 & 0,389 & 0,389 \\ 0 & 0 & 0 & 0,311 & 0,311 \\ 0,554 & 0,554 & 0,554 & 0 & 0 \\ 0,446 & 0,446 & 0,446 & 0 & 0 \end{pmatrix}$$

Der gesuchte Präferenzvektor kann in jeder Spalte der linken unteren Blockmatrix abgelesen werden. Es ergibt sich demnach als Präferenzvektor: $(0,554;\ 0,446)^T$. x_1 ist somit x_2 vorzuziehen.

---

[78] Vgl. Harker/Vargas (1987), S. 1395.
[79] Vgl. dazu Abschnitt 4.2.1.
[80] Vgl. Harker/Vargas (1987), S. 1396.

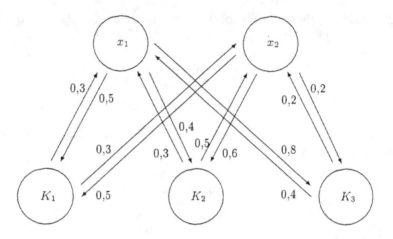

Abbildung 4.3: Die Intensitätsmatrix als gerichteter Graph

Zu beachten ist, daß der Präferenzvektor links unten nur dann resultiert, wenn ungerade Potenzen von W betrachtet werden – daher $\lim\limits_{\gamma\to\infty} W^{2\gamma+1}$. Bei geraden Potenzen ergibt sich eine Verschiebung der Matrizenblöcke.

Das AHP-Basisverfahren, das auf dem *principle of hierarchic composition* beruht, ist als Spezialfall allgemeinerer Systeme anzusehen[81]. Bei Systemen ohne Feedback-Ausrichtung liefern daher beide Verfahren identische Ergebnisse. Hierzu sei das in Abschnitt 4.1.2 angeführte Beispiel betrachtet. Da die Alternativen nicht von den Kriterien abhängen, sind deren Gewichtevektoren bezüglich jeder Alternative gleich. Es ergibt sich somit eine Supermatrix der Form

$$
W = \begin{array}{c|ccccc}
 & (P) & (A) & x_1 & x_2 & x_3 \\ \hline
(P) & 0 & 0 & 2/3 & 2/3 & 2/3 \\
(A) & 0 & 0 & 1/3 & 1/3 & 1/3 \\
x_1 & 0{,}250 & 0{,}182 & 0 & 0 & 0 \\
x_2 & 0{,}681 & 0{,}091 & 0 & 0 & 0 \\
x_3 & 0{,}069 & 0{,}727 & 0 & 0 & 0
\end{array}
$$

mit den Potenzen

$$
W^2 = \begin{pmatrix}
0{,}667 & 0{,}667 & 0 & 0 & 0 \\
0{,}333 & 0{,}333 & 0 & 0 & 0 \\
0 & 0 & 0{,}228 & 0{,}228 & 0{,}228 \\
0 & 0 & 0{,}484 & 0{,}484 & 0{,}484 \\
0 & 0 & 0{,}288 & 0{,}288 & 0{,}288
\end{pmatrix}
$$

---

[81] Vgl. Harker/Vargas (1987), S. 1400.

$$W^3 = \begin{pmatrix} 0 & 0 & 0,667 & 0,667 & 0,667 \\ 0 & 0 & 0,333 & 0,333 & 0,333 \\ \mathbf{0,228} & 0,228 & 0 & 0 & 0 \\ \mathbf{0,484} & 0,484 & 0 & 0 & 0 \\ \mathbf{0,288} & 0,288 & 0 & 0 & 0 \end{pmatrix}$$

Der Ergebnisvektor $(0,228; \; 0,484; \; 0,288)^T$ ist identisch mit dem in Abschnitt 4.1.3 errechneten Präferenzvektor.

Im Schrifttum ist das Supermatrixverfahren nicht unumstritten. So kritisiert Dyer[82] die Art der Fragen, die der Entscheidungsträger zu beantworten hat. Beim Autokauf stellen sich etwa die Fragen „Ist der Preis oder das Aussehen eines bestimmten Modells wichtiger? Um wieviel differieren diese Wichtigkeiten?". Solche Fragen sind, wenn überhaupt, nur schwer zu beantworten. Dabei tritt auch das Problem auf, daß der Preis anhand einer Verhältnisskala gemessen wird, das Kriterium Aussehen jedoch nur mittels einer Ordinalskala bewertet werden kann. Diese beiden Kriterien sind daher nur schwer zu vergleichen.

Ein weiterer Kritikpunkt liegt in der Vielzahl der benötigten Paarvergleiche. Bei n Alternativen und m Kriterien muß der Entscheidungsträger insgesamt $m(n^2 - n)/2 + n(m^2 - m)/2$ Bewertungen durchführen, da für jede reziproke $\chi \times \chi$-Paarvergleichsmatrix $(\chi^2 - \chi)/2$ Paarvergleiche notwendig sind. So müssen etwa bei 5 Kriterien und 7 Alternativen bereits 175 Paarvergleiche durchgeführt werden. Dies stellt insbesondere bei Gruppenentscheidungen[83] einen erheblichen Aufwand dar.

Des weiteren fordern die Befürworter des Supermatrixverfahrens dessen Anwendung, wenn das principle of hierarchic composition verletzt wird. Sie geben aber kein Kriterium an, *wann* dies der Fall ist. Dyer[84] behauptet sogar, daß dieses Prinzip *immer* verletzt ist, wenn multikriterielle Entscheidungen getroffen werden und schlägt daraufhin eine alternative Vorgehensweise vor. Diese beruht auf einer modifizierten Normierung der Einzelwerte und soll dem Auftreten von rank reversals entgegenwirken. Bei dieser Art der Reskalierung werden zusätzlich zwei extreme Dummy-Alternativen eingeführt. Die eine hat bezüglich jedes Kriteriums die beste, die andere die jeweils schlechteste Ausprägung. Danach ist mit der AHP-typischen Vorgehensweise fortzufahren. Zur Behandlung des rank reversal-Problems sind neben dem Supermatrixverfahren, das einen erheblichen Aufwand erfordert, andere Ansätze (wie z.B. referenced AHP, normalization to minimum entry, linking pins) vorgeschlagen und diskutiert worden[85].

---

[82] Vgl. zum folgenden Dyer (1990), S. 255 f.

[83] Vgl. dazu Abschnitt 4.5.

[84] Vgl. Dyer (1990), S. 256.

[85] Vgl. dazu Schoner/Wedley (1989), S. 462 ff; Schoner (1991), S. 128-130; Schoner/Wedley/Choo (1993), S. 384 ff.

Ein weiterer Ansatz stammt von Belton und Gear, für die das Auftreten von rank reversal in der Art der durchgeführten Normierung begründet liegt. Statt einer Normierung, bei der sich die einzelnen Einträge zu 1 aufsummieren, fordern sie eine Ausrichtung am maximalen Eintrag. Diesem soll die 1 zugeordnet werden, und die restlichen Einträge sollen entsprechend ihres Verhältnisses zum Maximalwert bestimmt werden. Dieser Ansatz zur Lösung des rank reversal-Problems hat eine Kontroverse im Schrifttum ausgelöst[86]. Harker und Vargas bezeichnen rank reversal als „fact of life"[87] und untermauern diese Aussage mit einem von Luce und Raiffa[88] stammenden Beispiel. Danach sitzt ein Mann in einem neuen Restaurant und entscheidet sich für Lachs anstatt eines Steaks. Als er erfährt, daß auch Schnecken und Froschschenkel angeboten werden, hat er das Gefühl, in einem Lokal mit guter Küche zu sein. Aus diesem Grund bestellt er letztendlich doch das Steak, da er nun auch bei diesem Gericht eine gute Qualität vermutet. Strenggenommen ist dieses Beispiel nicht mit den Prämissen kompatibel, aus denen rank reversal hergeleitet wird. Läßt doch hierbei der beim Entscheidungsträger stattfindende Informationszuwachs die von ihm getroffenen Einschätzungen obsolet werden – mit der Folge, daß eine Neubewertung erforderlich wird. Zwar ist die objektive Beschaffenheit der Alternativen konstant geblieben, doch hat sich ihre subjektive Einschätzung durch den Entscheidungsträger im Lichte neuerer Informationen geändert[89]. Das Phänomen des rank reversal wird hingegen aus der Prämisse einer Konstanz der Paarvergleichsurteile hergeleitet.

Die Diskussion um das Auftreten von rank reversal bezieht sich auch auf den Fall der Hinzunahme einer exakten Kopie einer Alternative[90]. Saaty[91] führt hierzu folgendes Beispiel an: Eine Frau beabsichtigt den Kauf eines Huts. In einem Geschäft gefällt ihr Hut A besser als Hut B. Als sie jedoch in einem anderen Laden den gleiche Hut A entdeckt, entscheidet sie sich doch für Hut B. In diesem Beispiel könnte man rank reversal als ein Phänomen faktischen menschlichen Entscheidungsverhaltens entdecken. Unterstellt man nun, daß auch der AHP ein solches Entscheidungsergebnis mit rank reversal hätte erzeugen können, würde man damit übersehen, daß der AHP in diesem Beispiel wegen Verstoßes gegen Axiom 4 gar nicht anwendbar wäre. (Im Hutbeispiel hätte die Entscheidungsträgerin noch vor dem ersten Paarvergleichsurteil die identische Alternative (Hut A im zweiten Geschäft) kennen

---

[86] Vgl. Saaty/Vargas (1984c); Belton/Gear (1985).

[87] Harker/Vargas (1987), S. 1400.

[88] Vgl. Luce/Raiffa (1957).

[89] Vargas (1994), S. 425, unterscheidet in diesem Zusammenhang zwischen „absolute" und „relative measurement", indem er einmal auf die objektive Beschaffenheit von Alternativen und zum anderen auf deren Beurteilung in Abhängigkeit von situativen Rahmenbedingungen abstellt.

[90] Vgl. z.B. Belton/Gear (1984), S. 513 ff; Saaty (1990b), S. 266; Dyer (1990), S. 252 f; Schenkerman (1994), S. 407 ff; Vargas (1994), S. 424 f.

[91] Vgl. Saaty (1990b), S. 266.

und Gelegenheit haben müssen, ein Kriterium wie Einzigartigkeit[92] in die Zielhierarchie aufzunehmen.)

Für Dyer[93] stellt das Auftreten einer Rangreversion bei Hinzunahme einer identischen Alternative eine Verletzung des Rationalitätsprinzips dar. Diese Argumentation ist zu akzeptieren. Andererseits ist aber auch die Frage zu stellen, wie weitgehend die Rationalitätsansprüche sind, denen der AHP aus der Sicht seiner Konstrukteure genügen soll. Wenn inkonsistente Paarvergleichsurteile vom Verfahren zugelassen werden, kann das Verfahren nur einen begrenzten und keinen totalen Rationalitätsanspruch verfolgen. Insofern handelt es sich beim AHP auch um einen Ansatz mit deskriptiven Eigenschaften[94].

Insgesamt wird man das Phänomen des rank reversal nur in solchen Entscheidungsproblemsituationen feststellen können, in denen eine Einhaltung des Axioms 4 von Saaty nicht sichergestellt ist. Auch im Fall der Hinzunahme einer identischen Alternative wird dieses Axiom verletzt. Müßte doch die identische Alternative schon bei der Konstruktion der Hierarchie berücksichtigt werden. Die Notwendigkeit, daß Axiom 4 eingehalten werden muß, schränkt den möglichen Einsatzbereich des AHP ein. Verstoßen doch z.B. Situationen mit variabler Informationsstruktur gegen die Forderung der Vollständigkeit. Wer sich hierüber in Anbetracht der Vorzüge des AHP hinwegsetzt, muß mit dem Auftreten von rank reversal rechnen[95]. Ist dagegen die Einhaltung von Axiom 4 sichergestellt, ist der AHP eine interessante Verfahrensalternative für die Praxis: Durch seine Fähigkeit, komplexe Entscheidungsprobleme zu dekomponieren und damit auf ein von Individuen mit begrenzter Denkkapazität durchschnittlich handhabbares Maß zu reduzieren hat der AHP erhebliche Vorteile für den Anwender. Dies gilt auch in Bezug auf die nur ordinalen Urteilsanforderungen, die auf die Spezifika strategischer Entscheidungsproblemstellungen der Praxis Rücksicht nehmen. Hinzu kommt die breite Verfügbarkeit von Softwareunterstützungen[96], die den AHP für strategische Controller zu einer interessanten Alternative zu nicht formalisierten Vorgehensweisen werden läßt. Daher wird der AHP auch weiterhin als ein für die Praxis des strategischen Controllings nützliches Verfahren angesehen.

---

[92] Vgl. auch Dyer (1990), S. 252 f.
[93] Vgl. Dyer (1990); siehe dazu auch v. Nitzsch (1992), S. 13.
[94] Vgl. dazu auch Vargas (1994), S. 424.
[95] Vgl. zum Versuch, den Algorithmus des AHP in einer gegen die Verletzung des Axioms 4 resistenten Weise weiterzuentwickeln, Schenkerman (1994), S. 410 f.
[96] Vgl. dazu Abschnitt 4.4.

4.4 Implementation des AHP in Systeme der Informationsverarbeitung

4.4.1 Vorbemerkungen

Die Effizienz einer Unterstützung von Entscheidungsprozessen durch den AHP kann durch Implementation dieses Verfahrens in moderne Systeme der Informationsverarbeitung[97] gesteigert werden. Hierzu bietet sich der Einsatz von Software an, die die notwendigen Eigenwertberechnungen ermöglicht. Ferner kann die Ablauforganisation des AHP zwischen Controlling und Management durch Online-Dialogsysteme unterstützt werden.

Am Markt werden eine Fülle von Individuallösungen und unterschiedlichen Softwarepaketen zur Umsetzung des AHP angeboten. Individuallösungen basieren zumeist auf *Basic-*, *Fortran-*, *APL-*, *Excel-* oder *Mathematica-*Programmierungen. Softwarepakete – z.B. *AutoMan*, *HIPRE*, *DSS for ORA*, *EcPro* oder *Criterium* – sind vielfach für spezielle Entscheidungsprobleme entwickelt worden und unterscheiden sich in ihrer Leistungsfähigkeit erheblich. Wenngleich eine umfassende Evaluation der derzeit verfügbaren Software zur Umsetzung des AHP nicht zur Verfügung steht[98], lassen sich aus bestehenden Anforderungskriterien (bzw. Entwürfen hierzu) Kriterien für eine Beurteilung solcher Software ableiten.

Die Deutsche Industrie Norm (DIN) 66285 (int.: ISO/IEC 12119) befaßt sich speziell mit der Prüfung und Qualität von Anwendungssoftware. Ferner lassen sich zur Beurteilung der Güte einer Software zum einen software-technische Qualitätsforderungen (DIN 66272 bzw. int.: ISO/IEC 9126), zum anderen software-ergonomische Anforderungen (DIN 66285, DIN 66234, Teil 8 bzw. int.: ISO 9241, Teile 10–12) unterscheiden. Wesentliche *softwaretechnische* Gütekriterien sind *Funktionalität*, *Zuverlässigkeit*, *Änderbarkeit*, *Übertragbarkeit* und *Benutzbarkeit*. Aus *software-ergonomischer* Sicht ist das Kriterium der *Benutzbarkeit* von wesentlicher Bedeutung. Die Kriterien der genannten Normen sind weder überschneidungsfrei definiert noch voneinander unabhängig. Ebenso variiert deren Bedeutung im Hinblick auf den jeweiligen Untersuchungsgegenstand[99]. Andererseits können diese Normen als nationale sowie internationale Standards einen großen Geltungsbereich beanspruchen und haben daher kommunikative Vorzüge.

Im folgenden sei auf Software eingegangen, die eine rechnergestützte Umsetzung des AHP auf einzelnen oder mehreren Ebenen ermöglicht. Zu diesem

---

[97] Vgl. zum Begriff der Informationsverarbeitung u.a. Stahlknecht (1995), S. 8, 12.

[98] Immerhin liefert K. Weber (1993), S. 127 ff eine Beschreibung verschiedener Programme, während die „Software Review" bei Buede (1992) primär über Bezeichnungen multikriteriell orientierter Software informiert.

[99] Vgl. auch Hohler (1994), S. 23.

Zweck wird zu überprüfen sein, inwieweit spezifische Softwarelösungen den genannten Kriterien genügen. Dabei wird zwischen Individual- und Komplettlösungen unterschieden.

4.4.2 Individuallösungen

Individuallösungen beschränken sich primär auf die reine Eigenvektorberechnung und eignen sich (aufgrund ihres oft spartanischen Designs) besonders für Problemstellungen, bei denen es auf die mathematische Präzision der Ergebnis*ermittlung* und weniger auf die Art der Ergebnis*präsentation* ankommt[100]. Die Eigenvektorberechnung läßt sich beispielsweise in Basic, Fortran oder

---

(* Algorithmus zur Eigenvektorberechnung in Mathematica *)

$\chi = 3$
$\underline{v} = \{\{1, 1/3, 3\}, \{3, 1, 5\}, \{1/3, 1/5, 1\}\}$
Eigenvalues$[N[\underline{v}]]$
emax = %[[1]]
Eigenvectors$[N[\underline{v}]]$
$n = \%[[1]]$
$g = n[[1]] + n[[2]] + n[[3]]$
$v = \{n[[1]]/g, n[[2]]/g, n[[3]]/g\}$
IKM= $((emax - \chi)/(\chi - 1))/0,4887$

(* χ ist die Spur der Matrix $\underline{v}$ *)
(* $\underline{v}$ ist die (inkonsistente) Matrix *)
(* emax liefert den maximalen Eigenwert *)
(* v liefert den gesuchten Gewichtevektor *)
(* IKM liefert das Inkonsistenzmaß (nach Donegan/Dodd) *)

Abbildung 4.4: Eigenvektorberechnung mittels Mathematica

APL realisieren. Voraussetzung der Umsetzung sind hierbei – wie auch in Mathematica oder Excel – das Vorliegen des zu betrachtenden Zielsystems und die vom Management geäußerten Paarvergleichsurteile. Die Umsetzung der Eigenwertberechnung kann entweder algorithmisch exakt oder über ein Näherungsverfahren gelöst werden. Als Muster für eine algorithmisch exakte Vorgehensweise kann die aus Abbildung 4.4 ersichtliche Umsetzung eines Beispiels in Mathematica dienen. Die Berechnung der Größe IKM greift auf den zuvor berechneten Eigenwert emax zurück, der durch eine numerische

---

[100] Vgl. zu diesen Aspekten auch Ossadnik/Lange/Morlock (1998).

Iteration ermittelt worden ist. Bei nicht hinreichend langer Iteration kommt es im Falle konsistenter Matrizen bei der Berechnung von $(emax - \chi)$ zu Abweichungen von 0.

Bei einfacheren Anwendungen kann man auch mit Hilfe von Tabellen-kalkulationsprogrammen wie Excel akzeptable Ergebnisse erzielen, indem ein Näherungsverfahren[101] zur Eigenvektorbestimmung eingesetzt wird (vgl. Abbildung 4.5). Bei einer konsistenten Matrix ergibt sich in jeder Spalte der gesuchte Gewichtevektor, wenn die Spalten zuvor durch Division der Elemente durch die Spaltensumme normiert worden sind. Von inkonsistenten Matrizen wird diese Bedingung nicht erfüllt. Eine Näherung für den Gewichtevektor kann durch Bildung des Durchschnitts über die normierten Spalten ermittelt werden. In der daraus resultierenden Matrix werden die Elemente jeder Zeile addiert und wiederum normiert. Der sich ergebende Vektor stellt dann einen Näherungswert für den gesuchten Eigenvektor bzw. Gewichtevektor dar[102].

Bei der Beurteilung der Individuallösungen ist zu berücksichtigen, daß deren Hauptaufgabe in der Eigenvektorberechnung zu sehen ist. Auch können diese Lösungen durch Ein- und Ausgabemasken benutzerfreundlich automatisiert werden. Damit kann nicht nur der Bearbeitungsaufwand reduziert, sondern über die Berechnungsvorgänge hinaus der gesamte Entscheidungsfindungsprozeß durch Softwareeinsatz begleitet werden.

Positiv ist die *Funktionalität* und *Zuverlässigkeit* der angesprochenen Individuallösungen zu bewerten. Sind doch zum einen die Vorteile des Windows-Standards – z.B. Undofunktionen, Maus-Unterstützung, Hilfefunktionen und individuell gestaltbare Bildschirmoberflächen – verfügbar. Zum anderen ist nicht nur sichergestellt, daß bei verschiedenen Programmdurchläufen mit den gleichen Eingabedaten auch die gleichen Ergebnisse erzielt werden, sondern daß auch genaue Resultate – im obigen Beispiel bezogen auf Mathematica – erreicht werden. Letzteres wird durch konsequente Vermeidung von Rundungsfehlern sichergestellt. Ebenso läßt sich das Inkonsistenzmaß IKM auf Basis divergierender Korrekturgrößen bestimmen[103].

Hinsichtlich der *Benutzbarkeit*, *Änderbarkeit* und *Übertragbarkeit* muß das Urteil in Abhängigkeit vom Kenntnisstand des Anwenders ausfallen. Liegen nur Grundkenntnisse der verwendeten Software vor, ist mit hohem Aufwand[104] beim Erlernen von Individuallösungen zu rechnen. Ebenso ist ein Grundwissen der jeweils zugrundeliegenden Programmiersprache unerläßlich, da ein Wechsel auf eine andere Sprache nur sehr eingeschränkt möglich ist. Nicht zuletzt erfordert die Anpassung der Software an die Vorgehensweise

---

[101] Vgl. dazu Saaty (1980), S. 19; K. Weber (1993), S. 94–96.

[102] Vgl. Saaty (1980), S. 19. Saaty gibt noch drei weitere Näherungsverfahren an, auf die aber nicht weiter eingegangen werden soll.

[103] Vgl. zur Diskussion verschiedener Durchschnittswerte von Inkonsistenzindizes gleich großer Zufallsmatrizen Abschnitt 4.1.3.

[104] Vgl. auch Ossadnik/Lange/Morlock (1998).

	A	B	C	D	E
1	Matrix	Alternative 1	Alternative 2	Alternative 3	
2	Alternative 1	1	C2	D2	
3	Alternative 2	=1/C2	1	D3	
4	Alternative 3	=1/D2	=1/D3	1	
5	Spaltensumme	=Summe(B2:B4)	=Summe(C2:C4)	=Summe(D2:D4)	
6					
7	Matrix	Alternative 1	Alternative 2	Alternative 3	Zeilensumme
8	Alternative 1	=B2/B5	=C2/C5	=D2/D5	=Summe(B8:D8)
9	Alternative 2	=B3/B5	=C3/C5	=D3/D5	=Summe(B9:D9)
10	Alternative 3	=B4/B5	=C4/C5	=D4/D5	=Summe(B10:D10)
11	Spaltensumme	=Summe(B8:B10)	=Summe(C8:C10)	=Summe(D8:D10)	=Summe(E8:E10)
12					
13	Matrix	Zeilensumme	lokales Gewicht		
14	Alternative 1	=E8	=E8/E11		
15	Alternative 2	=E9	=E9/E11		
16	Alternative 3	=E10	=E10/E11		
17	Spaltensumme	=E11	=Summe(C14:C16)		

Abbildung 4.5: Umsetzung des Näherungsverfahrens zur Eigenvektorberechnung mit MS EXCEL 5.0

des AHP gute Programmierkenntnisse. Zwar sind alle Individuallösungen flexibel änder- und übertragbar, jedoch sind vielfach nur die grundlegenden Algorithmen adaptierbar. Ein weiteres Problem ist, daß eine automatisierte Fehlererkennung und -behebung nur aufwendig zu realisieren ist.

4.4.3 Komplettlösungen für den standardisierten AHP-Einsatz

Neben den Individuallösungen bietet der Markt professionelle Programmpakete an, die speziell für einen standardisierten Einsatz des AHP entwickelt worden sind. Zum Teil sind diese Pakete für spezielle betriebliche Entscheidungstypen entwickelt worden. Sie lassen sich jedoch auch auf anders gelagerte Problemtypen übertragen. Im folgenden sollen die Pakete AutoMan, DSS for ORA, HIPRE und EcPro näher untersucht werden. Auf weitere Komplettlösungen wie Priorities, Newtech Choice und Criterium wird in diesem Rahmen nicht näher eingegangen.

AutoMan 2.0 ist vom U.S. Department of Commerce zur Analyse von Investitionsprojekten entwickelt worden. Mit diesem Programm lassen sich Alternativen anhand von Kennzahlen wie Life-Cycle Cost, Net Present Value oder Return on Investment vergleichend gegenüberstellen. Ferner können im Hinblick auf diese Kennzahlen vorab dominierte Alternativen identifiziert werden. AutoMan arbeitet mit zwei Hierarchiestufen (zuzüglich der Ebene des übergeordneten Erfolgsziels und der Alternativenebene): Maximal sieben Hauptkriterien können jeweils bis zu sieben Unterkriterien umfassen. Außerdem sind sieben Alternativen möglich. Die Paarvergleichseingabe erfolgt numerisch, wobei Werte zwischen 0,1 und 9,9 möglich sind. Darüber hinaus wird ein Inkonsistenzindex berechnet[105]. Die Ergebnisreihung der Alternativen wird von diesem Programm mit Hilfe eines Balkendiagramms, die restlichen Gewichtungen werden in Tabellenform dargestellt. Die Berücksichtigung von unsicheren Umweltentwicklungen in Form von Umweltszenarien sieht AutoMan nicht vor. Wenngleich AutoMan die rechnergestützte Umsetzung des AHP durch Aufteilung der Vorgehensweise in die vier Module „Build a Model", „Weight Categories and Criteria", „Rate Alternatives" und „Compute Overall Ratings" systematisiert und mit dem Modul „Conduct Sensitivity Analysis" zusätzlich eine Möglichkeit der Ergebnisauswertung liefert, stehen einem standardisierten Einsatz einige Probleme entgegen.

So ist der Umfang der Unterzielbildung – wie bereits angeführt – stark beschränkt. Ferner weist AutoMan bezüglich aller software-technischen Gütekriterien Nachteile auf, die einem Einsatz entgegenstehen können. So ist die *Funktionalität* des Programms dadurch eingeschränkt, daß keine WindowsOberfläche verwendet wird. Eine individuelle Oberflächengestaltung läßt sich

---

[105] Welche Definition dem Inkonsistenzindex zugrunde liegt, wird von AutoMan nicht angezeigt. Bei Überschreiten eines Grenzwertes von 0,1 verlangt das Programm eine Überarbeitung der jeweiligen Paarvergleichsmatrix.

daher schwer realisieren. Ebenso ist eine Maus-Bedienung des Programms nicht vorgesehen. Dem Kriterium der *Zuverlässigkeit* wird insofern nur eingeschränkt genügt, als die Zielgewichte und die Alternativenrangordnung nur auf drei Nachkommastellen genau angegeben werden. U.U. wird dadurch eine Gleichheit von Gewichten bzw. Alternativen suggeriert, die real nicht gegeben ist. Probleme bestehen auch im Hinblick auf die Erfüllung der Anforderungen der *Änderbarkeit* und *Übertragbarkeit*. So sind zum einen Systemeinstellungen nicht veränderbar. Zum anderen sind Schnittstellen zu anderer Software nicht vorgesehen. Hinsichtlich des Kriteriums der *Benutzerfreundlichkeit* ist festzustellen, daß kein Online-Tutorial angeboten wird, d.h. daß sich das Erlernen des Programms einzig mittels eines „User Manual" vollziehen muß. Ebenso fehlen weiterführende Erläuterungen im Rahmen der Fehlererkennung und -behebung.

DSS for ORA 1.10 (Decision Support System for Optimal Resource Allocation) ist speziell für die Kapitalbudgetierung im Telekommunikationsbereich entwickelt worden[106]. Die verwendbare Hierarchiestruktur läßt nur *eine* Hierarchiestufe zuzüglich der Ebene des übergeordneten Gesamtziels und der Alternativenebene zu. Maximal fünf Kriterien können zur Spezifizierung des Oberziels herangezogen werden. Eine Besonderheit von DSS for ORA besteht in der Behandlung der maximal 15 möglichen Handlungsalternativen: Vom Anwender können neben den Kriterien maximal fünf zusätzliche Bedingungen eingegeben werden, die die Alternativen jeweils erfüllen müssen, um in die Bewertung einbezogen zu werden. Die Paarvergleichseingabe kann nur in verbaler Form vorgenommen werden. Die Eingabe von Zwischenwerten (z.B. 1/2, 4, 8) ist nicht vorgesehen. Ein Inkonsistenzmaß wird zwar angegeben, dessen Berechnungsgrundlage ist jedoch nicht ersichtlich. Ebenso läßt DSS for ORA keine Umweltszenarien zur Berücksichtigung von Unsicherheitssituationen zu. Die Ergebnispräsentation erfolgt tabellarisch. Zunächst ist der modulare Aufbau des Programms angesichts des Vorgehensprinzips des AHP etwas verwirrend, da erst nach den Modulen „Data Entry" und „Value Assessment" das Modul „Problem Definition" aufgeführt wird. Des weiteren sind die Module „Optimal Solution" und „What-If-Analysis" verfügbar. Neben der begrenzten Leistungsfähigkeit stehen einem standardisierten Einsatz von DSS for ORA vergleichbare Probleme hinsichtlich software-technischer Gütekriterien im Wege, wie sie bei AutoMan auftreten: So ist die *Funktionalität* des Programms dadurch eingeschränkt, daß weder zustandsabhängige Hilfefunktionen, noch Möglichkeiten der graphischen Ergebnisaufbereitung verfügbar sind. Hinsichtlich der *Zuverlässigkeit* bleibt anzumerken, daß DSS for ORA die Ergebnisausgabe auf drei Nachkommastellen begrenzt – zu Lasten der Berechnungsgenauigkeit und ohne Angabe etwaiger Rundungsfehler. Ebenso eingeschränkt sind die Kriterien der *Änder-* und *Übertragbarkeit*, da – wie auch bei AutoMan – weder Systemeinstellungen verändert werden können noch Schnittstellen zu anderer Software geboten werden. Obwohl DSS for

---

[106] Vgl. Thizy/Pissarides/Raurat/Lane (1996), S. 128.

ORA unter einer Windows-Oberfläche betrieben wird, ist der in Windows übliche Standard nicht realisiert. So ist die *Benutzbarkeit* eingeschränkt, da die Programmsteuerung ausschließlich über die Maus möglich ist und aufgrund eines begrenzten Zeichenvorrats nur eine geringe individuelle Gestaltbarkeit erreicht werden kann. Ferner sind die Dialogabfragen nicht immer eindeutig formuliert. Erschwerend kommt hinzu, daß dadurch mögliche Fehler vom Programm entweder nicht erkannt oder nicht ausreichend dokumentiert werden.

HIPRE 3+ 3.13e wurde von Raimo Hämäläinen entwickelt und ermöglicht sowohl die Umsetzung des AHP als auch von SMART (Simple Multiattribute Rating Technique) sowie deren kombinierte Anwendung. Bezogen auf die Umsetzung des AHP bewältigt HIPRE 3+ maximal 20 Hierarchieebenen mit maximal 50 Elementen je Ebene (inklusive der Oberziel- und Alternativenebene). Insofern ist davon auszugehen, daß eine szenarienspezifische Problembehandlung handhabbar ist. Die Paarvergleichseingabe erfolgt entweder über direkte Wertzuordnungen oder mittels Paarvergleich auf numerischer Basis. Beachtenswert ist, daß HIPRE 3+ dem Anwender die Möglichkeit bietet, eine eigene Bewertungsskala zu entwickeln. Die Konsistenz der Bewertung wird durch „CR"-Werte gemessen, deren Definition und Berechnung aber nicht dokumentiert sind. Die Ergebnispräsentation erfolgt tabellarisch und graphisch. Die Leistungsfähigkeit kann insgesamt als relativ hoch eingestuft werden. Auch die software-technischen Gütekriterien werden weitgehend erfüllt: So ist die *Funktionalität* lediglich durch das Fehlen zustandsabhängiger Hilfefunktionen eingeschränkt. Ebenso ergeben sich leichte Nachteile dadurch, daß sich die Bildschirmmasken – aufgrund des nicht Windows-typischen Aufbaus – nicht verändern lassen. Eine volle Maus-Unterstützung ist demgegenüber gewährleistet. Die *Zuverlässigkeit* ist – wie bei AutoMan und DSS for ORA – durch die Ergebnisausgabe von drei Nachkommastellen beschränkt. Volle Beachtung erfahren hingegen die Kriterien *Änder-* und *Übertragbarkeit* sowie *Benutzbarkeit*. Neben der Änderbarkeit von Systemeinstellungen ist die Übertragung einzelner Daten in Tabellenkalkulationsprogramme explizit vorgesehen. Hervorzuheben ist die gute Benutzbarkeit von HIPRE 3+. So werden neben vier verschiedenen Farbvarianten der Bildschirmoberfläche und der Möglichkeit der Makrosteuerung zur Gestaltung einer selbständigen Ergebnispräsentation mehrere Dialogsprachen angeboten.

EcPro der Firma Expert Choice verarbeitet insgesamt maximal sechs Hierarchieebenen (inklusive übergeordnetem Erfolgsziel und Alternativenebene) mit jeweils bis zu neun Kriterien. Zur stufenweisen Eingabe der Paarvergleiche kann zwischen einer verbalen Form, einer Matrixdarstellung, einer Fragebogenform oder einer graphischen Darstellung gewählt werden. Vor der jeweils gewählten Eingabeform legt der Anwender fest, ob es sich bei der anstehenden Bewertung um Eintrittswahrscheinlichkeits-, Zielgewichtungs- oder Präferenzurteile handelt. Die jeweiligen Ergebnisausgaben erfolgen sowohl numerisch als auch in Gestalt von Balkendiagrammen. Der Algorithmus zur Berechnung der IK-Werte kann nicht nachvollzogen werden. Ebenso ist deren Ausgabe auf zwei Nachkommastellen beschränkt. Der modulare Aufbau des Programms entspricht der Vorgehensweise des AHP. Besonders hervorzuheben ist bei EcPro die weitreichende Möglichkeit, mittels Sensitivitätsanalysen die Güte der ermittelten Ergebnisse beurteilen zu können[107]. Die software-technischen Gütekriterien erfüllt EcPro nahezu vollständig. Ferner genügt das Programm den Kriterien der *Funktionalität* und *Änderbarkeit* sowie der *Benutzbarkeit* in vollem Umfang. Im Hinblick auf die *Zuverlässigkeit* bleibt – wie bei allen Komplettlösungen – die Rundung der Ergebnisse auf drei Nachkommastellen und hier außerdem die Rundung des Inkonsistenzmaßes auf zwei Nachkommastellen zu bemängeln. Ebenso fehlen hinsichtlich der *Übertragbarkeit* Angaben über mögliche Schnittstellen zu anderer Software. Hervorzuheben ist die Erfüllung des Kriteriums der Benutzbarkeit: EcPro liefert weitreichende Hilfefunktionen, Warn- und Fehlerhinweise. Es verfügt über ein komplexes, aber einfach nachvollziehbares Online-Tutorial. Dies erleichtert die Erlernbarkeit des Programms. Ebenso ist auf einen kompletten Windows-Standard geachtet worden, wodurch eine individuelle Gestaltung der Oberfläche ermöglicht wird. Des weiteren fordert EcPro dem Anwender interaktiv Dokumentationen ab, so daß von einer hohen Nachprüfbarkeit des Entscheidungsprozesses ausgegangen werden kann.

4.4.4 Zusammenfassende Beurteilung AHP-relevanter Software

Während die vorgestellten Individuallösungen vornehmlich der Eigenwertberechnung dienen, unterstützen Komplettlösungen den gesamten Entscheidungsprozeß und zielen auf standardisierten Einsatz ab. Die Individuallösung Mathematica weist gegenüber Excel deutliche Vorteile auf: Der höheren Berechnungsgenauigkeit, der individueller gestaltbaren Angabe des Inkonsistenzmaßes sowie der höheren Verarbeitungskapazität von Mathematica stehen lediglich bessere graphische Ergebnisaufbereitungsmöglichkeiten von Excel gegenüber. Im Bereich der Komplettlösungen erweisen sich AutoMan und DSS for ORA für einen standardisierten Einsatz als nur wenig, HIPRE 3+ und EcPro dagegen als gut geeignet. Dabei liegen die Vorteile von HIPRE 3+ im Umfang der maximal verarbeitbaren Hierarchiestruktur, während EcPro Vorteile in der Benutzbarkeit und der Möglichkeit zu Sensitivitätsanalysen aufweist.

Insgesamt ist aufgrund der situativen Gegebenheiten darüber zu entscheiden, ob den flexibleren und exakteren Individuallösungen oder den aus Anwendersicht „praktikableren", weniger zeitaufwendigen aber auch weniger genauen Komplettlösungen der Vorzug zu geben ist[108]. Eine tabellarische Zusammenfassung der Erfüllung software-technischer Gütekriterien durch die betrachtete Software liefern die Tabellen 4.3 bis 4.5.

---

[107] Vgl. dazu auch Abschnitt 5.3.
[108] Vgl. Ossadnik/Lange/Morlock (1998), S. 575 f.

Tabelle 4.3: Erfüllung software-technischer Gütekriterien durch
Individuallösungen

Kriterien	Individuallösungen	
	Mathematica	Excel
Funktionalität	Windows-Standard mit individuellen Gestaltungsmöglichkeiten; graphische Datenaufbereitung relativ komplex	Windows-Standard mit individuellen Gestaltungsmöglichkeiten; graphische Datenaufbereitung sehr komfortabel realisiert
Zuverlässigkeit	sehr gut erfüllt; gleiche Ergebnisse bei gleichen Eingabedaten aber verschiedenen Programmdurchläufen; sehr genaue Ergebnisse; IKM individuell programmierbar	gleiche Ergebnisse bei gleichen Eingabedaten und verschiedenen Programmdurchläufen; Ergebnisse stellen nur Näherungslösungen dar
Änderbarkeit	Systemeinstellungen sind veränderbar; spätere Änderungen der Ausgangsdaten bei eindeutiger Variablendeklaration möglich	Systemeinstellungen sind veränderbar; spätere Änderungen der Ausgangsdaten sehr einfach zu realisieren
Übertragbarkeit	eingeschränkt sind Einbindungen der Ergebnisse in andere Anwendungen möglich; grundlegende Algorithmen sind situativ adaptierbar; eingeschränkt sind Schnittstellen zu windows-fähiger Software möglich	komplette Einbindung in alle Microsoft-Produkte möglich; eingeschränkte Übertragbarkeit der Ergebnisse auch auf alle windows-fähigen Softwareprodukte möglich
Benutzbarkeit	gute Programmierkenntnisse erforderlich; mit zunehmender Hierarchiegröße steigt Komplexität erheblich; hoher Zeitaufwand zum Erlernen und Anwenden der Software; Wechsel der Programmiersprache nicht möglich; automatisierte Fehlererkennung und -behebung nur aufwendig zu realisieren	Grundkenntnisse sind von Vorteil, wenngleich Online-Tutorial Erlernbarkeit erleichtert; Wechsel der Programmiersprache nur sehr eingeschränkt möglich; umfassendes Hilfesystem situativ verfügbar

Tabelle 4.4: Erfüllung software-technischer Gütekriterien durch AutoMan und DSS for ORA

	Komplettlösungen	
Kriterien	AutoMan 2.0	DSS for ORA 1.10
Funktionalität	keine Windows-Oberfläche, daher kaum individuelle Oberflächengestaltungen möglich; keine Maus-Unterstützung	läuft unter Windows; keine zustandsabhängigen Hilfefunktionen verfügbar; keine graphische Ergebnisaufbereitung vorgesehen
Zuverlässigkeit	gleiche Ergebnisse bei gleichen Eingabedaten und verschiedenen Programmdurchläufen; Ausgabe der Ergebnisse auf drei Nachkommastellen	gleiche Ergebnisse bei gleichen Eingabedaten und verschiedenen Programmdurchläufen; Ausgabe der Ergebnisse auf drei Nachkommastellen
Änderbarkeit	Systemeinstellungen sind nicht veränderbar; spätere Datenänderungen einfach handhabbar	Systemeinstellungen sind nicht veränderbar; spätere Datenänderungen einfach handhabbar
Übertragbarkeit	keine Schnittstellen zu anderer Software	keine Schnittstellen zu anderer Software
Benutzbarkeit	Erlernbarkeit eingeschränkt, da kein Online-Tutorial verfügbar; fehlende Erläuterungen im Rahmen der Fehlererkennung und -behebung; kein Windows-Standard realisiert	Programmsteuerung nur über Maus möglich; begrenzter Zeichenvorrat; Dialogabfragen nicht generell eindeutig formuliert; keine automatische Fehlererkennung und -behebung

Tabelle 4.5: Erfüllung software-technischer Gütekriterien durch HIPRE 3+ und EcPro

Kriterien	Komplettlösungen	
	HIPRE 3+ 3.13e	EcPro 9.0
Funktionalität	erfüllt; lediglich zustandsabhängige Hilfefunktionen fehlen	voll erfüllt
Zuverlässigkeit	gleiche Ergebnisse bei gleichen Eingabedaten und verschiedenen Programmdurchläufen; Ausgabe der Ergebnisse auf drei Nachkommastellen	gleiche Ergebnisse bei gleichen Eingabedaten und verschiedenen Programmdurchläufen; Ausgabe der Ergebnisse auf drei Nachkommastellen
Änderbarkeit	erfüllt; Systemeinstellungen sind veränderbar; nachträgliche Änderungen der Eingabedaten möglich	erfüllt; Systemeinstellungen sind veränderbar; komfortable Änderung von Eingabedaten möglich
Übertragbarkeit	sinnvoll realisiert; die Übertragung einzelner Daten in Tabellenkalkulationsprogramme ist explizit vorgesehen	keine Angaben über Schnittstellen zu anderer Software
Benutzbarkeit	erfüllt; vier Farbvarianten des Bildschirmes; Möglichkeit der makrogesteuerten Ergebnispräsentation; drei Dialogsprachen	sehr gut erfüllt; weitreichende Hilfefunktion, Warn- und Fehlerhinweise realisiert; gute Erlernbarkeit durch Online-Tutorial; voller Windows-Standard realisiert; explizit wird umfangreiche Programmdokumentation vom Anwender verlangt

4.5 Einsatz des AHP bei Gruppenentscheidungen

Komplexe Entscheidungsprozesse werden in Unternehmen vielfach nicht von Einzelpersonen, sondern von einer Gruppe getragen[109]. Soll der AHP in einem gruppengestützten Entscheidungsprozeß eingesetzt werden, setzt dies voraus, daß die Mitglieder der Gruppe das Verfahren des AHP als Arbeitsinstrument anerkennen und gewillt sind, sein Ergebnis zu akzeptieren[110]. Über die zu lösenden Bewertungsfragen sollte ein Konsens in der Gruppe erreicht werden. Dabei treten jedoch verschiedene Schwierigkeiten auf: Zum einen muß eine Gruppe erst gebildet werden[111]. Es stellt sich hierbei die Frage, wieviele Manager, Experten, Stabspersonal usw. in die Gruppe aufzunehmen sind. Auf der einen Seite ist es wenig sinnvoll, nur mit Personal von geringer Entscheidungsbefugnis – wie dies bei Mitgliedern von Stäben oder Linienmanagern niedriger Hierarchiestufen der Fall ist – zusammenzuarbeiten. Gehören jedoch Linienmanager höherer Hierarchiestufen der Gruppe an, besteht die Gefahr, daß diese nicht willens sind, sich auf eine partizipative Entscheidungsfindung einzulassen, sondern daß sie ihre Macht dazu einsetzen werden, ihre eigene Ansicht durchzusetzen. Auch sog. „Experten" können die gemeinsame Arbeit blockieren, wenn sie von festgefahrenen Ansichten ausgehen und nicht diskussionsbereit sind. Deshalb schlägt Saaty die Bildung von Untergruppen vor, die mit Mitarbeitern der gleichen Rangstufe innerhalb der Organisation zu besetzen sind. Diese Untergruppen würden bei der Behandlung der Probleme entsprechend der Spezialisierung ihrer Mitarbeiter eingesetzt werden und auf diese Weise dem Top-Management die nötigen Informationen für globalere Entscheidungen liefern.

Ist die Gruppe erst einmal gebildet, muß gemeinsam eine Hierarchie aufgestellt werden, d.h. man muß sich einigen, welche Attribute in welche Ebene eingeordnet werden. Dies kann wiederum zu Schwierigkeiten führen, da je nach Standpunkt des Gruppenmitglieds ein Kriterium in die eine oder andere Hierarchieebene eingeordnet werden kann. Unter Umständen möchten Beteiligte ihr Spezialgebiet möglichst hoch in der Hierarchie eingeordnet sehen.

Schließlich hat die Gruppe die notwendigen Paarvergleichsmatrizen gemeinsam aufzustellen. Saaty schlägt hierfür zwei Vorgehensweisen vor:

– Durch Diskussion bespricht man jeden nötigen Eintrag und kommt dabei gemeinsam zu einem Ergebnis. Diese Methode kann jedoch – insbesondere bei komplexeren Problemstellungen – sehr zeitaufwendig sein. Für den Fall, daß man sich in einzelnen Punkten nicht einigen kann, schlägt Harker[112] die

---

[109] Zu Unterstützungssystemen für Gruppenentscheidungen vgl. auch Vetschera (1991).
[110] Vgl. Saaty (1989), S. 66.
[111] Vgl. zum folgenden Saaty (1989), S. 59 ff.
[112] Vgl. Harker (1987a) und (1987b).

von ihm entwickelte Methode unvollständiger Paarvergleichsmatrizen (als Modifikation des Verfahrens von Saaty) vor. Hiermit kann die Anzahl der nötigen Paarvergleiche in einer großen Hierarchieebene reduziert werden. Dabei werden die fehlenden Werte einfach so gesetzt, daß sie so konsistent wie möglich zu den anderen Werten ausfallen[113].

– Der zweite Vorschlag von Saaty besteht darin, daß zunächst jedes Gruppenmitglied eine individuelle Vergleichsmatrix bildet. Darauf aufbauend errechnet man für jeden Eintrag den Mittelwert. Dabei darf jedoch nicht auf das arithmetische Mittel zurückgegriffen werden, da sonst die notwendige Bedingung der Reziprozität verletzt werden könnte. Bei einer Verwendung des geometrischen Mittels tritt dieses Problem nicht auf, wie folgende Gegenüberstellung von Beispielen eines arithmetischen und eines geometrischen Mittels verdeutlicht:

arithmetisches Mittel:

$$\frac{1}{3} \cdot (1 + 3 + 8) = 4$$

$$\frac{1}{3} \cdot \left(1 + \frac{1}{3} + \frac{1}{8}\right) = \frac{1}{3} \cdot \left(\frac{24 + 8 + 3}{24}\right) = \frac{35}{72} \neq \frac{1}{4}$$

$$\left[\text{wegen } \left(\sum_{\theta=1}^{\chi} x_\theta\right)^{-1} \neq \sum_{\theta=1}^{\chi} x_\theta^{-1}\right]$$

geometrisches Mittel:

$$(1 \cdot 3 \cdot 8)^{\frac{1}{3}} = 2,884$$

$$\left(1 \cdot \frac{1}{3} \cdot \frac{1}{8}\right)^{\frac{1}{3}} = 0,347 = \frac{1}{2,884}$$

$$\left[\text{wegen } \left(\left(\prod_{\theta=1}^{\chi} x_\theta\right)^{\frac{1}{\chi}}\right)^{-1} = \left(\left(\prod_{\theta=1}^{\chi} x_\theta\right)^{-1}\right)^{\frac{1}{\chi}} = \left(\prod_{\theta=1}^{\chi} x_\theta^{-1}\right)^{\frac{1}{\chi}}\right]$$

Auch diese Methode ist recht aufwendig. Hat doch jedes Gruppenmitglied $\chi(\chi - 1)/2$ Paarvergleiche pro Matrix durchzuführen. Aus diesem Grund hat Saaty eine Vorgehensweise zur Reduzierung der Anzahl der Paarvergleiche entwickelt[114]: Dabei nutzt er die Tatsache, daß bei konsistenten Matrizen nur $\chi - 1$ Vergleiche nötig sind, aus denen sich die gesamte Matrix

---

[113] Diese Methode ist auch bei der Reduzierung eventueller Inkonsistenzen nützlich und wurde in Softwareprodukten der Firma EXPERT CHOICE (vgl. dazu Abschnitt 4.4) verankert.

[114] Vgl. Saaty (1989), S. 64.

konstruieren läßt. Im *ersten Schritt* muß jedes Gruppenmitglied $\chi - 1$ (mittels eines Zufallsgenerators bestimmte) Paarvergleiche durchführen. Aus diesen wird dann jeweils eine konsistente Matrix aufgebaut. Alle diese Matrizen werden dann wiederum unter Verwendung des geometrischen Mittels zu *einer* Matrix zusammengefaßt[115].

Im *zweiten Schritt* werden die ursprünglichen $\chi - 1$ Beobachtungen jedes Entscheidungsträgers in eine Matrix eingetragen. Bei mehreren Einträgen an einer Stelle bildet man das geometrische Mittel. Sind jetzt noch einzelne Stellen unbesetzt, werden diese mit den entsprechenden Werten aus der in Schritt 1 berechneten Matrix ausgefüllt.

In Entscheidungsgruppen lassen sich in der Regel – auch im Falle der Bildung einzelner Untergruppen – „inequalities of power" nicht vermeiden[116]. Diese entstehen dadurch, daß das Urteil einzelner Personen, bedingt durch deren Ausstrahlung, Wissen, Machtposition oder Stellung innerhalb eines Beziehungsgeflechts, mehr zählt als das der anderen. Aus diesem Grund schlägt Saaty[117] vor, Wertigkeiten zu bilden, durch die diese Ungleichmäßigkeiten repräsentiert werden können. Dies ist jedoch schwierig, wenn sie nicht klar erkennbar sind und nicht von jedem anerkannt werden.

Ein weiteres Problem sieht Saaty darin, daß einzelne Mitglieder der Gruppe die Paarvergleiche nicht im Sinne des Unternehmensinteresses, sondern aus der Perspektive ihrer hiervon abweichenden Individualziele vornehmen. Die Divergenz von Individual- und Organisationszielen ist ein Problem der ökonomischen Realität und als solches Gegenstand agencytheoretischer Forschungen[118]. Käme es aus Gründen der Hintanstellung des Unternehmensinteresses hinter das Individualinteresse zu Extrembeurteilungen, könnte dies das geometrische Mittel an einzelnen Stellen hochtreiben.

Ist eine Gruppe in zwei gegensätzliche Positionen gespalten, besteht nach Auffassung von Saaty kaum Gefahr, daß sich „extreme" Meinungen durchsetzen. Würde doch (aufgrund des „Durchschnittsprinzips") eine extreme Bewertung durch eine Gruppe durch die der oppositionellen Gruppe ausgeglichen. Wird aber eine „extreme" Position von einem einzelnen Mitglied der Gruppe vertreten und besteht Anlaß, unlautere Motive hierfür anzunehmen, ist es schwierig, dies nachzuweisen[119]. Saaty warnt für den Fall, daß einzelne Gruppenmitglieder als „trouble-maker" identifiziert sind, davor, überzogen zu reagieren. Dies richte mehr Schaden an als die Extrembewertung eines Einzelnen. Er schlägt statt dessen zwei Möglichkeiten vor, mit diesem Problem umzugehen[120]:

---

[115] Diese ist wieder konsistent, wie sich mit Hilfe der Potenzgesetze zeigen läßt.
[116] Vgl. Saaty (1989), S. 64 f.
[117] Vgl. Saaty (1989), S. 65.
[118] Vgl. dazu Ossadnik/Morlock (1997); Ossadnik (1998), S. 21 ff.
[119] Vgl. Saaty (1989), S. 66.
[120] Vgl. Saaty (1989), S. 66.

– Die Gruppe könnte sich selbst überwachen, indem sie „Schiedsrichter" bestimmt, die die Lauterkeit extremer Beurteilungen überprüft und Grenzen für erlaubte Werte festsetzt.

– Nach einer Teilung der Gruppe könnte man identifizierte „Quertreiber" einer Sondergruppe zuweisen. Für die Mitglieder der anderen Gruppe ist dann eine reibungsärmere Arbeit möglich. Durch die Zugrundelegung von Durchschnittsergebnissen wird erreicht, daß die Auswirkungen „extremer" Einzelmeinungen entschärft werden.

Die Problemsicht Saatys wirft folgende Fragen auf:

1) Wie identifiziert man einen „Quertreiber"?

2) Warum sollte „Quertreibern" entgegengewirkt werden?

ad 1)   Die Identifikation von „Quertreibern" setzt die Kenntnis einer „Haupturteilsrichtung" voraus. Diese könnte durch einen Mittelwert und ein das Ausmaß zulässiger Abweichung definierendes Streuungsmaß charakterisiert sein. Damit wären Grenzen festgelegt, durch die die Meinung von Gruppenmitgliedern als mit der „Haupturteilsrichtung" konform oder als „quertreibend" qualifiziert werden kann.

ad 2)   Wenn Saaty organisatorische Vorschläge unterbreitet, wie „Quertreibern" entgegengewirkt werden kann, geht er dabei implizit von der Vorstellung aus, nicht mit einer „Haupturteilsrichtung" vereinbare Auffassungen wirkten sich kontraproduktiv im Hinblick auf die Meinungsbildung einer Gruppe aus. Sollten aber abweichende Meinungen einer Haupturteilsrichtung geopfert werden, stellt sich die Frage nach dem Sinn und Zweck einer kollektiven Entscheidungsfindung. Unterstellt man eine bestimmte Meinung als a priori vernünftig, würde ein Meinungsbildungsprozeß überflüssig, der das in der Gruppe vorhandene individuelle Know-how ausschöpft und das Meinungsbild der Gruppe aus den individuellen Vorstellungen ihrer Mitglieder synthetisiert. Abweichende, aber innovative Auffassungen würden ausgegrenzt. Damit würde dem Gremium ein innovativer Impuls fehlen, der dem Trägheitsmoment einer kollektiven „main stream"-Meinung entgegenwirkt.

Zu erwarten, daß das Entscheidungsgremium einer Art vernünftiger Hauptrichtung folgt, impliziert die Verfügbarkeit von Wissen darüber, wohin eine „vernünftige" Hauptrichtung verlaufen soll. Einen Vernunftmaßstab bereits vor oder während des Entscheidungsprozesses anzulegen, bedeutet aber, den Prozeß in seiner vollen Extension mitsamt Resultat als überflüssig anzusehen: Weiß man vorab, welches Ergebnis vernünftig ist, bedarf es nicht mehr des Einsatzes der Akteure. Verlangt man von dem zu organisierenden kollektiven Entscheidungsprozeß, daß er die Auswirkungen „quertreibender" Meinungen einzelner Gruppenmitglieder auf das Meinungsbild der Gruppe „begradigt", steht dies innovativen Entscheidungen im Wege.

4.6 Unsicherheit/Fuzziness

Das Grundmodell des AHP zur Lösung multikriterieller Entscheidungsprobleme geht davon aus, daß keine Unsicherheit vorliegt. In einer Entscheidungssituation, in der der AHP angewendet werden soll, kann dennoch in zweierlei Hinsicht Unsicherheit bestehen[121]:

1) Unsicherheit darüber, ob bestimmte Ereignisse eintreten,

2) Unsicherheit bei der Durchführung der Paarvergleiche.

ad 1) Den im Schrifttum zum AHP betrachteten Entscheidungsproblemen liegen meist Umweltzustände zugrunde, die als gegeben angenommen werden. Es wird völlig vernachlässigt, daß auch andere Situationen eintreten können und infolgedessen ein nicht plangerechter Output realisiert würde. Saaty[122] spricht in diesem Fall von Katastrophen und führt ein zusätzliches Kriterium mit eventuellen Subkriterien in die Hierarchie ein. Dieses repräsentiert ein Cluster von unvorhersehbaren Ereignissen. Ist die Wahrscheinlichkeit des Auftretens einer Katastrophe sehr niedrig, werden diesem Kriterium sehr niedrige Gewichte zugeordnet.

Dies sei durch ein Beispiel verdeutlicht[123]: Eine Person will sich ein Auto kaufen und geht davon aus, daß sie mit einer Wahrscheinlichkeit von 0,99 in keinen Unfall verwickelt wird. Sie entscheidet sich deshalb für ein neues Auto. Würde sie von einer höheren Unfallgefahr ausgehen, wäre die Wahl auf ein gebrauchtes Fahrzeug gefallen. In diesem Fall stellt also das mögliche Unglück die Katastrophe dar. Die Entscheidung hängt von der subjektiven Einschätzung der Eintrittswahrscheinlichkeit eines Unfalls ab.

ad 2) Vom Entscheidungsträger werden bei der Durchführung der Paarvergleiche exakte Zuordnungen gefordert. Dies ist allerdings nicht immer unproblematisch. Dafür gibt es verschiedene Ursachen[124]:

- Bei tangiblen Faktoren werden die Vergleiche anhand einer Verhältnisskala vorgenommen. Das Matrixelement a_{st} ergibt sich daher i.d.R. aus dem Quotienten der beiden betroffenen Größen: $a_{st} = w_s/w_t$. Diese Messungen müssen nicht immer völlig zutreffend sein. Die Gefahr von Meßfehlern läßt sich wahrscheinlichkeitstheoretisch erfassen.

- Intangible Faktoren hängen von den subjektiven Einschätzungen des Entscheidungsträgers ab. Dieser fühlt sich jedoch manchmal nicht in der Lage, exakte Paarvergleichswerte anzugeben.

---

[121] Vgl. Saaty/Vargas (1987), S. 107.
[122] Vgl. Saaty (1990a), S. 23 ff.
[123] Vgl. Saaty (1990a), S. 25 f.
[124] Vgl. Zahir (1991), S. 208.

Aus diesen Gründen werden verschiedene Methoden vorgeschlagen, anhand derer die gesuchten Gewichte bestimmt werden können, ohne daß exakte Paarvergleiche verwendet werden müssen. Saaty/Vargas[125] versuchen, diesem Problem mittels Intervallschätzungen Rechnung zu tragen. Sie geben als Einträge in die Paarvergleichsmatrizen Intervalle an, die die Bandbreiten der möglichen Beurteilungen in folgender Form widerspiegeln:

$$
\begin{pmatrix}
1 & \cdots & [a_{1t}^u, a_{1t}^o] & \cdots \\
\vdots & 1 & & \\
\left[\dfrac{1}{a_{t1}^o}, \dfrac{1}{a_{t1}^u}\right] & \cdots & \cdots & \cdots \\
\vdots & & &
\end{pmatrix}
$$

Dabei stellt a_{st}^u die untere Grenze und a_{st}^o die obere Grenze des möglichen Intervalls dar. Liegt keinerlei Unsicherheit vor, gilt $a_{st}^u = a_{st}^o$. Hierzu sei folgendes Beispiel betrachtet:

$$
A = \begin{pmatrix}
1 & [3,5] & [1/3,2] \\
[1/5,1/3] & 1 & [4,9] \\
[1/2,3] & [1/9,1/4] & 1
\end{pmatrix}
$$

Geht man von Saatys 1–9-Skala aus und läßt man nur Werte aus der dadurch definierten Menge zu, repräsentiert das Intervall $[1/3, 2]$ die vier möglichen Werte $1/3$, $1/2$, 1 und 2. Die Gesamtzahl der möglichen Beurteilungskombinationen beträgt 72. Es müßten also schon bei diesem relativ einfachen Beispiel 72 verschiedene Eigenvektoren berechnet werden, um etwa durch Durchschnittsbildung eine adäquate Schätzung des gesuchten Gewichtevektors zu erhalten. Saaty/Vargas[126] schlagen deshalb eine andere Methode vor: Seien $x_1, \ldots, x_n$ Alternativen, die bezüglich eines Kriteriums verglichen werden und $I_{st} := [a_{st}^u, a_{st}^o]$ die zugehörigen Intervallschätzungen. Seien $\{a_{st}^{(\gamma)} \in I_{st}, \ s,t = 1, \ldots, n\}$ mit $\gamma = 1, \ldots, \bar{m}$ zufällige Stichproben. Es werden nun aufgrund dieser Stichproben $\bar{m}$ verschiedene Eigenvektoren berechnet. Deren einzelne Komponenten werden mittels des Kolmogorow-Smirnow-Tests auf Normalverteilung untersucht. Kann von Normalverteilung ausgegangen werden, werden die gesuchten Gewichtungskomponenten dementsprechend approximiert.

Zahir schlägt einen ähnlichen Weg ein[127]. Für ihn ist es realistischer, die Paarvergleichsurteile a_{st} innerhalb von Grenzen, d.h. als $a_{st} +/- \Delta a_{st}$, anzugeben. a_{st} stellt einen (zentralen) Ausgangswert dar und Δa_{st} repräsentiert die Unsicherheit. Die Paarvergleichsmatrizen haben dann folgende Form:

---

[125] Vgl. Saaty/Vargas (1987).
[126] Vgl. Saaty/Vargas (1987).
[127] Vgl. Zahir (1991).

$$A \rightarrow A + \Delta A \; = \; \begin{pmatrix} 1 & \dots & a_{st} & \dots \\ \vdots & 1 & & \\ \dfrac{1}{a_{st}} & & \dots & \\ \vdots & & & \end{pmatrix}$$

$$+ \; \begin{pmatrix} 0 & \dots & +/-\Delta(a_{st}) & \dots \\ \vdots & 0 & & \\ +/-\Delta\left(\dfrac{1}{a_{st}}\right) & & \dots & \\ \vdots & & & \end{pmatrix}$$

Zu beachten ist dabei, daß ΔA nicht unbedingt reziprok ist und bei Sicherheit für einzelne Paarvergleiche auch außerhalb der Hauptdiagonale der Eintrag 0 möglich ist.

Für Matrizen der Ordnung 2 und 3 gibt Zahir eine analytische Lösung zur Gewinnung von Gewichtevektoren an[128]. Deren Komponenten bewegen sich innerhalb zweier Schranken, die sich in Abhängigkeit von den Komponenten des Gewichtevektors der Matrix A errechnen lassen. Im Hinblick auf die Alternativenbewertung nach Einbeziehung aller Hierarchieebenen ist anzumerken, daß eine eindeutige Präferenzentscheidung nur dann möglich ist, wenn sich die Intervalle, innerhalb derer sich die endgültigen Alternativengewichte bewegen können, nicht überschneiden. Dies ist aber in der Realität nicht immer der Fall. Für Matrizen größerer Ordnung gibt Zahir eine numerische Methode an, die bei Eingabe der Matrizen A und ΔA die entsprechenden Schranken für die gesuchten Komponenten berechnet[129].

Eine weitere Möglichkeit, bei der der Entscheidungsträger keine exakten Paarvergleiche angeben muß, ist eine Ausweitung des Grundmodells mittels der Theorie der *Fuzzy Logic*[130]. Die Bewertung erfolgt dabei mit sog. fuzzy numbers, die je nach Methode unterschiedliche Gestalt haben können[131]. Mit Hilfe der Zugehörigkeitsfunktionen lassen sich dann für jede Matrix Fuzzy-Gewichte ableiten. Dabei wird nicht die Eigenwert-, sondern die Geometric Mean-Methode verwendet. Die fuzzy weights werden anschließend in der üblichen Weise anhand der hierarchischen Struktur weiterverarbeitet, damit eine Präferenzordnung hergestellt werden kann. Von den verschiedenen das AHP-Grundmodell erweiternden Verfahren auf Basis der Fuzzy Logic soll

---

[128] Vgl. Zahir (1991), S. 210–212.
[129] Der Algorithmus ist in VAX-BASIC programmiert und basiert auf der "power method" von Williams (1972).
[130] Vgl. dazu z.B. Dubois/Prade (1980).
[131] Vgl. Buckley (1985a).

im folgenden die von Buckley vorgeschlagene Methode[132] vorgestellt werden. Die von ihm betrachtete Menge der Zugehörigkeitsfunktionen schließt die Menge der Dreieckszugehörigkeitsfunktionen ein, die z.B. van Laarhoven und Pedrycz[133] verwenden.

Im folgenden wird angenommen, ein Entscheidungsträger könne sich beim Vergleich zweier Alternativen x_1 und x_2 hinsichtlich eines Kriteriums nicht eindeutig für einen bestimmten Wert auf der Neunpunkteskala entscheiden. Er sei sich z.B. nicht sicher, ob er Alternative x_1 dreimal oder fünfmal besser bewerten soll als Alternative x_2. Er meint, es könne durchaus sein, daß x_1 die Alternative x_2 auch noch um mehr als $a_{12} = 5$ übertrifft. Aber $a_{12} = 7$ sei auch nicht ganz zutreffend. Ungenauigkeit bzw. Unschärfe in der Bewertung kann mit Hilfe von Fuzzy-Intervallen dargestellt werden. Hierzu bedarf es folgender Definitionen:

Definition 7[134]

Ist X eine Menge von Objekten, die hinsichtlich einer unscharfen Aussage zu bewerten sind, so heißt

$$\tilde{A} = \{(x, \mu_A(x)) | x \in X\} \text{ mit } \mu_A : X \to [0,1]$$

eine unscharfe Menge auf X. Die Bewertungsfunktion μ_A wird Zugehörigkeitsfunktion genannt.

Definition 8[135]

Eine unscharfe Menge $\tilde{A} = \{(x, \mu_A(x)) | x \in X\}$ auf einer konvexen Menge X heißt konvex, wenn gilt

$$\mu_A(\underline{h}x_1 + (1 - \underline{h})x_2) \geq \text{Min}(\mu_A(x_1), \mu_A(x_2))$$

$$\forall\, x_1, x_2 \in X, \quad \forall\, \underline{h} \in [0,1].$$

Damit lassen sich die Begriffe „Fuzzy-Zahl" und „Fuzzy-Intervall" wie folgt definieren:

Definition 9

Eine konvexe unscharfe Menge $\tilde{A}$ auf der Menge der reellen Zahlen $\mathbb{R}$ wird als „Fuzzy-Zahl" (engl.: fuzzy number) bezeichnet, wenn

(I) genau eine reelle Zahl x_0 existiert mit $\mu_A(x_0) = 1$ und

(II) μ_A stückweise stetig ist.

---

[132] Vgl. Buckley (1985a), S. 21 ff und (1985b), S. 233–246.
[133] Vgl. van Laarhoven/Pedrycz (1983).
[134] Vgl. Rommelfanger (1994), S. 8.
[135] Vgl. Rommelfanger (1994), S. 13.

Definition 10

Eine konvexe unscharfe Menge $\tilde{A}$ wird als Fuzzy-Intervall (engl.: fuzzy interval oder flat fuzzy number) bezeichnet, wenn

(I) mehr als eine reelle Zahl existiert mit $\mu_A(x) = 1$ und

(II) μ_A stückweise stetig ist.

Bemerkung

Die Zugehörigkeitsfunktion einer Fuzzy-Zahl kann die Gestalt eines Dreiecks haben (vgl. Abbildung 4.6), und es liegt dann eine Dreieckszugehörigkeitsfunktion vor.

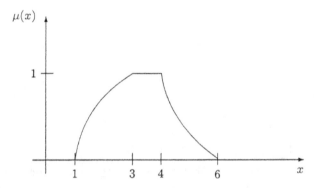

Abbildung 4.6: Dreieckszugehörigkeitsfunktion

Fuzzy-Intervalle können dagegen z.B. trapezförmige Zugehörigkeitsfunktionen haben, wie sie noch zu erörtern sein werden.

Nach Buckleys Methode gibt der Entscheidungsträger beim Vergleich zweier Alternativen im Hinblick auf ein bestimmtes Kriterium für jede Bewertung aus der Neunpunkteskala eine Zugehörigkeit an, d.h. eine Beurteilung, inwieweit diese Bewertung zutreffend ist. Die Zugehörigkeit wird definitionsgemäß in Werten zwischen 0 und 1 ausgedrückt. Um das Problem für den Entscheidungsträger und auch im Hinblick auf die späteren Berechnungen zu vereinfachen, werden nur ganz spezielle Fuzzy-Zahlen oder Fuzzy-Intervalle[136] mit entsprechenden Zugehörigkeitsfunktionen betrachtet. Die von Buckley verwendeten Zugehörigkeitsfunktionen sind durch ein Tupel $(\bar{\alpha}/\bar{\beta}; \bar{\gamma}/\bar{\delta})$ mit $0 < \bar{\alpha} \leq \bar{\beta} \leq \bar{\gamma} < \bar{\delta}$ bestimmt. Die Zugehörigkeitsfunktion ist der Gestalt, daß sie für Werte x mit $x \leq \bar{\alpha}$ den Wert 0 annimmt, für Werte $\bar{\beta} \leq x \leq \bar{\gamma}$ gleich

---

[136] Buckley spricht von Fuzzyzahlen, auch wenn es sich nur in ganz bestimmten Fällen (wenn $\bar{\beta} = \bar{\gamma}$ gilt) um eigentliche Fuzzyzahlen (und sonst um Fuzzyintervalle) handelt. Deshalb wird im folgenden immer von Fuzzyzahlen die Rede sein. Vgl. z.B. Buckley (1985a), S. 22.

1 und für $x \geq \bar{\delta}$ gleich 0 ist. Zwischen $\bar{\alpha}$ und $\bar{\beta}$ ist die Zugehörigkeitsfunktion stetig und monoton wachsend und zwischen $\bar{\gamma}$ und $\bar{\delta}$ stetig und monoton fallend. Man kann μ in der Form

$$\mu(x) = \begin{cases} 1 & \text{für} \quad \bar{\beta} \leq x \leq \bar{\gamma} \\ 0 & \text{sonst} \\ \text{stetig und monoton wachsend} & \text{für} \quad \bar{\alpha} < x < \bar{\beta} \\ \text{stetig und monoton fallend} & \text{für} \quad \bar{\gamma} < x < \bar{\delta} \end{cases}$$

schreiben. Ein Beispiel für eine solche Zugehörigkeitsfunktion liefert Abbildung 4.7.

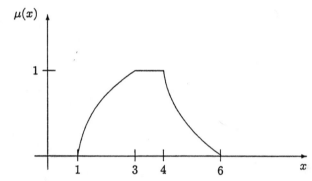

Abbildung 4.7: Beispiel einer Zugehörigkeitsfunktion

Bemerkung

Der Graph von μ ist für den Fall, daß μ auf den Intervallen $[\bar{\alpha}, \bar{\beta}]$ und $[\bar{\gamma}, \bar{\delta}]$ eine Gerade ist, ein Trapez (vgl. Abbildung 4.8).

Ein Entscheidungsträger kann z.B. zwei Alternativen x_1 und x_2 hinsichtlich eines Kriteriums durch die Fuzzy-Zahl (2/3; 5/7) bewerten. Dies heißt, x_1 übertrifft x_2 am ehesten drei- oder fünfmal. Möglich wären auch Werte zwischen 2 und 3 und zwischen 5 und 7. Bei der Bewertung ist auch $\bar{\alpha} = \bar{\beta} = \bar{\gamma} = \bar{\delta}$ möglich. Dies bedeutet, daß der Entscheidungsträger den Vergleich exakt bewerten kann. Gilt $\bar{\beta} = \bar{\gamma}$, liegt eine Dreieckszugehörigkeitsfunktion vor. Ist $(\bar{\alpha}/\bar{\beta}; \bar{\gamma}/\bar{\delta})$ die Fuzzy-Bewertung der Alternativen x_1 und x_2, wird für die Bewertung von x_2 im Vergleich zu x_1 $(\bar{\delta}^{-1}/\bar{\gamma}^{-1}; \bar{\beta}^{-1}/\bar{\alpha}^{-1})$ gewählt. Sind für alle zu bewertenden Alternativen Verhältnisse $\bar{a}_{st} := (\bar{\alpha}_{st}, /\bar{\beta}_{st}; \bar{\gamma}_{st}/\bar{\delta}_{st})$ festgelegt, können die Paarvergleiche wie bei der herkömmlichen Betrachtung in Form einer Matrix notiert werden. $\bar{A} := (\tilde{a}_{st})$ wird auch positive reziproke Fuzzy-Matrix genannt. Um unter Verwendung dieser Matrix Gewichte für die Alternativen berechnen zu können, muß eine der bisherigen Theorie entsprechende Theorie für Fuzzy-Matrizen entwickelt werden. Zunächst

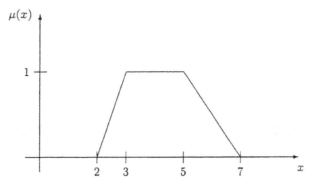

Abbildung 4.8: Trapezförmige Zugehörigkeitsfunktion

sind geeignete Relationen $>$ und $\approx$ zu definieren, mit denen ein Vergleich der Fuzzy-Bewertungen durchzuführen ist. Die nachfolgende Definition der Relationen $>$ und $\approx$ ist auf die von Buckley verwendeten Zugehörigkeitsfunktionen zugeschnitten.

Definition 11

Seien $\tilde{A}$ und $\tilde{B}$ zwei Fuzzy-Zahlen, sowie $\mu_A(x)$ und $\mu_B(x)$ ihre Zugehörigkeitsfunktionen. Sei[137]

$$v(\tilde{A} \geq \tilde{B}) := \sup_{x \geq y}(\min(\mu_A(x), \mu_B(y))).$$

Dann soll gelten

(I) $\tilde{A} > \tilde{B}$, wenn $v(\tilde{A} \geq \tilde{B}) = 1$ und $v(\tilde{B} \geq \tilde{A}) < \bar{\theta}$ für ein festes, positives $\bar{\theta} \leq 1$ gilt,

(II) $\tilde{A} \approx \tilde{B}$ (in Worten: $\tilde{A}$ ungefähr gleich $\tilde{B}$), wenn $\min(v(\tilde{A} \geq \tilde{B}), v(\tilde{B} \geq \tilde{A})) \geq \bar{\theta}$ für ein festes $\bar{\theta} \leq 1$ gilt.

Addition und Multiplikation zweier Fuzzy-Zahlen sind definiert als:

Definition 12 (Addition)

Für zwei Fuzzy-Zahlen $\tilde{A}$ und $\tilde{B}$ mit Zugehörigkeitsfunktion μ_A und μ_B ist die Zugehörigkeitsfunktion der Summe $\tilde{A} + \tilde{B}$ definiert als

$$\mu_{A \oplus B}(z) = \sup\{\min\{\mu_A(x), \mu_B(y)\} : x + y = z\}.$$

Definition 13 (Multiplikation)

Die Zugehörigkeitsfunktion des Produktes zweier Fuzzy-Zahlen $\tilde{A}$ und $\tilde{B}$ ist

$$\mu_{A \odot B}(z) = \sup\{\min\{\mu_A(x), \mu_B(x)\} : x \cdot y = z\}.$$

---

[137] Eine reelle Zahl $S \in M \subseteq \mathbb{R}$ heißt Supremum von M ($\sup(M)$), wenn sie die kleinste obere Schranke von M ist, d.h. wenn es keine Zahl $< S$ gibt, die noch obere Schranke von M ist. Vgl. dazu Heuser (1986), S. 70 ff.

Bemerkung

(I) Mit $x_1 := x$ gilt für die Addition

$$\mu_{A \oplus B}(z) = \sup_{x_1}\{\min\{\mu_A(x_1), \mu_B(x_1 - z)\}\}.$$

(II) Ist $\mu_A(0) \neq 0$, kann für die Zugehörigkeitsfunktion des Produkts auch

$$\mu_{A \odot B}(z) = \sup_{x_1}\{\min\{\mu_A(x_1), \mu_B(z/x_1)\}\}$$

geschrieben werden.

Satz 9

Für die von Buckley gewählten Fuzzy-Intervalle kann die Summe nach der Formel[138]

$$(\bar{\alpha}_1/\bar{\beta}_1; \bar{\gamma}_1/\bar{\delta}_1) \oplus (\bar{\alpha}_2/\bar{\beta}_2; \bar{\gamma}_2/\bar{\delta}_2) = (\bar{\alpha}_1 + \bar{\alpha}_2/\bar{\beta}_1 + \bar{\beta}_2; \bar{\gamma}_1 + \bar{\gamma}_2/\bar{\delta}_1 + \bar{\delta}_2)$$

und das Produkt nach der Formel

$$(\bar{\alpha}_1/\bar{\beta}_1; \bar{\gamma}_1/\bar{\delta}_1) \cdot (\bar{\alpha}_2/\bar{\beta}_2; \bar{\gamma}_2/\bar{\delta}_2) = (\bar{\alpha}_1\bar{\alpha}_2/\bar{\beta}_1\bar{\beta}_2; \bar{\gamma}_1\bar{\gamma}_2/\bar{\delta}_1\bar{\delta}_2)$$

bestimmt werden.

Beweis:

Der Beweis für die Summe läßt sich unmittelbar aus Definition 12 ableiten. Für das Produkt gilt[139]

$$(\bar{\alpha}_1/\bar{\beta}_1; \bar{\gamma}_1/\bar{\delta}_1) \odot (\bar{\alpha}_2/\bar{\beta}_2; \bar{\gamma}_2/\bar{\delta}_2) = (\bar{\alpha}[L^1, L^2]/\bar{\beta}; \bar{\gamma}/\bar{\delta}[U^1, U^2])$$

mit

$$\bar{\alpha} := \bar{\alpha}_1\bar{\alpha}_2, \quad \bar{\beta} := \bar{\beta}_1\bar{\beta}_2, \quad \bar{\gamma} := \bar{\gamma}_1\bar{\gamma}_2, \quad \bar{\delta} := \bar{\delta}_1\bar{\delta}_2,$$

$$L^1 := (\bar{\beta}_1 - \bar{\alpha}_1)(\bar{\beta}_2 - \bar{\alpha}_2), \quad L^2 := \bar{\alpha}_2(\bar{\beta}_1 - \bar{\alpha}_1) + \bar{\alpha}_1(\bar{\beta}_2 - \bar{\alpha}_2),$$

$$U^1 := (\bar{\delta}_1 - \bar{\gamma}_1)(\bar{\delta}_2 - \bar{\gamma}_2), \quad U^2 := -(\bar{\delta}_2(\bar{\delta}_1 - \bar{\gamma}_1) + \bar{\delta}_1(\bar{\delta}_2 - \bar{\gamma}_2)).$$

Für das Produkt können die folgenden Überlegungen angestellt werden: Sei μ_1 die Zugehörigkeitsfunktion von $(\bar{\alpha}_1/\bar{\beta}_1; \bar{\gamma}_1/\bar{\delta}_1)$, μ_2 die Zugehörigkeitsfunktion von $(\bar{\alpha}_2/\bar{\beta}_2; \bar{\gamma}_2/\bar{\delta}_2)$ und μ die des Produktes der beiden Fuzzy-Intervalle. Dann ist $\mu(x) = 0$ für $x \leq \bar{\alpha}$ oder $x \geq \bar{\delta}$ und $\mu(x) = 1$ für $\bar{\beta} \leq x \leq \bar{\gamma}$. Für $x \in [\bar{\alpha}, \bar{\beta}]$ ist $\mu(x) = y$ implizit gegeben durch

---

[138] Vgl. im folgenden Buckley (1985a), S. 24 ff.
[139] Vgl. Buckley (1985a), S. 24–25.

$$x = L^1 y^2 + L^2 y + \bar{\alpha}$$

und für $x \in [\bar{\gamma}, \bar{\delta}]$ durch

$$x = U^1 y^2 + U^2 y + \bar{\delta}.$$

Dies bedeutet, daß das Produkt von zwei Fuzzy-Intervallen $(\bar{\alpha}_1/\bar{\beta}_1; \bar{\gamma}_1/\bar{\delta}_1)$ und $(\bar{\alpha}_2/\bar{\beta}_2; \bar{\gamma}_2/\bar{\delta}_2)$ geschrieben werden kann als:

$$(\bar{\alpha}_1\bar{\alpha}_2/\bar{\beta}_1\bar{\beta}_2; \bar{\gamma}_1\bar{\gamma}_2/\bar{\delta}_1\bar{\delta}_2).$$

Mit den getroffenen Vereinbarungen kann die Konsistenz für eine Fuzzy-Matrix wie folgt erklärt werden:

Definition 14[140]

Eine positive reziproke Fuzzy-Matrix wird konsistent genannt, wenn

$$\tilde{a}_{sj} \odot \tilde{a}_{jt} \approx \tilde{a}_{st}$$

gilt.

Bemerkung

Diese Definition ist eine Erweiterung der herkömmlichen Konsistenzdefinition. Für positive reziproke Fuzzy-Matrizen gilt der folgende Satz:

Satz 10

Sei $\bar{A} := [\tilde{a}_{st}]$ mit $\tilde{a}_{st} := (\bar{\alpha}_{st}/\bar{\beta}_{st}; \bar{\gamma}_{st}/\bar{\delta}_{st})$ und $\bar{\beta}_{st} \leq a_{st} \leq \bar{\gamma}_{st} \quad \forall s, t$. Dann folgt aus der Konsistenz von $A := [a_{st}]$ die Konsistenz von $\bar{A}$.

Beweis[141]:

Es läßt sich zeigen, daß sich der Graph der Zugehörigkeitsfunktion μ von $\tilde{a}_{sj} \odot \tilde{a}_{jt}$ durch das Tupel $(\bar{\alpha}_{sj}\bar{\alpha}_{jt}/\bar{\beta}_{sj}\bar{\beta}_{jt}; \bar{\gamma}_{sj}\bar{\gamma}_{jt}/\bar{\delta}_{sj}\bar{\delta}_{jt})$ beschreiben läßt, d.h. links von $\bar{\alpha}_{sj}\bar{\alpha}_{jt}$ ist $\mu(x) = 0$, zwischen $\bar{\beta}_{sj}\bar{\beta}_{jt}$ und $\bar{\gamma}_{sj}\bar{\gamma}_{jt}$ gilt: $\mu(x) = 1$, zwischen $\bar{\alpha}_{sj}\bar{\alpha}_{jt}$ und $\bar{\beta}_{sj}\bar{\beta}_{jt}$ ist $\mu(x)$ monoton steigend und zwischen $\bar{\gamma}_{sj}\bar{\gamma}_{jt}$ und $\bar{\delta}_{sj}\bar{\delta}_{jt}$ ist $\mu(x)$ monoton fallend. Da $\bar{\alpha}_{sj} \leq \bar{\beta}_{sj} \leq \bar{\gamma}_{sj} \leq \bar{\delta}_{sj} \quad \forall s, j \in \{1, \ldots, \chi\}$ gewählt wurde, ist

$$\bar{\beta}_{sj}\bar{\beta}_{jt} \leq a_{sj}a_{jt} = a_{st} \leq \bar{\gamma}_{sj}\bar{\gamma}_{jt} \quad \forall s, j \in \{1, \ldots, \chi\}.$$

Daraus folgt:

$$v(\tilde{a}_{sj} \odot \tilde{a}_{jt} \geq \tilde{a}_{st}) = 1 \text{ und } v(\tilde{a}_{st} \geq \tilde{a}_{st} \odot \tilde{a}_{st}) = 1.$$

Und somit gilt:

---

[140] Vgl. im folgenden Buckley (1985b), S. 235.
[141] Vgl. Buckley (1985b), S. 235 f.

$$\tilde{a}_{sj} \odot \tilde{a}_{jt} \approx \tilde{a}_{st} \quad \forall \, s, t \in \{1, \dots, \chi\}.$$

Die Fuzzy-Matrix $\bar{A}$ ist daher konsistent.

Bemerkung

Die Umkehrung des Satzes muß nicht gelten.

Nachdem die Vergleichsmatrizen aufgestellt sind, stellt sich die Frage nach der Ermittlung der Gewichte. Das von Saaty für herkömmliche Matrizen entwickelte Eigenwertverfahren läßt sich nicht auf Fuzzy-Matrizen erweitern, d.h. es stößt bei Fuzziness an seine Grenzen.

Begründung

Zur Ermittlung der Gewichte nach dem Eigenwertverfahren muß von

$$\bar{A} \odot \tilde{w} = \tilde{\lambda} \odot \tilde{w}$$

mit $\tilde{w} = (\tilde{w}_1, \dots, \tilde{w}_\chi)^T$ ausgegangen werden, und es ist folgendes Problem zu lösen:

(1) Gesucht sind Fuzzy-Intervalle mit trapezförmiger Zugehörigkeitsfunktion $\tilde{w}_s := (\bar{w}_s^1/\bar{w}_s^2; \bar{w}_s^3/\bar{w}_s^4)$, $s = 1, \dots, \chi$ und $\tilde{\lambda} = (\lambda_1/\lambda_2; \lambda_3/\lambda_4)$, für die die χ Gleichungen

$$(\tilde{a}_{s1} \odot \tilde{w}_1) \oplus \dots \oplus (\tilde{a}_{s\chi} \odot \tilde{w}_\chi) = \tilde{\lambda} \odot \tilde{w}_s, \ s = 1, \dots, \chi$$

erfüllt sind.

Sei $\bar{A} := [\tilde{a}_{st}]$ mit $\tilde{a}_{st} = (\bar{\alpha}_{st}/\bar{\beta}_{st}; \bar{\gamma}_{st}/\bar{\delta}_{st})$. Die Elemente von $\bar{A}$ sollen also ebenfalls trapezförmige Zugehörigkeitsfunktionen besitzen. Definiert man nun die 4 reellen Matrizen $A_1 := [\bar{\alpha}_{st}]$, $B_2 := [\bar{\beta}_{st}]$, $C_3 := [\bar{\gamma}_{st}]$, $D_4 := [\bar{\delta}_{st}]$ und die 4 rellen Vektoren $\bar{w}^1 := (\bar{w}_1^1, \dots, \bar{w}_\chi^1)^T$, $\bar{w}^2 := (\bar{w}_1^2, \dots, \bar{w}_\chi^2)^T$, $\bar{w}^3 := (\bar{w}_1^3, \dots, \bar{w}_\chi^3)^T$ und $\bar{w}^4 := (\bar{w}_1^4, \dots, \bar{w}_\chi^4)^T$, kann Problem (1) gemäß Satz 9 in das äquivalente Problem (2) überführt werden:

(2) Gesucht sind Paare $(\lambda_1, \bar{w}^1)$, $(\lambda_2, \bar{w}^2)$, $(\lambda_3, \bar{w}^3)$, $(\lambda_4, \bar{w}^4)$, für die die Gleichungen

$$A_1 \bar{w}^1 = \lambda_1 \bar{w}^1, \ A_2 \bar{w}^2 = \lambda_2 \bar{w}^2, \ A_3 \bar{w}^3 = \lambda_3 \bar{w}^3, \ A_4 \bar{w}^4 = \lambda_4 \bar{w}^4$$

erfüllt sind.

Behauptung

Zu den maximalen Eigenwerten λ_b^{max}, $b = 1, \dots, 4$ lassen sich nicht in jedem Fall normierte Eigenvektoren v^b bestimmen, für die

$$v^1 \leq v^2 \leq v^3 \leq v^4$$

gilt. D.h. mit Hilfe des Eigenwertverfahrens ist eine Berechnung der Gewichte nicht immer möglich.

Beweis:

Angenommen, es ließen sich immer Gewichte bestimmen. Ihre Komponenten seien durch Fuzzy-Intervalle gegeben, deren Zugehörigkeitsfunktion durch $(\bar{w}_s^1/\bar{w}_s^2; \bar{w}_s^3/\bar{w}_s^4)$ für $s = 1, \ldots, \chi$ festgelegt ist. Das Problem (2) könnte also gelöst werden, und es seien $v^1 := (\bar{w}_1^1, \ldots, \bar{w}_\chi^1)^T$, $v^2 := (\bar{w}_1^2, \ldots, \bar{w}_\chi^2)^T$, $v^3 := (\bar{w}_1^3, \ldots, \bar{w}_\chi^3)$, $v^4 := (\bar{w}_1^4, \ldots, \bar{w}_\chi^4)$ die gesuchten normierten Eigenvektoren zu den Eigenwerten $\lambda_1, \lambda_2, \lambda_3, \lambda_4$. Dann müssen folgende zwei Bedingungen erfüllt sein:

(I) $\sum_{s=1}^{\chi} \bar{w}_s^1 = \sum_{s=1}^{\chi} \bar{w}_s^2 = \sum_{s=1}^{\chi} \bar{w}_s^3 = \sum_{s=1}^{\chi} \bar{w}_s^4 = 1$

(II) $\bar{w}_s^1 \leq \bar{w}_s^2 \leq \bar{w}_s^3 \leq \bar{w}_s^4 \quad \forall s = 1, \ldots, \chi.$

Gilt $\bar{\alpha}_{st} < \bar{\beta}_{st} < \bar{\gamma}_{st} < \bar{\delta}_{st} \quad \forall s,t = 1, \ldots, \chi$, sind auch v^1, v^2, v^3 und v^4 verschieden. Aus der ersten Bedingung folgt:

$$\bar{w}_t^1 \leq \bar{w}_t^2 = 1 - \sum_{\substack{s=1 \\ s \neq t}}^{\chi} \bar{w}_s^2 \leq 1 - \sum_{\substack{s=1 \\ s \neq t}}^{\chi} \bar{w}_s^1 \leq \bar{w}_t^1 \quad \forall t = 1, \ldots, \chi$$

$$\Rightarrow \bar{w}_t^2 = \bar{w}_t^1 \quad \forall t = 1, \ldots, \chi$$

$$\Rightarrow v^1 = v^2.$$

Letzteres steht im Widerspruch zu $v^1 \neq v^2$.

Auf positive reziproke Fuzzy-Matrizen läßt sich die Geometric Mean-Methode zuschneiden. In Abschnitt 4.2.1 waren die Gewichte w_s nach der Geometric Mean-Methode definiert worden als

$$w_s = v_s/(v_1 + \ldots + v_\chi) \text{ mit } v_s := \left(\prod_{t=1}^{\chi} a_{st}\right)^{1/\chi}.$$

Entsprechend lautet bei Fuzzy-Matrizen $\bar{A}$ die Definition der Fuzzy-Gewichte $\tilde{w}_s$:

$$\tilde{w}_s := \tilde{v}_s \odot (\tilde{v}_1 \oplus \cdots \oplus \tilde{v}_\chi)^{-1} \text{ mit } \tilde{v}_s := (\tilde{a}_{s1} \odot \cdots \odot \tilde{a}_{s\chi})^{1/\chi}.$$

Mit

$$\bar{\alpha}_s := \left[\prod_{t=1}^{\chi} \bar{\alpha}_{st}\right]^{1/\chi}$$

$$\bar{\alpha} := \sum_{s=1}^{\chi} \bar{\alpha}_s$$

und $\bar{\beta}_s, \bar{\beta}, \bar{\gamma}_s, \bar{\gamma}, \bar{\delta}_s, \bar{\delta}$ entsprechend $\bar{\alpha}_s$ und $\bar{\alpha}$ sind die Gewichte $\bar{w}_s$ bestimmt durch $(\bar{\alpha}_s\bar{\delta}^{-1}/\bar{\beta}_s\bar{\gamma}^{-1}; \bar{\gamma}_s\bar{\beta}^{-1}/\bar{\delta}_s\bar{\alpha}^{-1})$.

Entsprechend der Definition der Wurzel einer Fuzzy-Zahl[142] hat die Zugehörigkeitsfunktion μ_s für die Fuzzy-Gewichte $\bar{w}_s$ folgende Gestalt:

$$\mu_s(y) = \begin{cases} 0 & \text{für} & y < \bar{\alpha}_s\bar{\delta}^{-1} \\ f_s(y)/g(y) & \text{für} & \bar{\alpha}_s\bar{\delta}^{-1} \leq y \leq \bar{\beta}_s\bar{\gamma}^{-1} \\ 1 & \text{für} & \bar{\beta}_s\bar{\gamma}^{-1} < y < \bar{\gamma}_s\bar{\beta}^{-1} \\ g_s(y)/f(y) & \text{für} & \bar{\gamma}_s\bar{\beta}^{-1} \leq y \leq \bar{\delta}_s\bar{\alpha}^{-1} \\ 0 & \text{für} & y > \bar{\delta}_s\bar{\alpha}^{-1} \end{cases}$$

mit

$$f_s(y) := \left[\prod_{t=1}^{\chi}((\bar{\beta}_{st} - \bar{\alpha}_{st})y + \bar{\alpha}_{st})\right]^{1/\chi}$$

$$g_s(y) := \left[\prod_{t=1}^{\chi}((\bar{\gamma}_{st} - \bar{\delta}_{st})y + \bar{\delta}_{st})\right]^{1/\chi}, \quad \text{für } 0 \leq y \leq 1$$

$$f(y) := \sum_{s=1}^{\chi} f_s(y)$$

$$g(y) := \sum_{s=1}^{\chi} g_s(y)$$

Für die Fuzzy-Gewichte zweier Alternativen s und j läßt sich der folgende Satz beweisen:

Satz 11

Ist $\bar{a}_{st} \geq \bar{a}_{jt} \quad \forall t = 1, \ldots, \chi$, folgt daraus: $\bar{w}_s \geq \bar{w}_j$.

Beweis:

Sei $\bar{w}_s := (\bar{w}_s^1/\bar{w}_s^2; \bar{w}_s^3/\bar{w}_s^4)$ und $\bar{w}_j := (\bar{w}_j^1/\bar{w}_j^2; \bar{w}_j^3/\bar{w}_j^4)$. $\bar{w}_s \geq \bar{w}_j$ gilt genau dann, wenn $\bar{w}_s^2 \geq \bar{w}_j^3$ ist. Mit $\bar{w}_t^1 \leq \bar{w}_t^2 \leq \bar{w}_t^3 \leq \bar{w}_t^4$ für $t \in \{t,j\}$ ist $\tilde{w}_s \geq \tilde{w}_j$ folglich immer dann erfüllt, wenn $\bar{w}_s^3 \geq \bar{w}_j^2$ ist. $\bar{w}_s^3$ und $\bar{w}_j^2$ berechnen sich nach der Geometric Mean-Methode als

$$\bar{w}_s^3 = \left(\prod_{t=1}^{\chi} \bar{\gamma}_{st}\right)^{1/\chi} /\bar{\beta} \quad \text{und} \quad \bar{w}_j^2 = \left(\prod_{t=1}^{\chi} \bar{\beta}_{jt}\right)^{1/\chi} /\bar{\gamma}.$$

Aus $\bar{\beta} \geq \bar{\gamma}$ folgt $1/\bar{\beta} \geq 1/\bar{\gamma}$ und aus $\bar{a}_{st} > \bar{a}_{jt} \quad \forall t = 1, \ldots, \chi$ folgt $\bar{\beta}_{st} > \bar{\gamma}_{jt} \quad \forall t = 1, \ldots, m$. Mit $\bar{\beta}_{ht} \leq \bar{\gamma}_{ht}$ für $h \in \{s,j\}$ ergibt sich

---

[142] Vgl. Dubois/Prade (1980), S. 53.

$\bar{\gamma}_{st} > \bar{\beta}_{jt}$ $\forall\, t$. Somit gilt dann $\bar{w}_t^3 \geq \bar{w}_j^2$, woraus $\bar{w}_s \geq \bar{w}_j$ folgt. Die Gesamt-gewichte berechnen sich nun durch Multiplikation und Addition der Teilbe-wertungen für die Alternativen und Kriterien entsprechend dem herkömmli-chen Verfahren, wobei allerdings die für Fuzzy-Zahlen definierte Additions–und Multiplikationsregel verwendet werden muß. Die ermittelten globalen Fuzzy-Gewichte $\bar{w}_s^{glob}$ für die einzelnen Alternativen x_s, $s = 1, \ldots, \chi$, können noch mit einer positiven Konstanten multipliziert werden, damit sie Werte zwischen 0 und 1 annehmen.

Bei der Beurteilung soll eine Alternative x_s einer Alternativen x_t vorge-zogen werden, wenn Alternative x_s Alternative x_t dominiert.

Definition 15

Eine Alternative x_s dominiert eine Alternative x_t ($x_s > x_t$) genau dann, wenn $\bar{w}_s^{glob} > \bar{w}_t^{glob}$ ist. Die Alternativen sind ungefähr gleich ($x_s \approx x_t$), wenn keine der Alternativen von der anderen dominiert wird.

Faßt man sämtliche nicht-dominierten Alternativen in der Menge F_1 zu-sammen und nachfolgend die nicht-dominierten Alternativen aus der Menge der jeweils verbliebenen Alternativen in Mengen F_i, bis keine Alternativen mehr übrig sind, ist die endgültige Rangordnung der Alternativen durch die Mengen F_i gegeben.

Zur Verdeutlichung sei das Beispiel aus Abschnitt 4.1.2 betrachtet. Der Entscheidungsträger habe die folgenden „unscharfen Vergleiche" angegeben:

$$M_1 := \begin{pmatrix} 1 & [1/2; 2/3] \\ [\frac{1}{3}/\frac{1}{2}; \frac{1}{2}/1] & 1 \end{pmatrix}$$

$$M_2 := \begin{pmatrix} 1 & [\frac{1}{5}/\frac{1}{4}; \frac{1}{3}/\frac{1}{2}] & [3/4; 4/5] \\ [2/3; 4/5] & 1 & [8/8; 9/9] \\ [\frac{1}{5}/\frac{1}{4}; \frac{1}{4}/\frac{1}{3}] & [\frac{1}{9}/\frac{1}{9}; \frac{1}{8}/\frac{1}{8}] & 1 \end{pmatrix}$$

$$M_3 := \begin{pmatrix} 1 & [2/2; 2/2] & [\frac{1}{6}/\frac{1}{5}; \frac{1}{4}/\frac{1}{3}] \\ [\frac{1}{2}/\frac{1}{2}; \frac{1}{2}/\frac{1}{2}] & 1 & [\frac{1}{9}/\frac{1}{8}; \frac{1}{8}/\frac{1}{7}] \\ [3/4; 5/6] & [7/8; 8/9] & 1 \end{pmatrix}$$

Wählt man gemäß Definition 11 $\bar{\theta} := 1$, genügt es, mit den „Eckpunkten" $(\bar{\alpha}/\bar{\beta}; \bar{\gamma}/\bar{\delta})$ zu rechnen. Der exakte Verlauf der Zugehörigkeitsfunktion zwi-schen $\bar{\alpha}$ und $\bar{\beta}$ und zwischen $\bar{\gamma}$ und $\bar{\delta}$ muß nicht explizit bekannt sein.

Ein in Pascal-XSC geschriebenes Programm liefert folgende Gewichte für die Beurteilung der Kriterien:

$$\bar{w}_1 = (0,0876/0,1946; 0,2366/0,5535)$$
$$\bar{w}_2 = (0,1912/0,4364; 0,5564/1,1405)$$
$$\bar{w}_3 = (0,1345/0,2723; 0,3147/0,7296).$$

Daraus folgt

$$
\begin{aligned}
v(\bar{w}_1 \geq \bar{w}_2) &< 1 \\
v(\bar{w}_2 \geq \bar{w}_1) &= 1 \\
v(\bar{w}_1 \geq \bar{w}_3) &< 1 \\
v(\bar{w}_3 \geq \bar{w}_1) &= 1 \\
v(\bar{w}_2 \geq \bar{w}_3) &= 1 \\
v(\bar{w}_3 \geq \bar{w}_2) &< 1.
\end{aligned}
$$

Dies bedeutet $\bar{w}_2 > \bar{w}_3 > \bar{w}_1$. Damit ist Alternative 2 vor Alternative 3 und Alternative 1 zu wählen.

Insgesamt ermöglicht es eine fuzzyorientierte Erweiterung des AHP, wie sie anhand der Geometric Mean-Methode verdeutlicht wurde, das Grundprinzip des Verfahrens auch in Situationen einzusetzen, die ein einwertiges Vergleichsurteil anhand der 1–9-Ordinalskala nicht zulassen. Unabhängig davon, ob die bestehende Unschärfe durch einen Mangel an Wissen über die Konsequenzen von Handlungsalternativen oder über subjektive Präferenzen bedingt ist, ermöglicht das erörterte Fuzzyinstrumentarium die Nutzung eines Verfahrensprinzips, das in seiner Grundform in der in diesem Abschnitt erörterten Situation gar nicht anwendbar wäre. Eine fuzzyorientierte Erweiterung des AHP trägt somit dazu bei zu verhindern, daß ordinale Werturteile abgegeben werden, die in dieser Schärfe eigentlich nicht abgegeben werden könnten und daher nur pseudogenau wären. Strenggenommen führt erst eine fuzzyorientierte Bewertung der hier betrachteten Fälle dazu, Schärfe herzustellen, indem sämtliche außerhalb des Gültigkeitsbereichs angegebener Fuzzy–Zahlen liegende Bewertungen ausgeschlossen werden.

5 Fallstudien zur Lösung strategischer Probleme mittels AHP im Interaktionskontext „Management – Controlling"

5.1 Der AHP als Instrument einer Interaktion zwischen Management und Controlling

Es wurde im ersten Kapitel aufgezeigt, daß in divisionalisierten Unternehmen mit segmentierter Führungsstruktur das Management der Unterstützung durch ein Controlling bedarf, das die verschiedenen Führungssubsysteme *koordiniert* und gegenüber dem Management *Serviceleistungen* erbringt. Zur letzteren Aufgabe gehören Hilfestellungen bei der Entscheidungsfindung. Bei strategischen Entscheidungen könnten Manager dadurch eine Entlastung[1] erfahren, daß der Controller ein komplexes entscheidungsbezogenes Ausgangsproblem für den Manager in paarweise vorzunehmende (weniger komplexe) Einzelentscheidungsprobleme aufspaltet und damit eine Problemlösung mittels AHP ermöglicht.

Der AHP läßt sich in die Arbeitsteilung zwischen der Linieninstanz Management und der Stabsinstanz Controlling wie folgt auf strategischer Ebene integrieren[2]: Strategisches Controlling befragt das Management – veranlaßt durch die Identifikation eines bestimmten strategischen Entscheidungsproblems – nach dem für die Problemlösung relevanten Oberziel. Dabei wird es sich im Regelfall um eine hochaggregierte Zielformulierung handeln, die der Spezifizierung durch Ziele nachgeordneter Hierarchieebenen bedarf. Solche Unterziele können unter unterschiedlichen Kontextbedingungen unterschiedlich gewichtet werden. Dies trifft z.B. dann zu, wenn die künftige Umwelt alternativ mögliche Ausprägungen aufweisen kann. Unterziele könnten dann in Abhängigkeit von alternativ möglichen Zukunftsszenarien unterschiedlich bewertet werden. Daher hat strategisches Controlling das Management nach der (für die Entscheidungsfindung relevanten) Entwicklung der künftigen Umwelt zu befragen. Diese bildet das Management – ggf. unter Formulierungshilfe durch das Controlling – in Szenarien ab. Dann vergleicht das Management

---

[1] Immerhin würde die Entwicklung strategisch relevanter Zielsysteme, die simultane Bemessung von Eintrittswahrscheinlichkeiten für künftige Umweltzustände sowie eine gleichzeitige Bewertung von Handlungsalternativen anhand sämtlicher Zielkriterien eine erhebliche zusätzliche Anspannung der durch Führungsaufgaben ohnehin stark beanspruchten Managementkapazität bedeuten.

[2] Vgl. dazu bereits Tabelle 3.11.

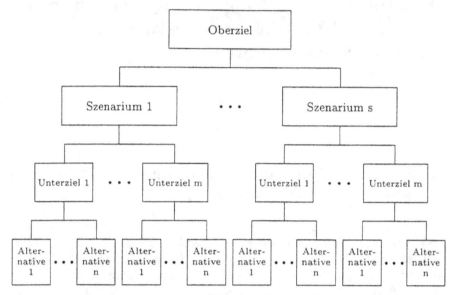

Abbildung 5.1: Typische Grundstruktur der durch AHP zu bewältigenden
Entscheidungsproblematik

– unter Rekurs auf die ordinale Werteskala – die Szenarien im Hinblick auf die
Wahrscheinlichkeit ihres Eintretens paarweise miteinander. Mit der Beschreibung dieser situativen Rahmenbedingungen für die zu verfolgenden Ziele kann
das entscheidungsleitende Zielsystem in Interaktion[3] zwischen Controlling
und Management entwickelt werden. Dabei benennt das Management Ziele, während das Controlling deren Implikationen aufzeigt. Auf diese Art und
Weise werden Ober- durch Unterziele definiert, Zielgewichte festgelegt, und
ein hierarchisches Zielsystem entsteht. Anstrengungen zur Formulierung des
Zielsystems sind so lange fortzusetzen, bis das Management sein Wollen hinreichend klar zum Ausdruck gebracht hat. Somit entsteht eine hierarchische
Struktur des Entscheidungsproblems, die durch die vertikale Folge „Oberziel-
Szenarien-Unterziele-Handlungsalternativen" gekennzeichnet ist. Abbildung
5.1[4] verdeutlicht dies in beispielhaft typisierter Form. Mit der Erstellung einer
solchen differenzierten hierarchischen Struktur sind die Rahmenbedingungen
gegeben, innerhalb derer das Management auf Befragen des Controllings die
Handlungsalternativen bewerten kann. In dieser Interaktionsbeziehung zwischen Management und Controlling ist das Management Lieferant *normati-
ver*, d.h. ziel- bzw. wertbezogener Informationen. Demgegenüber beschränkt
sich das Controlling auf *wertneutrale Informationsverarbeitung*, indem es auf

---

[3] Vgl. zu konzeptionellen Überlegungen zum Interaktionsprinzip im Rahmen einer
„Philosophie der interaktiven Planung" Ackoff/Finnel/Gharajedaghi (1989), S.
13 ff.

[4] Vgl. ähnlich Abbildung 1 bei Ossadnik/Lange/Morlock (1998), S. 570.

der Basis dieser Informationen eine Rangordnung der Vorziehenswürdigkeit unter den strategischen Alternativen herleitet.

Nach den die Methodik des AHP betreffenden Grundsatzbetrachtungen des vorangegangenen Kapitels sollen nunmehr im Abschnitt 5.2 die Einsatzmöglichkeiten dieses Verfahrens bei der Lösung strategischer Entscheidungsprobleme anhand von Fallstudien verdeutlicht werden. Diese stellen auf eine in Arbeitsteilung zwischen Management und Controlling zu erarbeitende hierarchische Entscheidungsproblemstruktur entsprechend Abbildung 5.1 ab. Abschnitt 5.3 geht dann auf die Möglichkeit einer Sensitivitätsanalyse sowie auf ihre Softwareunterstützung ein.

5.2 Fallstudien zur Anwendung des AHP bei spezifischen strategischen Entscheidungsproblemen

5.2.1 Überblick

Im weiteren wird durch Beispiele aufgezeigt, wie der AHP (mit vollständig definierten Entscheidungshierarchien im Sinne des Vollständigkeitsaxioms Saatys) eingesetzt werden kann, indem im Interaktionskontext „Management – Controlling" hierarchische Zielsysteme gebildet, Eintrittswahrscheinlichkeiten für entwickelte Zukunftsszenarien bestimmt und Handlungsalternativen bewertet werden. Dabei soll davon ausgegangen werden, daß die Verfahrensanwender ihre Vergleichsurteile in einer Schärfe abgeben können, die keine fuzzyorientierte Erweiterung des Verfahrens erfordert. Die notwendigen Berechnungen werden – im Interesse wünschenswerter Genauigkeit und der Möglichkeit, das Inkonsistenzmaß[5] nach Donegan/Dodd zu wählen – durch die in Abbildung 4.4 dargestellte Programmierung in Mathematica abgewickelt. Bei den einzelnen Berechnungsschritten erfolgen keine Rundungen. Die Berechnungsergebnisse werden aus layouttechnischen Gründen beim Inkonsistenzmaß auf 7, bei den Eintrittswahrscheinlichkeiten, Zielgewichten, Prioritäten und normierten Nutzenwerten auf 5 Nachkommastellen ausgegeben.

In der nachfolgenden Fallstudie *(Beispiel 1)* wird zunächst erörtert, wie in Zeiten großer Umweltturbulenzen und sich erhöhender Wettbewerbsdynamik die Auswahl zwischen alternativen Formen eines strategischen Profilwandels mittels AHP unterstützt werden kann. Hierbei handelt es sich um eine gesamtunternehmensbezogene Problemstellung von hohem Aggregationsgrad. Diese investitions- bzw. unternehmensbewertungsorientierte Aufgabe ist von

---

[5] Vgl. zum Problem der Inkonsistenz und zur Diskussion alternativer Inkonsistenzmaße bereits die Abschnitte 4.1.3 und 4.2.

hoher Aktualität und Praxisrelevanz. Ähnliches gilt für *Beispiel 2*: Viele Unternehmen haben Internationalitätsdefizite, die sie durch Auswahl einer geeigneten internationalen Markteintrittsstrategie aufholen können. Die Fallstudie zeigt auf, wie die Auswahl einer solchen Strategie mittels AHP fundiert werden kann. Auch hierbei handelt es sich um eine auf das gesamte Unternehmen bezogene strategische Problemstellung mit Investitions- bzw. Unternehmensbewertungsorientierung. Dabei unterscheidet sich diese von der vorhergehenden Fallstudie dadurch, daß die Unternehmensführung ihre Vorstellungen bezüglich des vorhandenen strategischen Defizits bereits dahingehend eingeengt hat, daß Internationalität bezüglich der Marktpräsenz aufzuholen ist.

Die beiden nachfolgenden Fallstudien widmen sich dann funktionsbezogenen strategischen Entscheidungsproblemen: *Beispiel 3* demonstriert, wie durch Einsatz des AHP die Auswahl einer Produktionstechnologie unterstützt werden kann. Hierauf folgt das absatzmarktstrategische Problem der Auswahl eines neuen Produkts für das Produktsortiment. Dessen Lösbarkeit durch Einsatz des AHP wird in *Beispiel 4* demonstriert. Auf die beiden funktionalstrategiebezogenen Fallstudien folgt mit *Beispiel 5* ein querschnittsbezogenes strategisches Problem: Darin wird aufgezeigt, wie mit Hilfe des AHP die Entscheidung über ein geeignetes (den Vertriebsweg betreffendes) Logistikkonzept fundiert werden kann.

5.2.2 Beispiel 1: Entscheidung über strategischen Profilwandel

5.2.2.1 Gesamtunternehmensbezogenes Controlling und strategischer Profilwandel

In divisionalisierten Unternehmen mit segmentiertem Führungssystem bedarf das strategische Management der Unterstützung durch strategisches Controlling. Dieses hat – u.a. durch die Servicefunktionen der Informationsbereitstellung und Entscheidungsunterstützung – das Management in die Lage zu versetzen, stets über die strategischen Erfolgspotentiale zu verfügen, die langfristiges Überleben am Markt versprechen. Zeigt die (vom gesamtunternehmensbezogenen Controlling durchzuführende) Analyse der Erfolgsposition eines Unternehmens eine Diskrepanz zwischen der bei Konstanz des strategischen Unternehmenskonzepts erreichbaren und der eigentlich strategisch gewollten Erfolgsposition, hat das Controlling Handlungsbedarf anzuzeigen. Im Zeitalter sich ständig erhöhender Wettbewerbsdynamik und eines damit einhergehenden Wandels von Präferenzen, Märkten und sich hieraus ergebender Anforderungen an wettbewerbsfähige Unternehmensprofile müssen viele Unternehmen eine solche Diskrepanz bzw. *strategische Lücke*[6] feststellen. Strategische Lücken können nur durch eine Umstrukturierung der

---

[6] Vgl. zum Konzept einer Lücken- bzw. Gap-Analyse Ansoff (1965), S. 148, sowie - in speziellerem Kontext - Sieben/Ossadnik/Wachter (1988), S. 118 f; Böcker (1993), Sp. 2763.

strategischen Erfolgspotentiale, d.h. durch einen *strategischen Profilwandel*, geschlossen werden.

Die Identifikation und Schließung überlebenskritischer Lücken ist die wichtigste Aufgabenstellung für die strategische Führung. Innerhalb eines Interaktionskontextes „Management – Controlling" stellt sich für ein gesamtunternehmensbezogenes Controlling die Aufgabe, strategische Lücken mit Hilfe der vom Management vorgegebenen Informationen (über strategische Soll-Positionen) festzustellen, (realistische) Handlungsalternativen zur Bewirkung eines strategischen Profilwandels zu formulieren, ihre Konsequenzen aufzuzeigen und bei deren Bewertung durch das Management dessen Interaktionspartner zu sein. Die Ausprägungsformen einer hierfür geeigneten Controllinginstanz können in praxi sehr unterschiedlich sein. So kann es sich z.B. auf der Ebene der Muttergesellschaft eines Konzerns um sog. Konzern-Controlling oder auch um sog. Beteiligungs-Controlling handeln.

Für einen strategischen Profilwandel kommen Alternativen verschiedenster Erscheinungsformen in Frage. Die weitere Betrachtung wird sich auf folgende Grundtypen konzentrieren:

- Interner Aufbau eigener Erfolgspotentiale[7],

- Akquisition eines Unternehmens[8],

- Verschmelzung mit einem Unternehmen[9], das über die gewünschten Erfolgspotentiale verfügt oder

- Kooperation[10] mit einem geeigneten Unternehmen zwecks Aufbaus der gewünschten Erfolgspotentiale.

Der interne Aufbau eigener Erfolgspotentiale bietet die Aussicht, „Herr im eigenen Hause" zu sein, erfordert aber erhebliche Anstrengungen und Zeit. Demgegenüber verspricht die Akquisition eines geeigneten Unternehmens die rasche Verfügbarkeit erwünschter Erfolgspotentiale ohne eigene Entwicklungsanstrengungen. Dem stehen indes erhebliche Schnittstellen- und Integrationsprobleme[11] in der Post-Akquisitionsphase gegenüber. Während für eine Unternehmensakquisition ein Kaufpreis zu entrichten ist, werden bei

---

[7] Vgl. zu dieser strategischen Alternative Ossadnik (1990), S. 340 f.

[8] Vgl. zu dieser strategischen Alternative Kilmer (1967), S. 55 ff; Birley (1976), S. 67 ff; Allen/Oliver/Schwallie (1981), S. 14 ff; Bradley/Korn (1982), S. 30 ff; Dornis (1982), S. 39 ff; Humpert (1985), S. 30 ff; Clarke (1987), S. 12 ff; Rappaport (1987), S. 99 ff; Gomez (1989), S. 441 ff; Gomez/Weber (1990), S. 181 ff; Datta (1991); Reißner (1992).

[9] Vgl. dazu z.B. Ossadnik (1990), S. 341 und (1995a), S. 3 ff und (1995b), S. 70 f.

[10] Vgl. dazu Porter/Fuller (1986), S. 315 ff; Büchs (1991) S. 1 ff; Bleeke/Bull-Larsen/Ernst (1992), S. 103 ff; Günter (1992), S. 792 ff.

[11] Vgl. zu Integrationsproblemen aus einer synergieorientierten Perspektive Ehrensberger (1993), S. 103 ff.

einer Verschmelzung nur Kapitalanteile getauscht. Die erwünschten Erfolgs-potentiale eines anderen Unternehmens werden bei der Verschmelzung ohne Abfluß von Liquidität verfügbar gemacht. Indes sind – wie auch bei der Akquisition – in der Vollzugsphase Integrationsprobleme zu lösen. Zu bedenken ist ferner, daß eine Verschmelzung eine nur mit erheblichen verfahrensrechtlichen Anstrengungen zu revidierende Handlungsalternative ist. Demgegenüber sind Kooperationen von vornherein zeitlich begrenzt. Sie bieten den Kooperationspartnern im Hinblick auf die bevorstehende Auflösung und die bis dahin zu wahrenden partnerspezifischen Interessen ein Konfliktpotential.

Über die Konsequenzen solcher Handlungsalternativen zur Bewirkung eines strategischen Profilwandels sind zu erwartende Zahlungsreihen (als unikriterielle Erfolgsmaße) zur Begründung der Entscheidung in deren Vorphase nicht verfügbar. Versuche, die für Kapitalwertprognosen erforderlichen Inputdaten in hinreichender Skalierung zu gewinnen, scheitern oft an der Unvollkommenheit der verfügbaren Informationen, wenn z.B. zahlungsrelevante Informationen in einer inhaltlich vertretbaren Weise mit Hilfe risikoanalytischen Instrumentariums oder aufgrund von Zurechnungsproblemen bei multiplen Verbundbeziehungen zwischen mehreren Objekten nicht plausibel darstellbar sind. Es verbleibt dann immerhin die Möglichkeit, Aussagen über die Zielwirksamkeit der Alternativen anhand einer Verhältnisskala zu treffen, wie sie dem AHP zugrunde liegt.

5.2.2.2 Strategischer Profilwandel mittels AHP

Es sei im weiteren davon ausgegangen, daß ein Unternehmen insoweit eine strategische Lücke identifiziert habe, als sein bisher erfolgreichstes Produkt sich bereits in der Sättigungsphase des Lebenszyklus befindet und aus diesem Grunde ein Ersatz-Erfolgspotential geschaffen werden soll[12]. Um dieses strategische Problem zu bewältigen, habe das Management – in Interaktion mit dem Controlling – das aus Abbildung 5.2 ersichtliche mehrstufige Zielsystem entwickelt.

Dieses beispielhafte Zielsystem mit dem strategischen Oberziel Schaffung und Nutzung eines Erfolgspotentials und den konkretisierenden Unterzielen Flexibilität, Gewinn und Entscheidungsautonomie sei den nachfolgenden Ausführungen zugrunde gelegt. Dieses Zielsystem gelte mit der Nebenbedingung, daß zu bewertende Handlungsalternativen die Anforderungen eines jederzeitigen Liquiditätsgleichgewichts erfüllen. Zunächst noch offen seien an dieser Stelle Zielgewichtungsfragen. Deren Beantwortung hängt von der Entwicklung der künftigen Umwelt ab.

---

[12] Vgl. zu einer Fallstudie mit ähnlicher Problemstellung und abweichendem Zielsystem auch Ossadnik/Maus (1994), S. 138 f; Ossadnik (1998), S. 305–317.

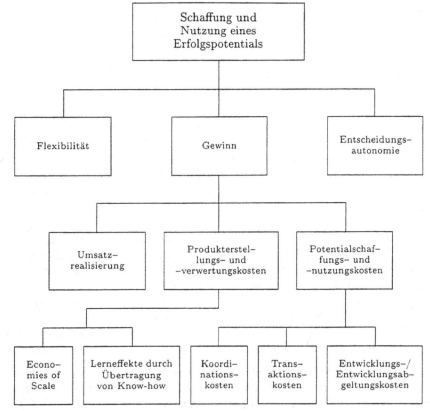

Abbildung 5.2: Beispiel eines Zielsystems (für strategischen Profilwandel)

Im Rahmen des Zielsystems sei eine strategische Handlungsalternative dann flexibel, wenn nach einem Fortfall strategischer Prämissen Handlungsspielraum für notwendige Anpassungsmaßnahmen besteht. Dies wird im weiteren daran gemessen, ob eine gewählte Alternative zur Bewirkung eines strategischen Profilwandels kurzfristig revidiert werden kann. Ferner gehe das Beispielsunternehmen vom Gewinnziel aus. Außerdem wird eine möglichst große Entscheidungsautonomie angestrebt.

Das *Gewinnziel* sei (aus strategischer Sicht) durch Kriterien spezifiziert, die nicht etwa die Größe „Gewinn" vollständig erklären, sondern (mangels vollkommener Informationen) auf wesentliche Unterschiede in den Gewinnkonsequenzen der zu bewertenden strategischen Alternativen verweisen. Es handelt sich um die Unterziele *Umsatzrealisierung, Produkterstellungs- und -verwertungskosten* sowie *Potentialschaffungs- und -nutzungskosten*. Beim Kriterium der *Umsatzrealisierung* ist entscheidungsrelevant, wann mit den genannten strategischen Handlungsalternativen frühestens Umsätze realisiert werden können.

Die *Produkterstellungs- und -verwertungskosten* erfassen die produktbezogenen Selbstkosten ohne die Potentialabschreibungen, die in Form von Anschaffungskosten im Rahmen des Kriteriums *Potentialschaffungskosten* gesondert betrachtet werden. An den Produkterstellungs- und -verwertungskosten sei hier insbesondere die Degression der Stückselbstkosten entscheidungserheblich. Die Degression der Fixkosten je Stück kann zum einen im Wege der Auslastung vorhandener Kapazitäten (über Beschäftigungsdegression) und bei deren Vollbeschäftigung über die Auslastung neu anzuschaffender Kapazitäten, d.h. über *Economies of Scale* bzw. Größendegressionseffekte, erreicht werden. Zum anderen können fixkostenbezogene Degressionseffekte je Stück durch Bereinigung von Produktionsprogrammen oder Reduzierung von Produktionsstufen realisiert werden, indem komplexitätsreduzierende Konzepte im Beschaffungs- und Produktionsbereich zur Erzielung von Auflagendegressionseffekten eingeführt werden. Für das strategische Management seien in diesem Fall lediglich Economies of Scale entscheidungsrelevant, da das Entscheidungsfeld bezüglich der beiden anderen Degressionseffekte, d.h. der Beschäftigungs- und der Auflagendegression, keine signifikanten Unterschiede zwischen den Alternativen aufweist. Stückkosten können auch dann eingespart werden, wenn aufgrund von Lerneffekten die Produktionsmengen erhöht oder der Verbrauch von Produktionsfaktoren reduziert wird. Entscheidungsrelevant seien hier die Lerneffekte, die durch einen *Know-how-Transfer* zwischen Unternehmen möglich werden.

Die *Potentialschaffungs- und -nutzungskosten* sollen auf der dritten Unterzielebene durch folgende Kostenarten spezifiziert werden: (a) die Kosten der internen Koordination eines Profilwandels *(Koordinationskosten)*, (b) die Kosten eines Profilwandels über marktliche Transaktion *(Transaktionskosten)* sowie (c) die *Entwicklungs-* bzw. *Entwicklungsabgeltungskosten*, d.h. also die Kosten eines internen Aufbaus oder der Preis der externen Beschaffung des erwünschten Erfolgspotentials.

Für die Entscheidungsfindung ist die Entwicklung der künftigen Umwelt von Relevanz, die durch Szenarien beschrieben werden soll. Dabei werden Annahmen über das zukünftige Wachstum auf dem relevanten Markt und die zukünftige Wettbewerbsintensität – gemessen am (binär skalierten) Indikator der Anzahl der Mitwettbewerber – zu folgenden alternativen Umweltzuständen kombiniert:

– Szenarium I: geringes Marktwachstum und geringe Wettbewerbsintensität,

– Szenarium II: geringes Marktwachstum und starke Wettbewerbsintensität,

– Szenarium III: starkes Marktwachstum und geringe Wettbewerbsintensität,

– Szenarium IV: starkes Marktwachstum und starke Wettbewerbsintensität.

Die damit als alternativ möglich unterstellten Umweltentwicklungen sind in Tabelle 5.1 systematisch gegenübergestellt.

Tabelle 5.1: Umweltszenarien (strategischer Profilwandel)

Szenarien		Wettbewerbsintensität (WI)	
		gering	stark
Marktwachstum	gering	I	II
	stark	III	IV

Für diese Szenarien sind zunächst die Eintrittswahrscheinlichkeiten zu bestimmen. Hierzu hat das strategische Controlling als Interaktionspartner des strategischen Managements dieses für alle Szenarienpaare zu befragen, welches Szenarium es im Rahmen des Paarvergleichs für wahrscheinlicher hält. Das – hier beispielhaft unterstellte – Befragungsergebnis ist aus Tabelle 5.2 ersichtlich. Aufgrund dieser Angaben lassen sich die Eintrittswahrscheinlichkeiten mit Hilfe des AHP bestimmen[13].

Tabelle 5.2: Paarvergleichsmatrix der Szenarien (strategischer Profilwandel)

Szenarien IKM = 0,0820667	I	II	III	IV
I	1	1/3	1/3	1/5
II		1	1/3	1/3
III			1	1/3
IV				1
Eintrittswahr-scheinlichkeiten	0,07520	0,15118	0,26534	0,50829

Menschliches Entscheidungsverhalten ist nicht invariant, sondern hängt von der Entscheidungssituation ab. Dies gilt auch für die Unsicherheitssituation. Es sei demzufolge davon ausgegangen, daß die Manager den Zielen auf der ersten dem Oberziel nachgelagerten Ebene für jedes Szenarium unterschiedliche Gewichte zuordnen. Wie lassen sich szenarienspezifische Gewichtsunterschiede begründen? Es ist z.B. plausibel, bei geringem Marktwachstum, d.h. begrenzten Absatzerfolgsaussichten, die Ziele der Flexibilität und Entscheidungsautonomie gegenüber dem Gewinnziel höher zu gewichten als bei starkem Marktwachstum. Dabei wird die Flexibilität gegenüber dem Gewinnziel bei niedriger Wettbewerbsintensität (Szenarium I) geringer zu gewichten sein (vgl. Tabelle 5.3) als bei starker Wettbewerbsintensität (Szenarium II, vgl. Tabelle 5.4). Ist es doch für das Management des Beispielsunternehmens

---

[13] Im Unterschied zu dem im weiteren zugrundegelegten Inkonsistenzindex von Donegan/Dodd ist der bei Ossadnik/Maus (1994), S. 139 ff, verwendete Index an Schneeweiß (1991a) angelehnt.

insbesondere in Situationen mit starker Wettbewerbsintensität wichtig, die einmal gewählte Strategie revidieren zu können.

Tabelle 5.3: Paarvergleichsmatrix der Ziele der ersten Unterzielebene für das Szenarium I

Szenarium I IKM = 0,0548614		Flexibilität	Gewinn	Entscheidungs- autonomie
Flexibilität		1	3	2
Gewinn			1	1/3
Entscheidungs- autonomie				1
Zielgewichte	lokal	0,52784	0,13965	0,33252
	global	0,03969	0,01050	0,02501

Tabelle 5.4: Paarvergleichsmatrix der Ziele der ersten Unterzielebene für das Szenarium II

Szenarium II IKM = 0,0663879		Flexibilität	Gewinn	Entscheidungs- autonomie
Flexibilität		1	7	3
Gewinn			1	1/5
Entscheidungs- autonomie				1
Zielgewichte	lokal	0,64912	0,07193	0,27896
	global	0,09813	0,01087	0,04217

Bei günstigen Absatzbedingungen, d.h. bei hohem Marktwachstum und geringer Wettbewerbsintensität (Szenarium III), ist dagegen die Flexibilität im Vergleich zum Gewinn von geringerer Bedeutung (vgl. Tabelle 5.5). Szenarium III kennzeichnet eine zukünftige Situation, in der ein weiterentwickeltes Produkt stark nachgefragt wird, ohne daß zusätzliche Anbieter den Wettbewerb intensivieren. In dieser günstigen Situation sind für das Beispielsunternehmen voraussichtlich keine Abweichungen von der einmal gewählten Strategie notwendig, so daß die Flexibilität und damit auch die Entscheidungsautonomie untergeordnete Rollen spielen. Am wichtigsten ist vielmehr das Gewinnziel. Solche Überlegungen hat das Management in paarweisen Vergleichsurteilen für das Szenarium III konkretisiert (vgl. Tabelle 5.5).

Szenarium IV unterstellt, daß sich das weiterentwickelte Produkt einer starken Nachfrage gegenüber sieht, diese jedoch von einer zunehmenden Zahl von Anbietern befriedigt wird. Aufgrund der günstigen Absatzmöglichkeiten ist die Revidierbarkeit der ursprünglich gewählten Strategie nicht so wichtig

Tabelle 5.5: Paarvergleichsmatrix der Ziele der ersten Unterzielebene für das Szenarium III

Szenarium III IKM = 0	Flexibilität	Gewinn	Entscheidungs- autonomie
Flexibilität	1	1/9	1
Gewinn		1	9
Entscheidungs- autonomie			1
Zielgewichte	lokal	0,09091	0,81818	0,09091
	global	0,02412	0,21709	0,02412

wie im Falle eines nur geringen Marktwachstums. Im Unterschied zu Szenarium III, in dem die Wettbewerbsintensität gering ist, ist die Flexibilität weniger unwichtig als der Gewinn und erhält andererseits das Ziel der Entscheidungsautonomie ein höheres Gewicht gegenüber dem Gewinnziel (vgl. Tabelle 5.6).

Tabelle 5.6: Paarvergleichsmatrix der Ziele der ersten Unterzielebene für das Szenarium IV

Szenarium IV IKM = 0,0548614	Flexibilität	Gewinn	Entscheidungs- autonomie
Flexibilität	1	1/5	2
Gewinn		1	5
Entscheidungs- autonomie			1
Zielgewichte	lokal	0,17862	0,70886	0,11252
	global	0,09079	0,36030	0,05719

Geht man davon aus, daß das strategische Management eine risikoneutrale Bewertung der unsicheren Daten von Projekten bestimmt hat[14], durch die die aufgrund der festgelegten Strategien auftretenden Entscheidungsprobleme gelöst werden sollen, dann ergibt sich das Gewicht eines Kriteriums bei der Bewertung von Alternativen als Produkt aus dem szenarienspezifischen lokalen Zielgewicht und der Eintrittswahrscheinlichkeit des Szenariums.

Die lokalen Gewichte der Ziele auf der zweiten und dritten Unterzielebene definiert das Management – abgesehen vom Kriterium der Umsatzrealisierung – unabhängig von der künftigen Umweltentwicklung, d.h. unabhängig von den Szenarien. Multipliziert man das aus dem Vergleich mit den anderen

---

[14] Vgl. zu den Implikationen eines AHP-Einsatzes im Rahmen von Gruppenentscheidungen Abschnitt 4.5

Zielen einer Ebene resultierende *lokale* Gewicht eines Ziels mit dem Zielgewicht seines *Oberziels*, erhält man das *globale* Zielgewicht dieses *Unterziels*.

Das *Gewinnziel* wird auf dritter Zielebene durch die Kriterien der *Umsatzrealisierung*, der *Produkterstellungs- und -verwertungskosten* und der *Poten-
tialschaffungs- und -nutzungskosten* spezifiziert. Wie aus den Paarvergleichsurteilen der Tabelle 5.7 ersichtlich wird, kommt der Umsatzrealisierung be-
sondere Bedeutung zu.

Tabelle 5.7: Paarvergleichsmatrix für das Kriterium des Gewinns

Gewinn IKM = 0,0663879	Umsatz- realisierung	Produkterstellungs- und und -verwertungskosten	Potential- schaffungs- kosten
Umsatz- realisierung	1	7	5
Produkterstellungs- und -verwertungskosten		1	1/3
Potentialschaf- fungskosten			1
Zielgewichte	lokal	0,73065	0,08096	0,18839
	global	0,43749	0,04848	0,11280

Auf der vierten Zielebene erklären die *Economies of Scale* und die *Lerneffekte durch Übertragung von Know-how* das Oberziel der *Produkterstellungs-
und -verwertungskosten*. Die *Koordinationskosten*, die *Transaktionskosten* und
die *Entwicklungs-/Entwicklungsabgeltungskosten* erläutern hingegen das Oberziel der *Potentialschaffungs- und -nutzungskosten*. Die vom Management vor-
genommene Beurteilung ist den Tabellen 5.8 und 5.9 zu entnehmen.

Tabelle 5.8: Paarvergleichsmatrix für das Kriterium der Produkterstellungs- und
-verwertungskosten

Produkterstellungs- und -verwertungskosten IKM = 0	Economies of Scale	Lerneffekte durch Über- tragung von Know-how
Economies of Scale	1	4
Lerneffekte durch Über- tragung von Know-how		1
Zielgewichte	lokal	0,80000	0,20000
	global	0,03878	0,00970

Es wird im weiteren davon ausgegangen, daß das gesamtunternehmensbezogene Controlling Informationen über folgende alternative Handlungs-

Tabelle 5.9: Paarvergleichsmatrix für das Kriterium der
Potentialschaffungskosten

Potential- schaffungskosten IKM = 0,0297358		Koordina- tionskosten	Transaktions- kosten	Entwicklungs-/ Entwicklungsab- geltungskosten
Koordinations- kosten		1	3	1/5
Transaktions- kosten			1	1/9
Entwicklungs-/ Entwicklungsab- geltungskosten				1
Zielgewichte	lokal	0,17818	0,07042	0,75141
	global	0,02010	0,00794	0,08476

möglichkeiten zur Bewirkung eines strategischen Profilwandels beschafft habe:

P1: *Akquisition* eines Unternehmens, das eine Weiterentwicklung des betreffenden Produkts selbst gerade erfolgreich auf dem Markt eingeführt hat. Aufgrund der bereits weit gediehenen Verhandlungen ist ein Kaufpreis von 15–17 Mio. Geldeinheiten (GE) wahrscheinlich.

P2: *Verschmelzung* mit einem anderen Unternehmen, das ebenfalls eine Weiterentwicklung des betreffenden Produkts erfolgreich auf dem Markt eingeführt hat. Bezüglich der Gestaltung des Verschmelzungsvertrags sind zwar noch einige Detailfragen offen; eine Verschmelzung wäre aber zu für beide Seiten grundsätzlich akzeptablen Bedingungen durchführbar.

P3: *Projektbezogene horizontale Kooperation* mit einem anderen Unternehmen zwecks technischer Weiterentwicklung des bereits existierenden Produkts[15]. Es wird erwartet, daß sich ein Innovationserfolg in Anbetracht des eigenen sowie des (aufgrund vorliegender Informationen) zu erwartenden Know-hows des Partners nach ein bis zwei Jahren Entwicklungszeit quasi-sicher einstellt. Die Zusammenarbeit beschränkt sich auf die Produktentwicklung. Produktion und Vertrieb übernehmen beide Partner später selbständig für sich. Aufgrund von Synergieeffekten bei der Produktentwicklung werden Kosten von insgesamt 8–10 Mio. GE erwartet. Die Kooperationspartner sind sich über die Gestaltung des Kooperationsvertrags noch nicht einig. Dies verzögert eine mögliche Transaktion.

P4: Technische Weiterentwicklung des umsatzmäßig inzwischen stagnierenden eigenen Produkts *(im Sinne eines internen Erfolgspotentialaufbaus)*.

---

[15] Vgl. zur strategischen Handlungsalternative der Kooperation bzw. Allianz Bleeke/Bull-Larsen/Ernst (1992), S. 103 ff.

Aufgrund des Know-hows des Unternehmens kann mit einem quasi-sicheren Innovationserfolg nach zwei bis drei Jahren Entwicklungszeit gerechnet werden. Die anfallenden Entwicklungskosten werden auf 10 bis 12 Mio. GE geschätzt.

Das strategische Management bewerte diese Handlungsalternativen in Interaktion mit dem Controlling wie folgt: In Bezug auf das Kriterium der *Flexibilität* wird die strategische Handlungsalternative Akquisition als „etwas besser" als die Möglichkeit einer Verschmelzung eingeschätzt. Ist doch ein Verkauf des akquirierten Unternehmens zeitlich eher realisierbar als die (aus rechtlichen Gründen langwierige[16]) Auflösung einer Verschmelzung. Die Akquisitionsalternative ist dagegen bezüglich der Flexibilität „etwas schlechter" als die Kooperation, da die Suche nach einem Käufer für ein erworbenes Unternehmen i.d.R. mehr Zeit in Anspruch nimmt als die Auflösung eines Kooperationsvertrags. Die Flexibilität einer Eigenentwicklung ist schließlich „spürbar besser" als die einer Akquisition. Die paarweisen Vergleichsurteile sowie die resultierenden Prioritäten sind in Tabelle 5.10 wiedergegeben.

Tabelle 5.10: Paarvergleichsmatrix für das Kriterium der Flexibilität

Flexibilität IKM = 0,0363083		P1	P2	P3	P4
P1		1	3	1/3	1/5
P2			1	1/7	1/9
P3				1	1/3
P4					1
Priori- täten	ungewichtet	0,11023	0,04509	0,27123	0,57346
	gewichtet	0,02786	0,01139	0,06855	0,14493

Im Hinblick auf das Kriterium der *Entscheidungsautonomie* würde die eigene Weiterentwicklung des Produkts dem Management des Beispielsunternehmens sämtliche Entscheidungsfreiräume belassen. Gleiches gilt für die Akquisition. Bei einer Verschmelzung muß das Management des einen Partners hingegen damit rechnen, daß es durch Manager des anderen Partners ergänzt wird und mit diesen Entscheidungskompetenzen zu teilen hat. Im Falle einer Kooperation wird die Entscheidungsautonomie des Managements im Hinblick auf das Kooperationsprojekt durch die Entscheidungskompetenzen des Managements des Kooperationspartners eingeschränkt. Vor diesem Hintergrund werden Akquisition und Eigenentwicklung als „gleichwertig" angesehen (vgl. Tabelle 5.11). Die Akquisition ist „extrem besser" als die Verschmelzung und

---

[16] Dem Leser sei als Beleg dessen ein Blick in Jahrgänge der Zeitschrift „Die Aktiengesellschaft" und ihre Berichterstattung über Anfechtungen von Verschmelzungsverträgen bzw. -beschlüssen (und den hierdurch implizierten Zeitbedarf) empfohlen.

„spürbar besser" als die projektbezogene Kooperation. Werden doch bei einer Akquisition oder Kooperation die Entscheidungsspielräume des Unternehmens nicht in dem Maße beschränkt wie bei einer Verschmelzung. Deshalb wird die Kooperation auch als „etwas besser" eingestuft als die Verschmelzung. Die paarweisen Vergleiche führen – in Verbindung mit der Priorität des Kriteriums der Entscheidungsautonomie – zu gewichteten Prioritäten für die Alternativen.

Tabelle 5.11: Paarvergleichsmatrix für das Kriterium der Entscheidungsautonomie

Entscheidungs-autonomie IKM = 0,0285999		P1	P2	P3	P4
P1		1	9	5	1
P2			1	1/3	1/9
P3				1	1/7
P4					1
Priori-täten	ungewichtet	0,41351	0,04112	0,08841	0,45696
	gewichtet	0,06140	0,00611	0,01313	0,06786

Hinsichtlich des Kriteriums *Umsatzrealisierung* ist zu beachten, daß die mit den Alternativen erzielbaren Umsätze aufgrund ihrer unterschiedlichen zeitlichen Realisierung in ihrer Höhe von den Szenarien abhängig sind. Daher muß die Bewertung differenziert darauf abstellen, welche Handlungsalternative mit welchem Szenarium konfrontiert wird. Der Umsatzzeitpunkt wird durch die Handlungsalternativen bestimmt. Prinzipiell kann davon ausgegangen werden, daß Umsatz bei den Alternativen der Unternehmensakquisition sowie der Verschmelzung zeitlich eher realisiert wird als bei der Eigenentwicklung und der Kooperation. Das zu akquirierende Unternehmen sowie der potentielle Verschmelzungspartner verfügen im Hinblick auf das innovative Produkt bereits über Marktanteile, die das Beispielsunternehmen erst noch erwerben muß. Daher werden beide Alternativen, Akquisition und Verschmelzung, bezüglich jedes Szenariums gleich bewertet (vgl. Tabelle 5.12).

Dagegen könnten Umsätze bei der eigenen Weiterentwicklung des Produkts und aufgrund einer Kooperation erst mit zeitlicher Verzögerung realisiert werden, vorausgesetzt das Produkt kann dann auch erfolgreich abgesetzt werden. Liegt starke Wettbewerbsintensität vor, ist der Markteintritt schwierig, so daß die Alternativen Eigenentwicklung und Kooperation im Vergleich zur Verschmelzung und Akquisition bezüglich der Umsatzhöhe wesentlich schlechter einzuschätzen sind als im Falle geringer Wettbewerbsintensität. Bei geringer Wettbewerbsintensität sind Eigenentwicklung und Kooperation nur noch bezüglich des Zeitpunkts der Umsatzrealisierung schlechter. Infolgedessen werden Akquisition und Verschmelzung im Vergleich mit der Kooperationsalternative für die Szenarien I und III jeweils als „spürbar besser", für

Tabelle 5.12: Paarvergleichsmatrix für das Kriterium der Umsatzrealisierung

Umsatzrealisierung IKM bei Szen. 1, 3: 0,0304400 IKM bei Szen. 2, 4: 0,0989733		P1	P2	P3	P4
P1		1	1	5 (7)	7 (9)
P2			1	5 (7)	7 (9)
P3				1	3 (5)
P4					1
Priori- täten	ungewichtet bei Szen. 1, 3	0,42251	0,42251	0,10438	0,05060
	ungewichtet bei Szen. 2, 4	0,43546	0,43546	0,09344	0,03565
	gewichtet	0,18835	0,18835	0,04270	0,01808

die Szenarien II und IV jedoch – wie die in Klammern stehenden Vergleichs-urteile zeigen – als jeweils „viel besser" eingeschätzt. Die Kooperation wird im Vergleich mit der internen Weiterentwicklung bei geringer Wettbewerbsin-tensität (Szenarien I und III) als „etwas besser", bei starker Wettbewerbsin-tensität (Szenarien II und IV) sogar als „spürbar besser" eingestuft. Ist doch mit dem angestrebten Know-how-Transfer zwischen Kooperationspartnern die Präsenz am Markt zeitlich eher möglich. Dieser Vorteil der Kooperation gegenüber der Eigenentwicklung wirkt sich bei starker Wettbewerbsintensität noch gravierender aus.

Im Hinblick auf das Kriterium *Economies of Scale* werden die Alternati-ven Akquisition und Verschmelzung als besonders zielwirksam angesehen. Bei der Eigenentwicklung werden Größendegressionseffekte erst dann realisiert, wenn nach der Weiterentwicklung des Produkts in 2–3 Jahren Erweiterungs-investitionen notwendig werden und diese auch ausgelastet werden können. Auf der Basis der Paarvergleichsmatrix für das Kriterium Economies of Scale ergeben sich die aus Tabelle 5.13 ersichtlichen Prioritäten der Alternativen.

Tabelle 5.13: Paarvergleichsmatrix für das Kriterium der Economies of Scale

Economies of Scale IKM = 0,0304400		P1	P2	P3	P4
P1		1	1	5	7
P2			1	5	7
P3				1	3
P4					1
Priori- täten	ungewichtet	0,42251	0,42251	0,10438	0,05060
	gewichtet	0,01639	0,01639	0,00405	0,00196

Bezüglich der Erzielung von *Lerneffekten durch Übertragung von Know-how* geht das strategische Management davon aus, daß es bei den Alternativen der Akquisition, der Verschmelzung sowie der Kooperation zu Lerneffekten durch Know-how-Transfer und damit zu Kosteneinsparungen kommt. Bei der Akquisition und Verschmelzung wird das gesamte Know-how transferiert. Beide Alternativen werden daher als gleichwertig erachtet. Im Rahmen einer projektbezogenen Kooperation mit dem Ziel einer Produktentwicklung würde nur begrenztes Wissen in die Zusammenarbeit eingebracht. Kooperationen führen häufig zu Konflikten zwischen den Partnern, die diese vor allzu weitreichendem Transfer von Kompetenz auf den Partner bewahren. Die Kooperationsalternative wird demzufolge „spürbar schlechter" als die Akquisition und die Verschmelzung bewertet. Die eigene Weiterentwicklung stellt im Hinblick auf Kosteneinsparungseffekte aufgrund von Know-How-Transfer die schlechteste Alternative dar. Sie wird für „extrem schlechter" als die Verschmelzung und die Akquisition sowie für „spürbar schlechter" als die Kooperation befunden. Aus den hier aufgeführten Vergleichsurteilen für das Kriterium Lerneffekte durch Übertragung von Know-how resultieren die aus Tabelle 5.14 ersichtlichen Prioritäten der Alternativen.

Tabelle 5.14: Paarvergleichsmatrix für das Kriterium der Lerneffekte durch Übertragung von Know-how

Lerneffekte durch Übertragung von Know-how IKM = 0,0551908		P1	P2	P3	P4
P1		1	1	5	9
P2			1	5	9
P3				1	5
P4					1
Priori-täten	ungewichtet	0,42441	0,42441	0,11381	0,03737
	gewichtet	0,00411	0,00411	0,00110	0,00036

Koordinationskosten entstehen im Falle einer internen Weiterentwicklung in geringerem Umfang als im Falle einer Akquisition, Verschmelzung oder Kooperation. Während sich der Profilwandel bei der Eigenentwicklung innerhalb einer einheitlichen Unternehmenskultur und Betriebsorganisation vollzieht, haben Akquisition und Verschmelzung aufgrund des Zusammentreffens unterschiedlicher Organisationstypen und Unternehmenskulturen vermehrte Bürokratie und erhöhte Reibungsverluste zur Folge. Die Vergleichsurteile sowie die hieraus resultierenden Prioritäten der Alternativen sind für das Kriterium der Koordinationskosten aus Tabelle 5.15 zu ersehen.

Divergierende Vergütungssysteme führen zu weiteren Koordinationsproblemen. Im Vergleich zur Akquisition und Verschmelzung wird die Kooperationsalternative als „spürbar besser" eingestuft. Zwar besteht für die Koopera-

Tabelle 5.15: Paarvergleichsmatrix für das Kriterium der Koordinationskosten

Koordinations- kosten IKM = 0,0304400		P1	P2	P3	P4
P1		1	1	1/5	1/7
P2			1	1/5	1/7
P3				1	1/3
P4					1
Priori- täten	ungewichtet	0,06740	0,06740	0,28248	0,58273
	gewichtet	0,00135	0,00135	0,00568	0,01171

tionspartner das Problem, das Kooperationsprojekt im Sinne der eigenen Unternehmensziele und nicht der des Partners zu steuern. Da der Partner unter Rationalitätsgesichtspunkten die gleichen Überlegungen anstellen wird, muß man mit Koordinationsproblemen rechnen. Aber die Koordinationsmaßnahmen beziehen sich nicht – wie bei Akquisition und Verschmelzung – auf die gesamte Unternehmensverbindung. Daher fallen die Kosten spürbar geringer aus.

Zu den *Transaktionskosten* zählen Anbahnungs-, Verhandlungs- und Vertragskosten. Mit diesen Kostenarten muß im Falle von Unternehmensakquisitionen, Verschmelzungen und Kooperationen gerechnet werden. Aufgrund der eingangs genannten Prämissen wird die Akquisition für „spürbar weniger gut" als die eigene Weiterentwicklung des Produkts befunden. Verschmelzung und Kooperation werden als „gleichwertig" eingestuft. Die Eigenentwicklung ist im Vergleich zur Verschmelzung und Kooperation „extrem besser". Tabelle 5.16 gibt die paarweisen Vergleichsurteile sowie die daraus resultierenden Prioritäten der Alternativen für das Kriterium der Transaktionskosten an.

Tabelle 5.16: Paarvergleichsmatrix für das Kriterium der Transaktionskosten

Transaktions- kosten IKM = 0,0551908		P1	P2	P3	P4
P1		1	5	5	1/5
P2			1	1	1/9
P3				1	1/9
P4					1
Priori- täten	ungewichtet	0,21975	0,05547	0,05547	0,66932
	gewichtet	0,00175	0,00044	0,00044	0,00532

In bezug auf die *Entwicklungs-* bzw. *Entwicklungsabgeltungskosten* erweist sich die Verschmelzung als überlegen. Die Tatsache, daß der Verschmelzungspartner über ein innovatives Produkt verfügt, drückt sich zwar in den Bedingungen des Tauschs der Anteile am Verschmelzungspartner gegen Anteile am aus der Fusion resultierenden Unternehmen zu Lasten des (einen Profilwandel anvisierenden) Unternehmens aus. Bezüglich dieser Bedingungen sei die mögliche Verschmelzung aber immer noch besser als ihre Alternativen. Unter diesen weist die Akquisition aufgrund der Prämissen die höchsten Kosten auf, gefolgt von der Kooperation und der Eigenentwicklung (vgl. Tabelle 5.17).

Tabelle 5.17: Vergleichsmatrix für das Kriterium der Entwicklungs-/Entwicklungsabgeltungskosten

Entwicklungs-/ Entwicklungsab- geltungskosten IKM = 0,0206794		P1	P2	P3	P4
P1		1	1/7	1/5	1/3
P2			1	2	5
P3				1	2
P4					1
Priori- täten	ungewichtet	0,05774	0,53423	0,27167	0,13637
	gewichtet	0,00489	0,04528	0,02303	0,01156

Tabelle 5.18: Rangordnung der Alternativen eines strategischen Profilwandels

Alternative	P1	P2	P3	P4
normierter Nutzenwert	0,30611	0,27343	0,15867	0,26178
Rang	1	2	4	3

Es obliegt nun dem strategischen Controlling, aufgrund der (beispielhaft angeführten) Einschätzungen des Managements eine Rangordnung unter den Alternativen herzustellen. Hierzu hat es die mit Hilfe des AHP ermittelten gewichteten Prioritäten über alle bewertungsrelevanten Ziele, d.h. über alle nicht mehr weiter durch Unterziele konkretisierten Unterziele, aufzusummieren. Es resultiert für das Fallbeispiel die aus Tabelle 5.18 ersichtliche Rangordnung unter den strategischen Alternativen.

Demnach hat das strategische Controlling dem Management die aufgrund seiner geäußerten Werturteile überlegene Alternative P_1, d.h. die Durchführung der avisierten Akquisitionsmöglichkeit, zur Realisation zu empfehlen.

5.2.3 Beispiel 2: Bewertung internationaler Markteintrittsstrategien

5.2.3.1 Gesamtunternehmensbezogenes Controlling und Internationalisierungsstrategien

Aufgrund der Globalisierung der Märkte können sich Unternehmensleitungen nicht der Notwendigkeit entziehen, ihre Dispositionen zur Optimierung der Kapitalallokation in einem internationalen Rahmen zu planen[17]. Hat gesamtunternehmensbezogenes Controlling eine strategische Lücke identifiziert, die auf mangelnde Präsenz in einem internationalen Markt zurückzuführen ist, gilt es, Abhilfe zu schaffen. Dieses Internationalitätsdefizit kann durch Eintritt in einen internationalen Markt beseitigt werden. Die Auswahl einer geeigneten internationalen Markteintrittsstrategie[18] ist ein Entscheidungsproblem, das in Interaktion zwischen strategischem Management und gesamtunternehmensbezogenem Controlling gelöst werden kann.

Zum Problem der Auswahl einer internationalen Markteintrittsstrategie sind verschiedene theoretische Erklärungsansätze unterbreitet worden[19], die sich jeweils auf ein *Detail* des (an sich umfassenderen) Entscheidungsproblems konzentrieren. Dabei werden die partialanalytisch gewonnenen Erkenntnisse oft zu generellen Aussagen über die Vorteilhaftigkeit von Internationalisierungsstrategien verallgemeinert. In Anbetracht der bei der Entwicklung und Bewertung internationaler Markteintrittsstrategien zu berücksichtigenden komplexen, unsicheren und vor allem situationsspezifisch unterschiedlichen Wirkungszusammenhänge tragen allgemeine theoretische Aussagen zur Entscheidungsfindung in praktischen Einzelfällen nur wenig bei[20]. Angesichts dessen hat sich ein Teil der Managementpraxis darauf verlegt, Normstrategien für den internationalen Markteintritt mittels zweidimensionaler Portfoliomodelle zu formulieren. Diese Planungsheuristiken gehen von einfachen prinzipiellen Wirkungsmechanismen aus, vernachlässigen dabei jedoch Situationsspezifika und vergröbern in z.T. unzulässiger Weise. Wenn etwa für Unternehmen

---

[17] Vgl.   Johanson/Vahlne   (1977);   Contractor   (1984);   Berger/Uhlmann (1985);   Anderson/Gatignon   (1986);   Root   (1987);   Kogut/Singh   (1988); Young/Hamill/Wheeler/Davis (1989); Colberg (1989); Kappich (1989); Macharzina/Welge (1989); Stahr (1989); Welge (1989); Hill/Hwang/Kim (1990); Okoroafo (1991); Agarwal/Ramaswami (1992); Erramilli (1992); Kim/Hwang (1992); Kumar/Haussmann (1992); Pausenberger (1992); Schoppe (1992); Perlitz (1995); Engelhard/Dähn (1994) und (1997); Brouthers (1995); Kwon/Hu (1995); Hermanns/Wißmeier (1997); Hildebrandt/Weiss (1997); Müller/Kornmeier (1997).

[18] Vgl. auch Stehle (1982); Wörner (1997).

[19] Vgl. hierzu z.B. Macharzina (1982), S. 111–143; Beamish/Banks (1987), S. 1–26; Buckley/Casson (1988), S. 19–38; Contractor/Lorange (1988), S. 5–18; Kogut (1991), S. 19–33; Kutschker (1994), S. 221–248.

[20] Vgl. zur folgenden konzeptionellen Argumentation auch Ossadnik/Maus (1995b), S. 269 ff.

eine generelle Internationalisierungsnotwendigkeit konstatiert wird, liegt dem
die - durchaus problematische - Basisprämisse zugrunde, daß Internationalisierung eine unter allen situativen Bedingungen gültige Normstrategie sei.

Insgesamt stellen weder partialanalytische Theorien noch praxisorientierte
„Patentrezepte" für sich hinreichende Instrumente zur Bewältigung erkann-
ter Internationalisierungsprobleme dar. Bei realen Internationalisierungspro-
blemen haben die Entscheidungsträger allgemeine theoretische Erkenntnisse
und Normstrategien bezüglich ihrer situativen Relevanz zu überprüfen und
sie im Hinblick auf die konkrete Entscheidungssituation ggf. zu modifizie-
ren oder gar gegen neuentwickelte problemadäquatere Instrumente einzutau-
schen. Ist ein Internationalisierungsproblem so weit analysiert, daß es nur
über den Eintritt in einen internationalen Markt lösbar erscheint, und sind
darüberhinaus alternative Möglichkeiten des Eintretens in einen internationalen Markt bekannt, so ist aus investitionstheoretischer Sicht eine begründete
Wahl zwischen diesen Alternativen auf Basis der Ergebnisse einer dynamischen Investitionsrechnung zu treffen. Dies setzt indes voraus, daß die Konsequenzen alternativer internationaler Markteintrittsstrategien in mehrperiodi-
gen Zahlungsreihen abgebildet werden können. In Anbetracht der – oft nur
schwer abschätzbaren – soziokulturellen Zusammenhänge und ökonomischen
Rahmenbedingungen der betreffenden Zielmärkte lassen sich Wirkungsketten
zwischen Internationalisierungsstrategien und ihren Erfolgskonsequenzen oft
aber nicht soweit führen oder kausalanalytisch absichern, daß am Ende Zahlungsgrößen resultieren. In diesem Zusammenhang wäre als Surrogat für eine
von daher nicht mögliche theoretisch optimale Problembehandlung eine rein
intuitive (ohne Formalisierungen auskommende) Entscheidungsfindung durch
den „erfahrenen Praktiker" denkbar. Intuitiv getroffene Entscheidungen sind
indes nicht nachprüfbar.

Können die Konsequenzen von Internationalisierungsstrategien nicht über
Zahlungen, sondern nur über diesen zeitlich oder kausal vorgelagerte Indikatoren beschrieben werden, wäre es wenig sinnvoll, sich mit einer intuitiven
(formal nicht nachvollziehbaren) Entscheidungsfindung zu begnügen. Immerhin könnte Wissen über erfolgspotentialrelevante Indikatoren in eine multikriterielle Bewertung eingebracht werden[21], die die vorhandenen Informationen
in formal nachvollziehbarer Weise voll ausschöpft.

Zu bedenken ist ferner, daß aufgrund der unvollkommenen Datenlage bei
der Auswahl einer Internationalisierungsstrategie sich die den Zahlungen vorgelagerten Indikatoren oft nicht kardinal, sondern nur ordinal messen lassen.
Daher ist von Verfahren zur Bewertung internationaler Markteintrittsstrategien auch zu fordern, daß sie in der Lage sind, ordinale Informationen zu verarbeiten. Der Bedarf an einer multikriteriellen Bewertung, die Notwendigkeit,
die Bewertungsaufgabe durch Aufspaltung der komplexen Bewertungsaufgabe in paarweise Vergleichsurteile zu vereinfachen, sowie die Verfügbarkeit nur

---

[21] Vgl. zum folgenden auch die allgemeinere Argumentation in Kapitel 2.

ordinaler Urteilsinformationen bei diesem Entscheidungsproblemtyp konstituieren Bedingungen, unter denen eine Anwendung des AHP sinnvoll ist.

Die einem Unternehmen zur Verfügung stehenden Gestaltungsformen von Auslandsaktivitäten lassen sich in drei wesentliche Gruppen einteilen[22]:

- Export,

- Direktinvestition im Ausland,

- Internationaler Technologievertrag.

Export ist in direkter Form möglich, wenn alle Produkte über eine eigene Verkaufsorganisation direkt zum Abnehmer geliefert werden. Indirekter Export liegt dann vor, wenn ein Mittlerunternehmen zwischen Hersteller und ausländischen Abnehmer tritt. Soll ein internationaler Markteintritt über *Direktinvestition* ins Ausland erfolgen, stehen folgende Grundformen zur Auswahl:

- Aufbau einer eigenen Auslandsgesellschaft,

- Akquisition eines ausländischen Unternehmens als 100%ige Tochtergesellschaft,

- Erwerb einer Mehrheits- oder Minderheitsbeteiligung an einem ausländischen Unternehmen,

- Kooperation[23] mit einem ausländischen Unternehmen in Form eines Joint Ventures oder einer strategischen Allianz.

Die wesentlichen Ausprägungen *internationaler Technologieverträge* sind Lizenz-, Know-how- und technische Kooperationsverträge. Neben den erwähnten Grundformen kann eine Auslandsaktivität auch durch eine *Kombination* der Grundformen erfolgen.

Die mögliche Alternativenvielfalt läßt sich grob nach der Kontroll- und Steuerungsmöglichkeit eines Internationalisierungsprojekts sowie der Höhe seiner Ressourcenbeanspruchung systematisieren[24]. So besitzt ein internationalisierendes Unternehmen im Falle eines indirekten Exports oder eines Lizenzvertrags nur wenige Einflußmöglichkeiten auf weitere Absatzkanäle, während beim Aufbau einer eigenen Tochtergesellschaft weitgehend autonome Entscheidungen über die Ausgestaltung jeder einzelnen Wertschöpfungsaktivität getroffen werden können. Bezüglich der Ressourcenbindung lassen sich als (gegensätzliche) Extrema die Exportalternative (mit geringer Ressourcenbeanspruchung) und die eigene Auslandsgesellschaft bzw. vollbeherrschte Tochtergesellschaft (mit hoher Ressourcenbeanspruchung) anführen.

---

[22] Vgl. z.B. Perlitz (1995), S. 194, 222 ff.

[23] Vgl. dazu Meckl (1995), S. 25 ff.

[24] Vgl. zu einer derartigen Typologie der Markteintrittsformen Müller-Stewens/Lechner (1997), S. 236 ff.

5.2.3.2 Internationale Markteintrittsentscheidungen mittels AHP

Im Mittelpunkt der folgenden Betrachtung steht ein Unternehmen, bei dem eine strategische Lücke identifiziert worden ist, die durch eine Stagnation des Absatzerfolgs auf dem inländischen Markt bedingt ist. Dieses Problem könnte durch Eintreten in einen bestimmten internationalen Markt, auf dem die Produkte des Unternehmens gute Absatzchancen hätten, überwunden werden. Für das derart definierte Problem und dessen Lösungskonzeption habe das Management – unterstützt durch gesamtunternehmensbezogenes Controlling – das aus Abbildung 5.3 ersichtliche Zielsystem[25] entwickelt.

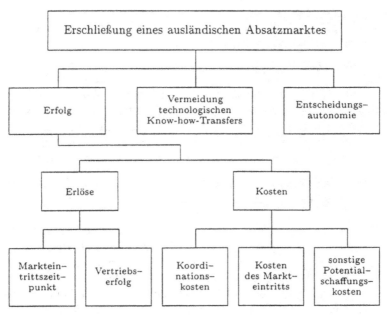

Abbildung 5.3: Beispiel eines Zielsystems (für internationale Markteintrittsentscheidung)

In diesem Zielsystem sind zunächst – mangels Konkretisierung situativer Bedingungsfaktoren – noch keine Gewichte für die Ziele festgelegt. Das strategische Oberziel *Erschließung eines ausländischen Absatzmarkts* sei durch die Unterziele (monetärer) Erfolg, Vermeidung technologischen Know-how-Transfers und Entscheidungsautonomie konkretisiert. Für die an diesem Zielsystem zu messenden strategischen Handlungsalternativen gilt als Nebenbedingung die Anforderung jederzeitigen Liquiditätsgleichgewichts.

Das Kriterium *Erfolg* bezieht sich auf die monetären Konsequenzen der alternativen Markteintrittsstrategien aus Sicht des Stammhauses. Im Hinblick

---

[25] Vgl. zu einem weiteren Beispiel eines für internationale Markteintrittsentscheidungen relevanten Zielsystems Ossadnik/Maus (1995b), S. 271 ff.

auf die sich dem Investor stellenden gravierenden Prognoseprobleme muß damit gerechnet werden, daß ein Projekterfolg nicht in Form kardinal skalierter Zahlungsreihen, sondern nur in Form ordinaler Aussagen über signifikante Unterschiede hinsichtlich erfolgsrelevanter Indikatoren repräsentiert werden kann. Das Kriterium *Vermeidung technologischen Know-how-Transfers* stellt darauf ab, die technologisch bedingte Wettbewerbsstärke des Investors auf dem ausländischen Markt nicht zu verlieren. *Entscheidungsautonomie* bezieht sich darauf, inwieweit das Stammhaus Entscheidungen beim ausländischen Unternehmen beeinflussen kann und ob es diesen Einfluß ggf. mit einem Partner zu teilen hat.

Das monetäre Erfolgsziel sei durch die Kriterien Erlöse und Kosten spezifiziert. Die *Erlöse* seien wiederum auf die Kriterien Markteintrittszeitpunkt und Vertriebserfolg zurückgeführt. Diese erklären zwar nicht das übergeordnete Kriterium vollständig, sie können jedoch als Maßstäbe gelten, anhand derer wesentliche Unterschiede zwischen den Konsequenzen der zu bewertenden Markteintrittsstrategien aufgezeigt werden können. Während der *Markteintrittszeitpunkt* darauf abstellt, wie lange das Unternehmen beim Entscheid für eine bestimmte Internationalisierungsstrategie noch auf die Erzielung von Erlösen (Erlangung von Marktanteilen) warten müßte, bezieht sich der *Vertriebserfolg* auf das durch eine Strategie erzielbare Umsatzvolumen.

Ebenfalls nicht vollständig erklärt werden können die *Kosten* durch die Koordinationskosten, die Kosten des Markteintritts sowie die sonstigen Potentialschaffungskosten. Andererseits handelt es sich auch bei diesen um Maßstäbe, anhand derer signifikante Unterschiede zwischen den Internationalisierungsstrategien aufgezeigt werden können. *Koordinationskosten* seien in diesem Kontext als Kosten verstanden, die bei der Abstimmung der projektbezogenen Aktivitäten mit den Internationalisierungszielen des projektbetreibenden Unternehmens[26] entstehen. Die *Kosten des Markteintritts* umfassen Kosten der Evaluation des Absatzmarkts sowie der Vorbereitung des Markteintritts (z.B. in Gestalt typischer Transaktionskosten[27] oder von etwaigen Kosten für den Aufbau eines Vertriebssystems) sowie Kosten des Imageaufbaus. Die *sonstigen Potentialschaffungskosten* umfassen die Kosten für die Verfügbarmachung des erwünschten Erfolgspotentials. Hierzu zählen Investitionskosten im Falle der Schaffung von Kapazitäten bzw. der Kaufpreis im Falle des Erwerbs von Kapazitäten.

Die Gewichtung von Zielen innerhalb eines Zielsystems kann von situativen Bedingungen wie der Entwicklung der künftigen Umwelt abhängen. Das Management habe – unterstützt durch das Controlling – die Entwicklung

---

[26] Vgl. zu einer koordinationskostenorientierten Untersuchung des Entscheidungsproblems Kappich (1989).

[27] Vgl. dazu Williamson (1983), S. 519 ff und (1985), S. 18–23 sowie Walker (1988), S. 63; Matje (1996).

der relevanten Umwelt in folgenden alternativ möglichen Szenarien über den betreffenden internationalen Markt abgebildet:

Szenarium I:	niedrige Wahrscheinlichkeit zusätzlicher staatlicher Regulierungen und geringe Wettbewerbsintensität,
Szenarium II:	niedrige Wahrscheinlichkeit zusätzlicher staatlicher Regulierungen und starke Wettbewerbsintensität,
Szenarium III:	hohe Wahrscheinlichkeit zusätzlicher staatlicher Regulierungen und geringe Wettbewerbsintensität,
Szenarium IV:	hohe Wahrscheinlichkeit zusätzlicher staatlicher Regulierungen und starke Wettbewerbsintensität.

Damit ist die Entwicklung der künftigen Umwelt durch die in Tabelle 5.19 gegenübergestellten alternativ möglichen Szenarien beschrieben.

Tabelle 5.19: Umweltszenarien (internationale Markteintrittsentscheidung)

Szenarien		Wettbewerbsintensität	
		gering	stark
Wahrscheinlichkeit zusätzlicher	niedrig	I	II
staatlicher Regulierungen	hoch	III	IV

Zur Ermittlung der Eintrittswahrscheinlichkeiten dieser Szenarien befragt das Controlling das strategische Management für alle Szenarienpaare, welches Szenarium es für wahrscheinlicher hält. Aufgrund dieser Urteile kann das Controlling die Eintrittswahrscheinlichkeiten mit Hilfe der Eigenwertmethode berechnen (vgl. Tabelle 5.20).

Tabelle 5.20: Paarvergleichsmatrix der Szenarien (internationale Markteintrittsentscheidung)

Szenarien IKM = 0,0009238	I	II	III	IV
I	1	1/4	2	1/2
II		1	7	2
III			1	1/4
IV				1
Eintrittswahr- scheinlichkeiten	0,13535	0,52392	0,07001	0,27071

Im folgenden wird davon ausgegangen, daß die Entscheidungsträger den Zielen der ersten Unterzielebene für jedes Szenarium unterschiedliche Gewichte zuordnen. So ist es z.B. plausibel, wenn es bei niedriger Regulierungswahrscheinlichkeit von der Wettbewerbsintensität abhängt, welches Gewicht dem

Technologieschutz und der Entscheidungsautonomie im Verhältnis zum Erfolgsziel beizumessen ist. Bei geringer Wettbewerbsintensität (Szenarium I) sind Technologieschutz und Entscheidungsautonomie von geringerer Bedeutung als bei starker Wettbewerbsintensität (Szenarium II). Ist bei geringer Wettbewerbsintensität die Regulierungswahrscheinlichkeit hoch (Szenarium III), sind Technologieschutz und Entscheidungsautonomie wichtiger, als wenn die Regulierungswahrscheinlichkeit niedrig ist (Szenarium I). Im Falle hoher Regulierungswahrscheinlichkeit ist mit der Reduktion unternehmerischer Freiräume zu rechnen. In diesem Fall ist es wichtig, daß die verbliebenen Freiräume optimal genutzt werden können und nicht mit etwaigen Mitgesellschaftern geteilt werden müssen. Daher wird für diesen Fall die Entscheidungsautonomie höher als bei geringer Regulierungswahrscheinlichkeit gewichtet. Ist nicht nur die Regulierungswahrscheinlichkeit hoch, sondern auch die Wettbewerbsintensität stark (Szenarium IV), steigt noch die relative Bedeutung des Technologieschutzes und der Entscheidungsautonomie gegenüber dem Erfolg (im Vergleich zu Szenarium III). Bei starker Wettbewerbsintensität hängt die Gewichtung des Technologieschutzes und der Entscheidungsautonomie von der Ausprägung der Regulierungswahrscheinlichkeit ab. Ist die Regulierungswahrscheinlichkeit hoch (Szenarium IV), sind Technologieschutz und Entscheidungsautonomie wichtiger gegenüber dem Erfolgsziel als bei niedriger Wahrscheinlichkeit (Szenarium II). Dieser Wichtigkeitsunterschied ist noch größer, wenn man Szenarium IV mit der Situation niedriger Regulierungswahrscheinlichkeit und geringer Wettbewerbsintensität (Szenarium I) vergleicht.

Tabelle 5.21: Paarvergleichsmatrix der Ziele der ersten Unterzielebene für das Szenarium I

Szenarium I IKM = 0		Erfolg	Technologie-schutz	Entscheidungs-autonomie
Erfolg		1	5	5
Technologie-schutz			1	1
Entscheidungs-autonomie				1
Zielgewichte	lokal	0,71429	0,14286	0,14286
	global	0,09668	0,01934	0,01934

Vergleicht man die Situation niedriger Regulierungswahrscheinlichkeit und starker Wettbewerbsintensität (Szenarium II) mit der Situation hoher Regulierungswahrscheinlichkeit und geringer Wettbewerbsintensität (Szenarium III), stellt sich in beiden Fällen eine erhöhte Bedeutung des Technologieschutzes und der Entscheidungsautonomie im Verhältnis zum Erfolgsziel heraus: In beiden Szenarien gibt es nur jeweils einen Grund (nämlich zum einen hohe Regulierungswahrscheinlichkeit und zum anderen starke Wettbewerbs-

Tabelle 5.22: Paarvergleichsmatrix der Ziele der ersten Unterzielebene für das Szenarium II

Szenarium II IKM = 0		Erfolg	Technologie-schutz	Entscheidungs-autonomie
Erfolg		1	1/2	2
Technologie-schutz			1	4
Entscheidungs-autonomie				1
Zielgewichte	lokal	0,28571	0,57143	0,14286
	global	0,14969	0,29938	0,07485

Tabelle 5.23: Paarvergleichsmatrix der Ziele der ersten Unterzielebene für das Szenarium III

Szenarium III IKM = 0		Erfolg	Technologie-schutz	Entscheidungs-autonomie
Erfolg		1	1/4	1/4
Technologie-schutz			1	1
Entscheidungs-autonomie				1
Zielgewichte	lokal	0,11111	0,44444	0,44444
	global	0,00778	0,03112	0,03112

Tabelle 5.24: Paarvergleichsmatrix der Ziele der ersten Unterzielebene für das Szenarium IV

Szenarium IV IKM = 0		Erfolg	Technologie-schutz	Entscheidungs-autonomie
Erfolg		1	1/8	1/8
Technologie-schutz			1	1
Entscheidungs-autonomie				1
Zielgewichte	lokal	0,05882	0,47059	0,47059
	global	0,01592	0,12739	0,12739

intensität), durch den die Bedeutung der beiden Kriterien gegenüber dem Erfolgsziel gestärkt wird.

Aus dieser Bewertung resultieren lokale Gewichte für die Ziele der zweiten Ebene in Abhängigkeit von den Szenarien. Unterstellt man, daß das Management sich auf risikoneutrales Entscheidungsverhalten festgelegt hat, sind die globalen, d.h. auf das gesamte Zielsystem bezogenen, Zielgewichte durch Multiplikation der lokalen Zielgewichte mit den Eintrittswahrscheinlichkeiten der Szenarien zu ermitteln. Die Ergebnisse sind aus den Tabellen 5.21 bis 5.24 ersichtlich.

Da die Ziele auf der dritten und vierten Ebene lediglich Erklärungen des monetären *Erfolgsziels* darstellen, werden die lokalen Gewichte dieser Unterziele unabhängig von der erwarteten Umweltentwicklung bestimmt.

Da für die auszuwählende Internationalisierungsstrategie der Erwerb und die Ausweitung von Anteilen am internationalen Markt als „etwas wichtiger" als eine Kostenführerschaft erachtet werden, gilt für den Vergleich des Kriteriums Erlöse mit dem Kostenkriterium auf der zweiten Unterzielebene das Schätzurteil $a_{st} = 3$ (vgl. Tabelle 5.25).

Tabelle 5.25: Paarvergleichsmatrix für die Unterziele des Erfolgsziels

Erfolg IKM = 0		Erlöse	Kosten
Erlöse		1	3
Kosten			1
Zielgewichte	lokal	0,75000	0,25000
	global	0,20256	0,06752

Die Kriterien der dritten Unterzielebene stellen Indikatoren für Erlöse bzw. Kosten dar. Diese Indikatoren sind Surrogate für nicht verfügbare vollkommene Informationen über diese Kriterien. Hinsichtlich der das *Erlösziel* spezifizierenden Kriterien Markteintrittszeitpunkt und Vertriebserfolg urteilt das Management gemäß Tabelle 5.26: Die Erlangung eines befriedigenden Vertriebserfolgs wird als „etwas wichtiger" als der zu realisierende Markteintrittszeitpunkt angesehen.

Tabelle 5.26: Paarvergleichsmatrix für die Unterziele des Erlösziels

Erlöse IKM = 0		Markteintritts- zeitpunkt	Vertriebs- erfolg
Markteintritts- zeitpunkt		1	1/3
Vertriebs- erfolg			1
Zielgewichte	lokal	0,25000	0,75000
	global	0,05064	0,15192

Wegen der räumlichen Distanz zwischen Stammhaus und ausländischem Unternehmen ist die Frage der Koordinierbarkeit von Belang. Da Kosten der Koordination außerdem während der gesamten Projektdauer auftreten, Markteintrittskosten und sonstige Potentialschaffungskosten hingegen nur zu Projektbeginn, erhalten die Koordinationskosten das stärkste Gewicht unter den die *Kosten* spezifizierenden Unterzielen der dritten Unterzielebene (vgl. Tabelle 5.27).

Tabelle 5.27: Paarvergleichsmatrix für die Unterziele des Kostenziels

Kosten IKM = 0		Koordina-tionskosten	Kosten des Markteintritts	sonstige Potential-schaffungskosten
Koordinations-kosten		1	3	3
Kosten des Markt-eintritts			1	1
sonstige Potential-schaffungskosten				1
Zielgewichte	lokal	0,60000	0,20000	0,20000
	global	0,04051	0,01350	0,01350

In Anbetracht des derart explizierten Zielsystems habe das strategische Controlling Informationen über folgende alternativ mögliche internationale Markteintrittsstrategien[28] beschafft:

M1: Erweiterung der inländischen Produktionskapazitäten, Gründung und Ausbau einer Vertriebsgesellschaft im Zielgebiet mit einem Finanzmittelbedarf von 40–50 Mio. GE.

M2: Gründung und Ausbau einer Tochtergesellschaft im Zielgebiet mitsamt Aufbau eines Produktions- und Vertriebsapparats bei einem Finanzmittelbedarf von 100–110 Mio. GE.

M3: Akquisition eines Unternehmens im Zielgebiet, das einen geeigneten Produktions- und Vertriebsapparat aufweist, mit einem Finanzmittelbedarf von 120–140 Mio. GE.

M4: Gründung eines Joint Ventures[29] im Zielgebiet mit 50%iger Kapitalbeteiligung eines Partners, der den dortigen Markt kennt, mit einem Finanzmittelbedarf von 60–70 Mio. GE.

Diese Alternativen für den Eintritt in einen internationalen Markt werden im folgenden AHP-gestützt bewertet. Das Management beurteilt die strategischen Alternativen auf Befragen durch das Controlling in Bezug auf das Kriterium des Markteintrittszeitpunkts wie folgt: Bei dem die *Erlöse* mit erklärenden Kriterium des *Markteintrittszeitpunkts* geht das Management davon aus, daß die Akquisitionsalternative gegenüber den Alternativen, die inländischen Produktionskapazitäten zu erweitern und eine ausländische Vertriebsgesellschaft zu gründen oder ein Unternehmen im Ausland alleine oder mit einem dortigen Partner als Joint Venture zu gründen, überlegen ist. Durch die Akquisition eines eingerichteten, auf dem ausländischen Markt präsenten Unternehmens gelingt der Markteintritt früher, als wenn zunächst erst noch

---

[28] Vgl. zu organisatorischen Implikationen Frese/Blies (1997), S. 287 ff.

[29] Vgl. dazu Beamish/Banks (1987); Kogut (1991).

Kapazitäten zu schaffen sind und der Betrieb ingangzusetzen ist wie im Falle der Alternativen M1, M2 und M4. Im Vergleich zu den Alternativen M1 und M2 ist bei der Gründung eines Joint Ventures aufgrund des Know-hows des ausländischen Partners ein etwas schnellerer Markteintritt zu erwarten. Die paarweisen kriterienspezifischen Bewertungen des Managements sind aus Tabelle 5.28 ersichtlich.

Tabelle 5.28: Paarvergleichsmatrix für das Kriterium des Markteintrittszeitpunkts

Markteintritts-zeitpunkt IKM = 0,0218626		M1	M2	M3	M4
M1		1	2	1/5	1/3
M2			1	1/9	1/6
M3				1	3
M4					1
Priori-täten	ungewichtet	0,10128	0,05223	0,58088	0,26561
	gewichtet	0,00513	0,00264	0,02942	0,01345

Das Kriterium *Vertriebserfolg* als zweites Unterziel der *Erlöse* stellt auf das (statisch betrachtete) Umsatzvolumen auf dem ausländischen Markt ab, das ab dem Markteintritt möglich wird. Der Vertriebserfolg hängt nicht zuletzt davon ab, inwieweit lokales Absatzmarkt-Know-how gewonnen und genutzt werden kann. Bei der Akquisitionsalternative kann – anders als bei Errichtung eines eigenen Vertriebsapparats im Zielgebiet (M1, M2) – unmittelbar und sofort auf dieses Wissen (bei Management und Mitarbeitern des akquirierten Unternehmens) zurückgegriffen werden. Ein Informationsvorsprung gegenüber M1 und M2 ist bei Gründung eines Joint Ventures gegeben. Kann doch der ausländische Partner auf absatzrelevantes soziokulturelles Wissen zurückgreifen. In beiden Fällen (M3, M4) ermöglicht die rasche Verfügbarkeit marktnahen Wissens größere Umsatzvolumina als ohne dieses Wissen. Die kriterienspezifischen Bewertungen des Managements sind aus Tabelle 5.29 ersichtlich.

Bezüglich des die *Kosten* erklärenden Kriteriums der *Koordinationskosten*[30] wird die Erweiterung des inländischen Produktionsapparats mit Gründung eines ausländischen Vertriebsapparats im Vergleich zur Gründung eines ausländischen Tochterunternehmens mit eigenem Produktionsapparat im Zwischenbereich zwischen „gleich" und „etwas besser" eingeschätzt und im Vergleich zur Akquisitionsalternative als im Zwischenbereich zwischen „etwas besser" und „spürbar besser" eingestuft. Bedeutet doch die Akquisition eines Unternehmens im Vergleich zu einer Neugründung, daß unterschiedliche

[30] Vgl. Teece (1986), S. 21–45.

Tabelle 5.29: Paarvergleichsmatrix für das Kriterium des Vertriebserfolgs

Vertriebserfolg IKM = 0,0009238	M1	M2	M3	M4
M1	1	1/2	1/7	1/4
M2		1	1/4	1/2
M3			1	2
M4				1
Priori- täten ungewichtet	0,07001	0,13535	0,52392	0,27071
gewichtet	0,01064	0,02056	0,07959	0,04113

Organisationstypen und Unternehmenskulturen zusammentreffen und infolgedessen Schnittstellenprobleme und erhöhte Reibungsverluste auftreten können. Bei M4 besteht das Problem, das Joint Venture im Sinne der eigenen Unternehmensziele und nicht der des Partners zu steuern. Da der Partner unter Rationalitätsgesichtspunkten die gleichen Überlegungen anstellen wird, muß es zwangsläufig zu Koordinationsproblemen kommen. In Bezug auf Koordinationskosten ist daher M1 im Vergleich zu M4 als „viel besser" einzustufen. Die Alternative der Gründung eines Tochterunternehmens mit Produktionsapparat wird im Vergleich zur Akquisitionsalternative im Zwischenbereich zwischen „gleichwertig" und „etwas besser" und im Vergleich zur Gründung eines Joint Ventures als „etwas besser" eingeschätzt. Die Akquisitionsalternative wird im Vergleich mit der Gründung eines Joint Venture im Zwischenbereich zwischen „gleichwertig" und „etwas besser" beurteilt. Insgesamt sind die paarweisen Vergleichsurteile und die hieraus abgeleiteten Prioritäten aus Tabelle 5.30 ersichtlich.

Tabelle 5.30: Paarvergleichsmatrix für das Kriterium der Koordinationskosten

Koordinationskosten IKM = 0,0032244	M1	M2	M3	M4
M1	1	2	4	7
M2		1	2	3
M3			1	2
M4				1
Priori- täten ungewichtet	0,53051	0,25573	0,13739	0,07638
gewichtet	0,02149	0,01036	0,00557	0,00309

Hinsichtlich der *Kosten des Markteintritts* wird M1 im Vergleich zu M2 im Zwischenbereich zwischen „gleichwertig" und „etwas schlechter" beurteilt. Dies ist auf die etwas günstigere Ausgangsposition von M2 für den Aufbau eines den Markteintritt fördernden Images wegen der im ausländischen Zielmarkt vorgesehenen Produktion zurückzuführen. Im Vergleich zu M3 wird M1 als „viel schlechter" eingeschätzt, da das zu akquirierende ausländische Unternehmen den dortigen Absatzmarkt besser evaluieren kann, Imagevor-

teile wegen der bereits bestehenden Produktionsstätte im Zielgebiet hat und
bereits über einen Vertriebsapparat verfügt. Gegenüber M4 wird M1 im Zwischenbereich zwischen „etwas schlechter" und „spürbar schlechter" beurteilt.
Hat doch M4 deutliche Vorteile durch den Joint Venture-Partner in Gestalt
einer Unterstützung bei der Evaluierung des Absatzmarkts sowie in Form
von Imageeffekten am Markt durch die Beteiligung eines lokalen Partners.
Wegen des lokalen Markt-Know-hows bei M3 bewertet das Management M2
im Vergleich zu M3 als „etwas schlechter". Im Hinblick auf den Vorsprung an
lokalem Marktwissen bei M4 ist im Vergleich dazu M2 im Zwischenbereich
zwischen „gleichwertig" und „etwas schlechter" einzustufen. Der Vergleich
von M3 und M4 fällt zugunsten von M3 – und zwar im Zwischenbereich
zwischen „gleichwertig" und „etwas besser" – wegen der noch bei M4 erforderlichen Investitionen in den Vertriebsapparat aus. Die kriterienspezifischen
Paarvergleichsurteile und die resultierenden Gewichte sind aus Tabelle 5.31
ersichtlich.

Tabelle 5.31: Paarvergleichsmatrix für das Kriterium der Kosten des
Markteintritts

Kosten des Markteintritts IKM = 0,0032244		M1	M2	M3	M4
M1		1	1/2	1/7	1/4
M2			1	1/3	1/2
M3				1	2
M4					1
Priori-	ungewichtet	0,07173	0,14942	0,50084	0,27801
täten	gewichtet	0,00097	0,00202	0,00676	0,00375

Das die *Kosten* mit erklärende Kriterium der *sonstigen Potentialschaffungskosten* bezieht sich auf die Investitionsmaßnahmen. M1 schneidet diesbezüglich „spürbar besser" als M2 ab, bei der neben einem Vertriebsapparat
auch ein Produktionsapparat zu schaffen ist. Gegenüber M3 wird M1 sogar
im Zwischenbereich zwischen „spürbar besser" und „viel besser" eingestuft.
Nur leichte Vorteile besitzt M1 dagegen verglichen mit M4 und wird daher im
Zwischenbereich zwischen „gleichwertig" und „etwas besser" beurteilt. Ebenfalls in diesem Zwischenbereich fällt das Paarvergleichsurteil zwischen M2 und
M3 aus. Gegenüber M4 wird M2 im Zwischenbereich zwischen „gleichwertig"
und „etwas schlechter" eingestuft. Der Vergleich von M3 und M4 fällt mit einem Paarvergleichsurteil von „etwas schlechter" zugunsten von M4 aus. Die
insgesamt resultierenden Bewertungen sind Tabelle 5.32 zu entnehmen.

Nachdem die Alternativen anhand monetärer Erfolgskriterien bewertet
worden sind, gilt es nun, sie im Hinblick auf die *Vermeidung technologischen
Know-how-Transfers* zu beurteilen. Diesbezüglich sind die Alternativen M1
und M2 „gleichwertig". Dagegen ist M1 in Vergleich zu M3 „etwas besser", da

Tabelle 5.32: Paarvergleichsmatrix für das Kriterium der sonstigen
Potentialschaffungskosten

sonstige Potential-schaffungskosten IKM = 0,0042937		M1	M2	M3	M4
M1		1	3	6	2
M2			1	2	1/2
M3				1	1/3
M4					1
Priori-täten	ungewichtet	0,49594	0,15421	0,08266	0,26720
	gewichtet	0,00670	0,00208	0,00112	0,00361

im Rahmen der Integrations- und Reorganisationsphase beim Akquisitions-
objekt die Möglichkeit besteht, daß bereits angelernte Mitarbeiter mit ihrem
technologischen Know-how das Unternehmen verlassen und dieses selber un-
ternehmerisch verwerten. Verglichen mit M4 wird M1 als „viel besser" beurteilt. Kann doch der Joint Venture-Partner das ihm sukzessive zuwachsende
technologische Know-how im Rahmen einer eigenen Unternehmensgründung
ausbeuten. Diese Urteile gelten analog für den Vergleich von M2 mit M3
und M2 mit M4. Im Vergleich zu M4 ist M3 im Zwischenbereich zwischen
„gleichwertig" und „etwas besser" eingestuft, da die Gefahr einer Know-how-
Verwertung durch den Joint Venture-Partner größer als durch eventuell aus-
scheidende Mitarbeiter ist. Tabelle 5.33 stellt die Beurteilungsergebnisse dar.

Tabelle 5.33: Paarvergleichsmatrix für das Kriterium der Vermeidung
technologischen Know-how-Transfers

Vermeidung technologischen Know-how-Transfers IKM = 0,0012313		M1	M2	M3	M4
M1		1	1	3	7
M2			1	3	7
M3				1	2
M4					1
Priori-täten	ungewichtet	0,40493	0,40493	0,12996	0,06017
	gewichtet	0,19325	0,19325	0,06202	0,02871

Die Alternativen M1, M2 und M3 belassen dem Management prinzipiell
seine *Entscheidungsautonomie*, selbst wenn die Entscheidungen durch Agenten des Managements getroffen werden. Bei der Alternative M4 wird die
Entscheidungsautonomie mit dem Partner des Joint Ventures (bzw. seinen
Agenten) geteilt. Daher sind die Erweiterung der inländischen Produktions-
kapazität mitsamt Gründung einer ausländischen Vertriebsgesellschaft, die
Gründung einer Tochtergesellschaft im Zielgebiet sowie die Akquisitionsal-

Tabelle 5.34: Paarvergleichsmatrix für das Kriterium der
Entscheidungsautonomie

Entscheidungs-autonomie IKM = 0		M1	M2	M3	M4
M1		1	1	1	7
M2			1	1	7
M3				1	7
M4					1
Priori-täten	ungewichtet	0,31818	0,31818	0,31818	0,04545
	gewichtet	0,08040	0,08040	0,08040	0,01149

ternative bezüglich des Autonomiekriteriums besser als die Gründung eines
Joint Ventures einzustufen. Insgesamt sind die Paarvergleichsurteile sowie die
sich hieraus ergebenden Prioritäten aus Tabelle 5.34 ersichtlich.

Auf der Basis der getroffenen Einschätzungen des Managements kann das
strategische Controlling nun eine Rangordnung unter den Internationalisierungsstrategien herleiten, indem es die mit Hilfe des AHP ermittelten gewichteten Prioritäten über alle bewertungsrelevanten (d.h. nicht mehr durch
weitere Unterziele konkretisierten) Unterziele aufsummiert.

Tabelle 5.35: Rangordnung der Alternativen eines internationalen Markteintritts

Alternative	M1	M2	M3	M4
normierter Nutzenwert	0,31857	0,31132	0,26488	0,10523
Rang	1	2	3	4

Für das hier vorgestellte Beispiel resultiert die aus Tabelle 5.35 ersichtliche
Rangordnung unter den alternativ möglichen Internationalisierungsstrategi-
en. Damit muß das strategische Controlling aufgrund der geäußerten Werturteile des Managements diesem die Realisierung der Strategie M1, d.h. die Erweiterung der inländischen Produktionskapazitäten mit Gründung und Ausbau einer Vertriebsgesellschaft im ausländischen Zielgebiet, empfehlen.

5.2.4 Beispiel 3: Auswahl einer Produktionstechnologie

5.2.4.1 Produktionscontrolling und Produktionstechnologieentscheidungen

Der Interaktionskontext zwischen Produktionsmanagement und -controlling bei der Auswahl von Produktionstechnologien

In Zeiten sich verkürzender Produktlebenszyklen, sich erhöhenden Kostendrucks sowie gestiegener Qualitätsanforderungen hängt der Überlebenserfolg industrieller Unternehmen – unabhängig davon, ob eine Differenzierungs- oder Kostenführerschaftsstrategie am Markt verfolgt wird – entscheidend vom Produktionsapparat ab. Dieser muß in der Lage sein, die die Produktionsfunktion betreffenden Strategien umzusetzen. In Anbetracht der vielfältigen auf strategischer und operativer Ebene wahrzunehmenden aufbau- und ablauforientierten Linienaufgaben bedarf das Produktionsmanagement der Unterstützung durch ein Produktionscontrolling. Sofern die dem Produktionsbereich[31] verfügbare personelle Kapazität die Einrichtung „hauptamtlicher" Produktionscontrollingstellen nicht zuläßt, kann produktionsbezogenes Controlling auch „nebenamtlich" von einer ansonsten mit Linienfunktionen befaßten Instanz wahrgenommen werden.

Produktionscontrolling[32] hat gegenüber dem Management neben Koordinationsfunktionen[33] Servicefunktionen zu erfüllen, die allgemein in der Bereitstellung produktionsbezogener Entscheidungsverfahren sowie der Versorgung des Produktionsmanagements mit führungsrelevanten Informationen bestehen. Eine in diesem Zusammenhang koordinations- wie servicerelevante Aufgabenstellung ist die Unterstützung des Produktionsmanagements bei strategischen Produktionstechnologieentscheidungen. Die Verfügbarkeit geeigneter Produktionstechnologien ist von existentieller Bedeutung. Produktionstechnologie soll eine rasche Anpassung an geänderte Produktwünsche des Marktes ermöglichen, gleichzeitig eine kostengünstige Produktion sicherstellen und eine hohe Fertigungsqualität gewährleisten. Die Auswahl einer diesen Anforderungen genügenden Produktionstechnologie stellt ein strategisch dimensioniertes Entscheidungsproblem dar[34], zu dessen Lösung das Produktionsmanagement der Unterstützung durch ein Produktionscontrolling bedarf. Dabei hat das Produktionscontrolling das Management

---

[31] Vgl. zur theoretischen Analyse dieses Bereichs auch Bloech/Lücke (1982).

[32] Vgl. dazu Glaser/Geiger/Rhode (1991); Hoitsch (1993) und (1996), S. 601 ff; Kern (1993).

[33] Dies betrifft die Koordination der Produktionsteilpläne, die vertikale Koordination der strategischen und operativen Produktionsplanung, die Koordination von Produktionsplanung und -kontrolle, die Koordination der Produktionsplanung mit nicht-produktionsbezogenen Plänen, die Kontrolle der Prämissen der Produktionsplanung sowie die Entwicklung und Implementation von Anreizsystemen für den Produktionsbereich. Vgl. dazu Ossadnik (1998), S. 61–63.

[34] Vgl. dazu auch Kleindorfer/Partovi (1990), S. 214 ff.

- bei der Formulierung von strategischen Produktionszielen zu unterstützen, die mit dem strategischen Gesamtkonzept des Unternehmens abgestimmt sind;

- mit Informationen über alternativ einsetzbare Produktionstechnologien zu versorgen und deren Ergebniskonsequenzen angesichts zu erwartender Umweltentwicklungen abzuschätzen;

- dadurch zu unterstützen, daß es Instrumente zur Bestimmung der Vorteilhaftigkeit produktionstechnologischer Alternativen bereitstellt und anwendet;

- aufgrund von (a) Prämissenkontrollen und (b) Realisationskontrollen ggf. zu informieren, falls (a) ursprüngliche Prämissen der Technologieplanung obsolet geworden sind oder (b) der Versuch einer Umsetzung geplanter Strategien nicht zu den angestrebten Konsequenzen geführt hat.

Zielkriterien für die Auswahl von Produktionstechnologien liegen meist nicht in wohldefinierter Form vor, sondern bedürfen erst der Entwicklung und Spezifikation durch das Produktionsmanagement. Die Lösung dieser Aufgabe kann durch Einbindung des Produktionscontrollings als Interaktionspartner erleichtert werden: Während das Management Produktionsziele artikuliert, werden vom Produktionscontrolling die Bedeutungsinhalte und Konsequenzen dieser Ziele offengelegt. Dadurch können die Produktionsmanager ihre ursprünglichen Zielartikulationen mit dem eigentlich Gewollten vergleichen und ihnen notwendig erscheinende Anpassungen vornehmen. Durch schrittweise Definition und Operationalisierung von Oberzielen durch Unterziele entsteht ein hierarchisches System von Zielkriterien, das die von einer Produktionstechnologie zu erfüllenden Anforderungen beschreibt. Dieser Interaktionsprozeß ist so lange fortzusetzen, bis hinreichende Voraussetzungen für eine Bewertung alternativer Produktionstechnologien bestehen. Im Rahmen dieses Interaktionsprozesses hat das Produktionscontrolling auf die Abstimmung der zu planenden Produktionsstrategien mit der strategischen Gesamtplanung zu achten. Dabei ist die die Produktionsfunktion betreffende Strategie einerseits mit der Globalstrategie (z.B. Kostenführerschaft oder Diversifizierung), andererseits mit anderen funktionalen Strategien (z.B. Beschaffungs- und Absatzstrategien) zu koordinieren.

Technologische Konzepte als produktionsbezogene Erfolgspotentiale

Durch eine Abstimmung der Produktionsstrategien mit dem strategischen Gesamtkonzept sind noch keine hinreichenden Kriterien gegeben, anhand derer alternative Produktionstechnologien bewertet werden könnten. Um die Bewertungskriterien präziser zu fassen (und damit logische Freiräume einzuengen), empfiehlt es sich, produktionsbezogene Erfolgspotentiale konkret zu benennen, mit denen Wettbewerbsvorteile erzielt werden können. Ferner ist die relative Wichtigkeit der einzelnen Erfolgspotentiale dadurch festzustellen, daß das Produktionscontrolling das Produktionsmanagement hierzu befragt. Dabei ist zu berücksichtigen, daß Ziele in Abhängigkeit von der erwarteten Entwicklung der Unternehmensumwelt unterschiedlich gewichtet werden können. So können sich z.B. unterschiedliche Erwartungen über die technologische Innovationsdynamik und das Absatzvolumen eines relevanten Absatzmarktes in unterschiedlichen Zielgewichten niederschlagen.

Erfolgspotentiale können in verschiedenen Aktivitäten der Wertkette eines Unternehmens realisiert werden. Nach Porter[35] kommen vor allem die Eingangslogistik, die Designtechnologie, die Prozeßtechnologie, die Ausgangslogistik und das Marketing in Betracht. Zur *Eingangslogistik* gehören die Aktivitäten der Lagerung und Bereitstellung von Betriebsmitteln sowie von Roh-, Hilfs- und Betriebsstoffen. Unter der *Designtechnologie* sind alle Ausprägungsformen von CAD-Unterstützungsmöglichkeiten zusammengefaßt. Die *Prozeßtechnologie* betrifft alle Produktionsaktivitäten. Eine integrierende Informationsverarbeitung sowohl für betriebswirtschaftliche als auch für technische Prozesse eines Industriebetriebs wird mit dem CIM-Konzept (Computer Integrated Manufacturing) angestrebt[36] (vgl. Abbildung 5.4[37]).

Dieses findet in den partiellen Konzepten des CAD (Computer Aided Design), des CAP (Computer Aided Planning), des CAM (Computer Aided Manufacturing) und des PPS (Produktionsplanungs- und Steuerungssystem) seinen Ausdruck[38]. Als weitere Komponenten können CAE (Computer Aided Engineering), CAQ (Computer Aided Quality Assurance) und CAI (Computer Aided Instruction) angeführt werden[39].

Die *Ausgangslogistik* umfaßt die Aktivitäten der Lagerung und der Auslieferung von Fertigprodukten. Unter *Marketing, Vertrieb* und *Kundendienst* sind alle Verkaufsförderungs-, Vertriebs- und Kundendienstaktivitäten zusammengefaßt. Damit das Produktionsmanagement beurteilen kann, ob und inwieweit eine Technologie zur Schaffung von Erfolgspotentialen beiträgt, muß das Produktionscontrolling die Auswirkungen alternativer Technologien beschreiben.

Daß sich dem Produktionsmanagement wohlunterschiedene produktionstechnologische Alternativen anbieten, ist nicht zuletzt dadurch bedingt, daß die Entwicklung leistungsfähiger Mikroprozessoren zu unterschiedlichen Formen automatisierter Produktionsverfahren geführt hat. Numerisch gesteuerte Werkzeugmaschinen treten im wesentlichen in folgenden Varianten auf[40]:

---

[35] Vgl. Porter (1986), S. 67 ff.
[36] Vgl. Scheer (1990), S. 47–68.
[37] In Anlehnung an Kurbel (1993), S. 625 f.
[38] Vgl. Stahlknecht (1995), S. 371.
[39] Vgl. im folgenden Kurbel (1993), S. 620 ff.
[40] Vgl. dazu Stahlknecht (1995), S. 373.

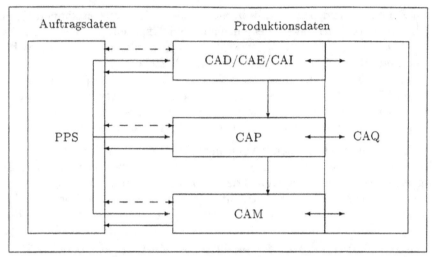

Abbildung 5.4: Bestandteile des CIM-Konzepts und Datenfluß zwischen den Komponenten

Numerical Control (NC)-Maschinen übernehmen hauptsächlich die Bearbeitungsgänge Bohren, Drehen, Fräsen und Schneiden. Die Steuerungsinformationen für die Durchführung von Arbeitsgängen werden mit Hilfe von Lochstreifen eingespeist. Änderungen am NC-Programm sind nur durch erneute Erstellung eines Lochstreifens und direkte Einspeisung an der Maschine möglich. Technisch weiterentwickelt sind *Computerized Numerical Control (CNC)*-Maschinen, die sich durch einen Mikrocomputer mit Hilfe von Makrosprachen steuern lassen. Die Programmierung und Programmspeicherung erfolgt unmittelbar an der Maschine (lokal), so daß eine automatische Koordination mehrerer Maschinen nicht möglich ist. Bei *Direct Numerical Control (DNC)*-Maschinen sorgt hingegen ein Steuerungsrechner für eine Abstimmung zwischen mehreren Maschinen.

Die dargestellte Systematik der verschiedenen CA-Systeme geht von einer aufbauorganisatorischen Sicht des Produktionsbereichs aus. Demnach kann beispielsweise die CAD-Komponente der Konstruktions-, die CAP-Komponente der Arbeitsvorbereitungs- und die CAM-Komponente der Fertigungsabteilung zugeordnet werden. Die im CIM-Konzept angestrebte Integration von Funktionen und Daten aus verschiedenen CA-Systemen läßt sich mittels Analysen von Vorgangsketten der jeweiligen Arbeitsplätze und -gänge realisieren. Ziel ist es, die Übergangs- bzw. Einarbeitungszeiten zwischen vormals getrennten Funktionen bzw. Arbeitsplätzen zu reduzieren. Das CIM-Konzept unterstellt im CAM-Bereich implizit, daß das Reduktionspotential der Koordinationskosten in Vorgangsketten mit starker Arbeitsteilung größer ist als das Reduktionspotential, das sich durch eine Senkung der Verrichtungskosten erzielen ließe. Als mögliche Organisationsformen, die eine Integration in aufbau- als auch ablauforganisatorischer Sicht unterstützen, sind anzuführen[41]:

– *Bearbeitungszentren*, in denen mehrere NC- bzw. CNC-Maschinen hintereinander Arbeitsgänge ohne Unterbrechung durchführen,

– *Flexible Fertigungszellen*, bestehend aus Gruppen von Werkzeugmaschinen, Pufferlagern für Werkstücke, automatisierten Zuliefereinrichtungen und Aufrüstungen,

– *Flexible Fertigungssysteme (FFS)* als erweiterte Fertigungszellen, in denen ein Rechner die Ver- und Entsorgung mit Werkzeugen sowie die zeitgenaue Bereitstellung von NC-Programmen koordiniert und

– *Flexible Transferstraßen*, die als Erweiterung von FFS zur Massenfertigung herangezogen werden.

Der *Grad der Arbeitsteilung* nimmt vom Bearbeitungszentrum bis zum FFS ab, während der *Anteil rechnergestützter Funktionen* und die *Autonomie der Instanzen* steigen. Die Wahl einer produktionstechnologischen Alternative zur Erfüllung einer strategischen Zielsetzung setzt also immer eine mit der Wahl einhergehende Anpassung der Organisationsform voraus.

Letztlich lassen sich die Konsequenzen von Produktionstechnologien – ebenso wie die mit ihnen zu realisierenden Ziele des Produktionsbereichs – nicht in Form eindimensionaler Zahlungsreihen abbilden. Dies scheitert letztlich an Praktikabilitätsproblemen bei der Zurechnung von Grenzeinzahlungen und -auszahlungen entsprechend dem Marginalprinzip. Anstelle dessen können produktionstechnologische Ziele wie technologische Alternativen jedoch anhand multidimensionaler Kriterien abgebildet werden. Sind Zielrealisationskonsequenzen – wie bei produktionstechnologischen Alternativen – nicht kardinal, sondern nur ordinal skalierbar, sind die Voraussetzungen für eine Anwendung des AHP gegeben.

5.2.4.2 Produktionstechnologieentscheidungen mittels AHP

Im folgenden[42] sei davon ausgegangen, daß ein Unternehmen mit einer rückläufigen Gewinnentwicklung konfrontiert sei, die dessen Existenz in Frage stellt. Eine umfassende Analyse der Krisensituation habe als Ursache eine veraltete Fertigungstechnologie mit zu hohen Produktionskosten ergeben. Eine Sanierung würde Investitionen in eine computergestützte Fertigungstechnologie mit entsprechend einhergehenden ablauf- und aufbauorganisatorischen

---

[41] Vgl. Kurbel (1993), S. 632.

[42] Zu einem Beispiel aus dem Produktionsbereich mit hiervon abweichender Zielsystematik und Umweltentwicklung vgl. auch Ossadnik/Maus (1995a), S. 17 ff.

Integrationsmaßnahmen erfordern. Im Hinblick auf die Auswahl einer Produktionstechnologie habe das Management – unterstützt durch das Controlling – das in Abbildung 5.5 dargestellte Zielsystem formuliert.

Die an diesem Zielsystem zu messenden Handlungsalternativen müssen die Anforderung jederzeitigen Liquiditätsgleichgewichts erfüllen. In diesem Zielsystem sind zunächst noch keine Gewichtungen vorgesehen. Diese können in Abhängigkeit von unterschiedlichen situativen Bedingungen unterschiedlich ausfallen.

Das vom Management aufgestellte Zielsystem verdeutlicht, daß versucht wird, Wettbewerbsvorteile über *produktionsbezogene Erfolgspotentiale* zu erreichen (Ebene 1). Auf der nachfolgenden Ebene 2 verweist das Kriterium der (Höhe der) *Produktionskosten* auf einen wesentlichen Wettbewerbsvorteil. Diesem Kriterium kommt eine noch höhere Bedeutung im Falle einer Verfolgung der Grundsatzstrategie „Kostenführerschaft" zu. Weiterhin sind auf dieser Ebene die *Koordinationskosten* relevant, die die ressourcenmäßigen Konsequenzen der Implementation und laufenden Handhabung aus Führungssicht abbilden. Personal- und Personalnebenkosten stellen einen entscheidenden Wettbewerbsfaktor der Produktion dar. Im Kriterium der *Personalkostenreduktionspotentiale* soll daher abgebildet werden, inwiefern eine zu implementierende Produktionstechnologie über mögliche Technik-Einsatzvarianten die durchschnittliche Anzahl benötigter Arbeitskraft zu reduzieren vermag. Aus strategischer Sicht ist ferner die durch eine Produktionstechnologie eröffnete *Flexibilität* von Bedeutung, Produktionsprozesse umzugestalten.

Im Hinblick auf die Wettbewerbsstärke des Unternehmens am Absatzmarkt ist es wesentlich, Kunden schnell und sicher beliefern zu können, d.h. insbesondere hohe Tagesproduktionsvolumina zu erreichen[43]. Dies setzt die *Performancestärke* des Produktionsapparats als weiteres Kriterium auf der zweiten Ebene voraus. Einen (empirisch bestätigten) Wettbewerbsfaktor stellt die *Qualität* der Produkte eines Unternehmens dar. Qualität wird vom *Deutschen Institut für Normung* allgemein definiert als „Beschaffenheit einer Einheit bezüglich ihrer Eignung, festgelegte und vorausgesetzte Erfordernisse zu erfüllen"[44]. Die Anforderungen an Qualität[45] sind aus der Sicht der Kunden abzuleiten. Nach derzeitigem Stand der Erforschung von Konsumentenpräferenzen gehört neben der Frage, ob ein Produkt die gewünschten Funktionen erfüllt, auch seine Zuverlässigkeit zu den von Kunden geschätzten Qualitätseigenschaften. Für den Produktionsbereich sind nur technische Qualitätsmerkmale beeinflußbar.

---

[43] Dabei wird zur Bestimmung des Tagesproduktionsvolumens von einem gewinnerwartungswertmaximalen Produktsortiment ausgegangen, das auf der Basis des gegenwärtig vorhandenen Produktmixes und vorstellbarer neuer Produkte zusammengestellt wird.

[44] DIN 55350, Teil 11, 3.

[45] Vgl. dazu eingehender Ossadnik (1998), S. 92 ff.

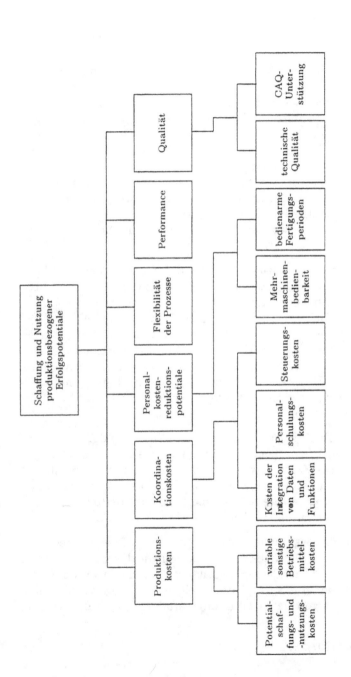

Abbildung 5.5: Beispiel eines Zielsystems (für Auswahl einer Produktionstechnologie)

Die *Produktionskosten* der Ebene 2 werden durch die Kriterien Potential-schaffungs- und -nutzungskosten sowie variable sonstige Betriebsmittelkosten auf der Ebene 3 spezifiziert. Dabei verweisen die *Potentialschaffungs- und -nutzungskosten* auf die Kosten der Anschaffung und der Inbetriebnahme so-wie den nutzungsabhängigen Werteverzehr. Die *variablen sonstigen Betriebs-mittelkosten* werden durch die von einer Produktionstechnologie induzierten Faktoreinsatzkosten bestimmt.

Die *Koordinationskosten* werden auf der dritten Zielebene durch die Ko-sten der Integration von Daten und Funktionen, die Personalschulungskosten und die Steuerungskosten des Produktionsmanagements konkretisiert. Die *Kosten der Integration von Daten und Funktionen* umfassen die notwendigen datenflußtechnischen Reorganisationsmaßnahmen sowie die Kosten der Mo-difikation von Arbeitsabläufen. *Personalschulungskosten* sind aufgrund von Maßnahmen zu erwarten, durch die die Diskrepanz zwischen dem tatsäch-lichen Kompetenzgrad des Fachpersonals und dem Anforderungsprofil einer zu implementierenden Produktionstechnologie verringert wird. *Steuerungsko-sten* sind die Kosten aus der Sicht des Produktionsmanagements, die durch die Steuerung der Fertigungsprozesse bei gegebener Produktionstechnologie auftreten.

Die *Personalkostenreduktionspotentiale* sollen auf der dritten Zielebene durch die Kriterien der Mehrmaschinenbedienbarkeit und der Anzahl bedien-armer Fertigungsperioden repräsentiert werden. Die *Mehrmaschinenbedien-barkeit* sei als durchschnittliche Anzahl der in einer Schicht pro Arbeitskraft weitgehend zeitparallel gefahrenen computergesteuerten Fertigungsanlagen definiert[46]. Je höher die Anzahl der Mehrmaschinenbedienungsmöglichkeiten einer Technologie ist, desto höher sind auch die Kostenreduktionspotentia-le im Personalbereich. Entsprechendes gilt auch für die Implementations-möglichkeiten *bedienarmer Fertigungsperioden*, d.h. von Fertigungszeiten mit stark reduziertem bzw. komplett abwesendem Personal.

Das Kriterium der *Qualität* wird auf der dritten Zielebene durch die tech-nische Qualität und die Möglichkeiten einer CAQ-Unterstützung näher be-schrieben. Die *technische Qualität* werde durch Größen wie Ausschußrate, Anzahl der Gewährleistungsfälle u.a. gemessen. Ebenso soll in die Entschei-dung einfließen, inwiefern die Alternativen die Möglichkeiten bieten, ein zu errichtendes *CAQ*-System zu *unterstützen*.

Ausgangsbasis für die Bestimmung der Zielgewichte auf der zweiten Ebe-ne der Zielhierarchie seien Annahmen über die Entwicklung der künftigen Umwelt. Zu diesen situativen Bedingungsfaktoren für die Bemessung von Zielgewichten gehört die zu erwartende technologische Innovationsdynamik im Bereich der computergestützten Fertigungsverfahren. Diese Innovations-

---

[46] Vgl. Mallok/Fritsch (1997), S. 149.

trächtigkeit[47] kann sich z.B. in der Erwartung eines Fortschreitens der Robotik sowie eines verstärkten Einsatzes künstlicher Intelligenz äußern. Eine weitere für die Bemessung von Zielgewichten relevante „Situationsvariable" ist die für ein Unternehmen relevante Produktinnovationsintensität. Diese äußert sich darin, daß der Absatzmarkt innovative Produkte akzeptiert. Dabei ist es für den Produktionsbereich unwesentlich, ob die Nachfrage nach einem innovativen Produkt a priori besteht oder erst durch ein entsprechendes Angebot erzeugt wird. Die Akzeptanz eines Marktes gegenüber innovativen Produkten legt die Frage nach der Fähigkeit eines Unternehmens nahe, innovative Produkte zu konzipieren und physisch zu erzeugen. Kombiniert man diese beiden Umweltvariablen, gelangt man zu folgenden Umweltszenarien:

Szenarium I: Es wird kaum mit technologischen Neuerungen gerechnet; die Produktinnovationsintensität wird als gering erwartet,

Szenarium II: Während die künftige technologische Innovationsintensität als gering eingeschätzt wird, geht man von einer hohen Produktinnovationsintensität aus,

Szenarium III: Es wird damit gerechnet, daß die technologische Intensität hoch, die Produktinnovationsintensität gering sein wird,

Szenarium IV: Sowohl die technologische als auch die produktbezogene Innovationsintensität werden als hoch eingestuft.

Die alternativ möglichen Szenarien sind in Tabelle 5.36 gegenübergestellt.

Tabelle 5.36: Umweltszenarien (Auswahl einer Produktionstechnologie)

Szenarien		Produktinnovationsintensität	
		gering	hoch
Technologische	gering	I	II
Innovationsintensität	hoch	III	IV

Auf Befragen des Controllings gibt das Produktionsmanagement für alle Szenarienpaare an, welches Szenarium es für wahrscheinlicher hält. Auf dieser Basis lassen sich die Eintrittswahrscheinlichkeiten der Szenarien mit Hilfe der Eigenwertmethode bestimmen (vgl. Tabelle 5.37).

---

[47] Aus der Sicht erwarteter starker Innovationen sind Investitionen in vergleichsweise ältere technologische Generationen – auch wenn deren Investitionsvolumen deutlich geringer ist – wenig sinnvoll, da Wettbewerbsnachteile schneller deutlich werden. Dagegen kann bei nur geringer technischer Innovationsträchtigkeit einer Branche eine Investition in neueste Produktionstechnologien mit hohen Primärauszahlungen sinnvoll sein.

Tabelle 5.37: Paarvergleichsmatrix der Szenarien (Auswahl einer Produktionstechnologie)

Szenarien IKM = 0,0284365	I	II	III	IV
I	1	1/3	1/6	1/8
II		1	1/2	1/5
III			1	1/3
IV				1
Eintrittswahr-scheinlichkeiten	0,05061	0,12699	0,24450	0,57790

Ausgehend davon, daß Entscheidungsverhalten von der Entscheidungssituation abhängt, haben die Produktinnovationsintensität und die technologische Innovationsintensität Einfluß auf die relative Wichtigkeit, die die Manager den produktionsbezogenen strategischen Zielen, Produktionskosten, Koordinationskosten, Personalkostenreduktionspotentialen, der Flexibilität der Prozesse, der Performance und der Qualität beimessen. In Abhängigkeit von der Ausprägung der Umweltvariablen geben die Manager auf Befragen durch das Produktionscontrolling die aus den Tabellen 5.38 bis 5.41 ersichtlichen Paarvergleichsurteile für die Ziele der zweiten Ebene ab.

Die Gewichte zeigen beispielsweise, daß bei hoher Produktinnovationsintensität die Fähigkeit einer Produktionstechnologie von Relevanz ist, auf alternative Prozesse (und damit die Herstellung neuer Produkte) umgestellt zu werden bzw. unterschiedliche Produkte durch unterschiedliche Prozesse herzustellen. Hieraus folgt, daß bei hoher Produktinnovationsintensität dem Kriterium der Flexibilität der Prozesse ein höheres Gewicht als bei geringer Produktinnovationsintensität beizumessen ist.

Bei den Zielen der dritten Ebene ergeben sich szenarienunabhängige Vergleichsurteile. Dies liegt daran, daß diesen ein eher definitorischer Charakter gegenüber den Oberzielen der zweiten Zielebene zukommt. Bei der Spezifikation der Produktionskosten durch Potentialschaffungs- und -nutzungskosten und variable sonstige Betriebsmittelkosten, bei der Detaillierung der Koordinationskosten durch Kosten der Integration von Daten und Funktionen, Personalschulungskosten und Steuerungskosten, bei der Erklärung von Personalkostenreduktionspotentialen durch die Kriterien Mehrmaschinenbedienbarkeit und bedienarme Fertigungsperioden sowie der Konkretisierung der Qualität durch technische Qualität sowie CAQ-Unterstützung ergeben sich die Paarvergleichsurteile aus den Tabellen 5.42 bis 5.45.

Tabelle 5.38: Paarvergleichsmatrix der Ziele der ersten Unterzielebene für das Szenarium I

Szenarium I IKM = 0,0535526	Produktionskosten	Koordinationskosten	Personalkostenreduktionspotentiale	Flexibilität der Prozesse	Performance	Qualität
Produktionskosten	1	3	2	6	2	3
Koordinationskosten		1	1/2	3	1/3	1
Personalkostenreduktionspotentiale			1	3	1/2	3
Flexibilität der Prozesse				1	1/4	2
Performance					1	3
Qualität						1
Zielgewichte lokal	0,33437	0,10445	0,17328	0,06712	0,24747	0,07331
Zielgewichte global	0,01692	0,00529	0,00877	0,00340	0,01253	0,00371

Tabelle 5.39: Paarvergleichsmatrix der Ziele der ersten Unterzielebene für das Szenarium II

Szenarium II IKM = 0,0199136	Produktionskosten	Koordinationskosten	Personalkostenreduktionspotentiale	Flexibilität der Prozesse	Performance	Qualität
Produktionskosten	1	3	2	1/3	1	3
Koordinationskosten		1	1/2	1/6	1/3	1
Personalkostenreduktionspotentiale			1	1/5	1/2	3
Flexibilität der Prozesse				1	3	5
Performance					1	4
Qualität						1
Zielgewichte lokal	0,17077	0,05795	0,10594	0,43063	0,17975	0,05496
Zielgewichte global	0,02169	0,00736	0,01345	0,05468	0,02283	0,00698

Tabelle 5.40: Paarvergleichsmatrix der Ziele der ersten Unterzielebene für das Szenarium III

Szenarium III IKM = 0,0449519	Produktions- kosten	Koordina- tions- kosten	Personal- kosten- reduktions- potentiale	Flexibilität der Prozesse	Perfor- mance	Quali- tät
Produktions- kosten	1	3	2	3	3	3
Koordina- tionskosten		1	1/2	1	1/2	1/2
Personalkosten- reduktions- potentiale			1	2	1/2	1/2
Flexibilität der Prozesse				1	1/3	1/3
Performance					1	2
Qualität						1
Ziel- gewichte lokal	0,34756	0,08303	0,12738	0,07322	0,20563	0,16318
global	0,08498	0,02030	0,03115	0,01790	0,05028	0,03990

Tabelle 5.41: Paarvergleichsmatrix der Ziele der ersten Unterzielebene für das Szenarium IV

Szenarium IV		Produk-tions-kosten	Koordina-tions-kosten	Personal-kosten-reduktions-potentiale	Flexibilität der Prozesse	Perfor-mance	Quali-tät
IKM = 0,0388547							
Produktions-kosten		1	3	2	1/4	1	3
Koordina-tionskosten			1	1/2	1/5	1/3	1
Personalkosten-reduktions-potentiale				1	1/5	1	2
Flexibilität der Prozesse					1	3	3
Performance						1	3
Qualität							1
Ziel-gewichte	lokal	0,16968	0,06154	0,11322	0,42765	0,15722	0,07069
	global	0,09806	0,03556	0,06543	0,24714	0,09086	0,04085

Tabelle 5.42: Paarvergleichsmatrix für das Kriterium der Produktionskosten

Produktionskosten IKM = 0	Potentialschaffungs- und -nutzungskosten	variable sonstige Betriebsmittelkosten
Potentialschaffungs- und -nutzungskosten	1	1
variable sonstige Betriebsmittelkosten		1
Zielgewichte lokal	0,50000	0,50000
global	0,11082	0,11082

Tabelle 5.43: Paarvergleichsmatrix für das Kriterium der Koordinationskosten

Koordinationskosten IKM = 0	Kosten der Inte- gration von Daten und Funktionen	Personal- schulungs- kosten	Steuerungs- kosten
Kosten der Integration von Daten und Funktionen	1	4	2
Personalschulungs- kosten		1	1/2
Steuerungs- kosten			1
Zielgewichte lokal	0,57143	0,14286	0,28571
global	0,03915	0,00979	0,01957

Tabelle 5.44: Paarvergleichsmatrix für das Kriterium der
Personalkostenreduktionspotentiale

Personalkostenreduk- tionspotentiale IKM = 0	Mehrmaschinen- bedienbarkeit	bedienarme Ferti- gungsperioden
Mehrmaschinen- bedienbarkeit	1	4
bedienarme Ferti- gungsperioden		1
Zielgewichte lokal	0,80000	0,20000
global	0,09504	0,02376

Tabelle 5.45: Paarvergleichsmatrix für das Kriterium der Qualität

Qualität IKM = 0	technische Qualität	CAQ-Unterstützung
technische Qualität	1	3
CAQ-Unterstützung		1
Zielgewichte lokal	0,75000	0,25000
global	0,06858	0,02286

Auf der Basis des entwickelten Zielsystems habe das Produktionscontrolling Informationen über folgende realisierbare Technologiealternativen beschafft:

T1: Der bestehende Produktionsapparat wird durch NC-Maschinen sowie Workstations mit CAD-Funktionen ersetzt. Die Organisationsstruktur wird bis auf Anpassungen an die veränderte CAD-CAM-Schnittstelle[48], die durch die Übergabe von Geometriedaten des CAD-Systems an die NC-Programmierung zu realisieren sind, beibehalten. Der Finanzmittelbedarf dieser Investition würde – je nach Fabrikat – 3–5 Mio. GE betragen.

T2: Einrichtung von Bearbeitungszentren in Form von CNC-Maschinen und CAD-Workstations. Neben Anpassungen der CAD-CAM-Schnittstelle ließe sich auch die Arbeitsvorbereitungsabteilung als CAD-CAP-Schnittstelle derart reorganisieren, daß Konstruktionsstücklisten des CAD-Systems in die Arbeitspläne des CAP-Systems einfließen können. Das Investitionsvolumen beläuft sich auf 6–8 Mio. GE.

T3: Ersatz des bisherigen Produktionsapparats durch ein flexibles Fertigungsverbundsystem aus DNC-Maschinen. Die Einführung dieses Systems ist mit grundlegenden Umstrukturierungs- bzw. Neuaufbaumaßnahmen in allen CA-Bereichen verbunden und hat einen Finanzmittelbedarf von 16–18 Mio GE.

Für diese Technologiealternativen habe das Produktionsmanagement auf Befragung durch das Controlling beim Kriterium der *Potentialschaffungs- und -nutzungskosten* die aus Tabelle 5.46 ersichtlichen Paarvergleichsurteile abgegeben. Es trägt damit den erheblichen Unterschieden bezüglich der Anschaffungs- bzw. Nutzungskosten (d.h. nutzungsabhängigen Abschreibungen) der drei Technologiealternativen Rechnung.

Tabelle 5.46: Paarvergleichsmatrix für das Kriterium der Potentialschaffungs- und -nutzungskosten

Potentialschaffungs- und -nutzungskosten IKM = 0		T1	T2	T3
T1		1	3	9
T2			1	3
T3				1
Prioritäten	ungewichtet	0,69231	0,23077	0,07692
	gewichtet	0,07672	0,02557	0,00852

[48] Zu Modellen der CAD-CAM-Schnittstelle vgl. Helberg (1987).

Die Bewertung der Technologiealternativen kehrt sich beim Kriterium der *variablen sonstigen Betriebsmittelkosten* tendenziell um (vgl. Tabelle 5.47): Höhere Investitionskosten gehen mit günstigeren variablen sonstigen Betriebsmittelkosten einher.

Tabelle 5.47: Paarvergleichsmatrix für das Kriterium der variablen sonstigen Betriebsmittelkosten

variable sonstige Betriebsmittelkosten IKM = 0		T1	T2	T3
T1		1	1/3	1/6
T2			1	1/2
T3				1
Prioritäten	ungewichtet	0,10000	0,30000	0,60000
	gewichtet	0,01108	0,03325	0,06649

Hinsichtlich der *Kosten der Integration von Daten und Funktionen* äußert das Produktionsmanagement die aus Tabelle 5.48 ersichtlichen Urteile. Aufgrund der höheren Anzahl der CA-Schnittstellen sind die Integrationskosten bei den höherwertigen Technologiealternativen vergleichsweise höher zu veranschlagen. Diese Rangordnung gilt tendenziell auch bei *Personalschulungskosten* (vgl. Tabelle 5.49).

Tabelle 5.48: Paarvergleichsmatrix für das Kriterium der Kosten der Integration von Daten und Funktionen

Kosten der Integration von Daten und Funktionen IKM = 0,0015773		T1	T2	T3
T1		1	4	9
T2			1	2
T3				1
Prioritäten	ungewichtet	0,73750	0,17728	0,08523
	gewichtet	0,02887	0,00694	0,00334

Genau umgekehrt zu den zuvor genannten Kriterien verhält sich die Beurteilung der Alternativen hinsichtlich des Kriteriums der *Steuerungskosten* (vgl. Tabelle 5.50). Die komplexe integrierte Struktur eines flexiblen Fertigungsverbundsystems aus DNC-Maschinen ermöglicht dem Produktionsmanagement eine bessere Steuerung des Produktionsprozesses als die weniger integrierten Alternativen T1 und T2.

Sowohl hinsichtlich der Möglichkeit einer *Mehrmaschinenbedienbarkeit* als auch der Implementation *bedienarmer Fertigungsperioden* wird das flexible

Tabelle 5.49: Paarvergleichsmatrix für das Kriterium der
Personalschulungskosten

Personalschulungs-kosten IKM = 0,0027019		T1	T2	T3
T1		1	3	7
T2			1	2
T3				1
Prioritäten	ungewichtet	0,68165	0,21584	0,10251
	gewichtet	0,00667	0,00211	0,00100

Tabelle 5.50: Paarvergleichsmatrix für das Kriterium der Steuerungskosten

Steuerungskosten IKM = 0,0027019		T1	T2	T3
T1		1	1/3	1/7
T2			1	1/2
T3				1
Prioritäten	ungewichtet	0,09253	0,29222	0,61525
	gewichtet	0,00181	0,00572	0,01204

Fertigungsverbundsystem aus DNC-Maschinen gegenüber den Alternativen
T1 und T2 als überlegen eingeschätzt (vgl. Tabellen 5.51 und 5.52).

Tabelle 5.51: Paarvergleichsmatrix für das Kriterium der
Mehrmaschinenbedienbarkeit

Mehrmaschinen-bedienbarkeit IKM = 0		T1	T2	T3
T1		1	1/3	1/9
T2			1	1/3
T3				1
Prioritäten	ungewichtet	0,07692	0,23077	0,69231
	gewichtet	0,00731	0,02193	0,06580

Die Alternativenbeurteilung bezüglich der *Flexibilität der Prozesse* erfolgt
gemäß Tabelle 5.53. Eine flexible Anpassung der Fertigungsprozesse an neue
Produkte ist mittels des Leitrechners des flexiblen Fertigungsverbundsystems
(T3) sowohl zeitsparender als auch kostengünstiger zu realisieren. Ebenso ist
davon auszugehen, daß die Anpaßbarkeit der Prozesse an die produktions-
technischen Erfordernisse der Produkte durch die aufeinander abgestimm-
ten Fertigungsmaschinen des flexiblen Fertigungsverbundsystems in höherem
Maße gegeben ist. Daher erhält T3 hier die höchsten Bewertungen. Am geringsten ist die Flexibilität der Prozesse bei T1 ausgeprägt.

Tabelle 5.52: Paarvergleichsmatrix für das Kriterium der bedienarmen
Fertigungsperioden

bedienarme Fertigungsperioden IKM = 0,0015773		T1	T2	T3
T1		1	1/2	1/9
T2			1	1/4
T3				1
Prioritäten	ungewichtet	0,08523	0,17728	0,73750
	gewichtet	0,00202	0,00421	0,01752

Tabelle 5.53: Paarvergleichsmatrix für das Kriterium der Flexibilität der
Prozesse

Flexibilität der Prozesse IKM = 0		T1	T2	T3
T1		1	1/3	1/6
T2			1	1/2
T3				1
Prioritäten	ungewichtet	0,10000	0,30000	0,60000
	gewichtet	0,03231	0,09694	0,19387

Um den Absatzmarkt schnell und sicher beliefern zu können, ist es erforderlich, hohe Tagesproduktionsvolumina – über eine stark ausgeprägte *Performance* – fertigungstechnisch erreichen zu können. Dies wird unter anderem
dadurch begünstigt, daß notwendige Rüstvorgänge zeitlich minimiert werden
können. Deutlich überlegen hinsichtlich möglicher Tagesproduktionsvolumina
ist das flexible Fertigungsverbundsystem, da hier der Automatisierungsgrad
die Rüstzeiten minimiert und dadurch maximales Produktionsvolumen ermöglicht wird. Ebenso sind weniger Wartezeiten zu erwarten (vgl. Tabelle
5.54).

Tabelle 5.54: Paarvergleichsmatrix für das Kriterium der Performance

Performance IKM = 0		T1	T2	T3
T1		1	1/3	1/9
T2			1	1/3
T3				1
Prioritäten	ungewichtet	0,07692	0,23077	0,69231
	gewichtet	0,01358	0,04073	0,12218

Die Urteile des Produktionsmanagements bezüglich des Kriteriums der
technischen Qualität sind in Tabelle 5.55 wiedergegeben. Da davon auszuge-

hen ist, daß zum einen die Fertigungskomponenten des flexiblen Fertigungsverbundsystems besser aufeinander eingestellt sind und zum anderen ein höherer Grad automatisierter Kontrolle erreicht werden kann, erhält T3 hier die
besten Vergleichsurteile. Ebenso ist die Möglichkeit der *CAQ-Unterstützung*
bei T3 höher zu bewerten, da mit Abstand die meisten CA-Schnittstellen
integriert und die weitreichendsten Datenflüsse realisiert sind (vgl. Tabelle 5.56), die ein Maximum an qualitätsbezogenen Auswertungsmöglichkeiten
bereithalten.

Tabelle 5.55: Paarvergleichsmatrix für das Kriterium der technischen Qualität

technische Qualität IKM = 0		T1	T2	T3
T1		1	1/2	1/6
T2			1	1/3
T3				1
Prioritäten	ungewichtet	0,11111	0,22222	0,66667
	gewichtet	0,00762	0,01524	0,04572

Tabelle 5.56: Paarvergleichsmatrix für das Kriterium der CAQ-Unterstützung

CAQ-Unterstützung IKM = 0,0027019		T1	T2	T3
T1		1	1/2	1/7
T2			1	1/3
T3				1
Prioritäten	ungewichtet	0,10251	0,21584	0,68165
	gewichtet	0,00234	0,00493	0,01558

Auf der Basis der vom Management getroffenen Einschätzungen hat Pro-
duktionscontrolling eine Rangordnung unter den Alternativen herzustellen.
Hierzu hat es die ungewichteten Prioritäten der Technologien in den Sub-
hierarchien der Erfolgspotentiale mit den jeweiligen lokalen Zielgewichten zu
multiplizieren. Die nunmehr auf die einzelnen Erfolgspotentiale bezogenen
Prioritäten der Technologien sind dann mit den globalen Zielgewichten dieser
Erfolgspotentiale zu multiplizieren und für jede Technologie aufzusummieren.
Dabei werden die Ziele der zweiten Ebene szenarienspezifisch differenziert gewichtet. Damit resultiert aus den Erwartungen des Managements bezüglich
der Umweltentwicklung und aus seinen Unterziel- bzw. Technologiebewertun-
gen für das hier vorgestellte Beispiel die aus Tabelle 5.57 ersichtliche Rangordnung unter den Produktionstechnologien.

Aufgrund der vom Produktionsmanagement gelieferten wertrelevanten Informationen hat das Produktionscontrolling diesem die Alternative T3, d.h.

Tabelle 5.57: Rangordnung der Produktionstechnologiealternativen

Alternative	T1	T2	T3
normierter Nutzenwert	0,19035	0,25758	0,55208
Rang	3	2	1

die Anschaffung und Einführung eines flexiblen Fertigungsverbundsystems aus DNC-Maschinen, zu empfehlen.

5.2.5 Beispiel 4: Auswahl einer Absatzstrategie

5.2.5.1 Absatzcontrolling und Produktneueinführungsentscheidungen

Der Erfolg und das Überleben von Unternehmen hängen mit davon ab, inwieweit der Markt ihre Produkte annimmt und Umsätze bzw. Erlöse realisiert werden können. Insofern gehört die Frage, auf welchem Absatzmarkt (bzw. in welchem Marktsegment) man welche Produkte anbietet, zu den wichtigsten unternehmenspolitischen Festlegungen. Derartige strategische Entscheidungen obliegen dem Absatzmanagement. In Anbetracht der von ihm wahrzunehmenden vielfältigen strategischen und operativen Linienaufgaben[49] bedarf das Absatzmanagement einer Unterstützung durch systematisches Absatzcontrolling.

Controlling im Absatzbereich[50] hat sämtliche Führungshandlungen, die sich auf den Absatz von Produkten beziehen, zu koordinieren, die Absatzmanager mit entscheidungsrelevanten Informationen zu versorgen und ein Instrumentarium zur Herleitung und Begründung dieser Informationen bereitzustellen[51]. Die Hauptkoordinationsaufgabe des Absatzcontrollings[52] besteht in der Gestaltung des Marketing-Mix, also der Koordination der Produktpolitik, der Preis- und Konditionenpolitik, der Kommunikationspolitik sowie der Distributionspolitik[53]. Eine weitere Koordinationsaufgabe des Absatzcontrollings ist die Abstimmung zwischen strategischer und operativer Absatzplanung. Dabei sind auf strategischer Ebene vor allem Entscheidungen über geeignete Produkt-/Marktkombinationen zu treffen. Zur Fundierung derartiger strategischer Absatzentscheidungen werden in praxi vielfach unscharfe Größen wie Erfolgspotential[54], Marktattraktivität, Image usw. herangezo-

---

[49] Vgl. dazu z.B. Steffenhagen (1993).
[50] Vgl. zur theoretischen Analyse dieses Bereichs auch Nieschlag/Dichtl/Hörschgen (1991); Busse von Colbe/Hammann/Laßmann (1992); W.H. Engelhardt (1993); Kotler/Bliemel (1992); Köhler (1993); Zentes (1993).
[51] Vgl. auch Ossadnik/Lange/Morlock (1998).
[52] Vgl. zum nachfolgenden auch Ossadnik (1998), S. 67–69.
[53] Vgl. dazu Meffert (1986); Nieschlag/Dichtl/Hörschgen (1991); Ahlert (1991); Specht (1992).
[54] Vgl. dazu bereits Abschnitt 5.2.2.1.

gen. Dagegen sind bei der operativen Absatzplanung, die die strategischen Absatzpläne umzusetzen hat, die Entscheidungskriterien insofern schärfer, als sie sich z.B. an Umsätzen, Deckungsbeiträgen, Kosten etc. ausrichten.

Der Absatzcontroller hat ferner Anstöße dafür zu geben, daß die Unternehmensgesamtplanung von der Planung des Absatzbereichs als dem im Regelfall entscheidenden Engpaß ausgeht. Zu diesem Zweck muß das Absatzcontrolling mit dem Controlling anderer Unternehmensteilbereiche und dem Unternehmensgesamtcontrolling abgestimmt werden. Zentrale Aufgabe des Absatzcontrollings ist ferner die Koordination von Absatzplanung und -kontrolle[55]. Dabei trägt es die Verantwortung für Erlösabweichungsanalysen und hat auf deren Basis Neuplanungen anzustoßen. Die Koordination von Planung und Kontrolle impliziert auch eine Anpassungs- und Innovationsfunktion. Das Absatzcontrolling hat auf der Basis von Marktbeobachtungen (von Abnehmern und Mitwettbewerbern) z.B. Werbe-, Preis- und Distributionsstrategien anzupassen oder diesbezüglich innovatorische Maßnahmen anzuregen. Bezogen auf die Kommunikationspolitik kommt dem Absatzcontrolling die Aufgabe zu, in Form von Budgets einen finanziellen Rahmen für die einzelnen Kommunikationsinstrumente wie Werbung, Verkaufsförderung, Public relations etc. festzulegen.

Im Rahmen seiner Servicefunktion hat Absatzcontrolling das Management bei seinen absatzorientierten Entscheidungen zu unterstützen und es mit absatzrelevanten Informationen zu versorgen. Bei seiner Entscheidungsunterstützungsaufgabe kann sich das Absatzcontrolling im Hinlick auf strategische Produktentscheidungen (wie etwa Neueinführungen, Eliminationen, Sortimentsänderungen) uni- wie multikriterieller Verfahren bedienen. Die Entscheidungsunterstützungsaufgabe des Absatzcontrollings geht unmittelbar mit der Lösung von Informationsversorgungsaufgaben einher. So hat das Absatzcontrolling ein Informationssystem zu implementieren, das Daten über Entwicklungen mit Relevanz für den Absatz zur Verfügung stellt. Dies verlangt z.B. die Einrichtung einer Marktforschung, die u.a. auch Beobachtungen über Verzögerungen bei der Markteinführung eines neuen Produkts auswertet.

Nachfolgend soll insbesondere die Unterstützung des Absatzmanagements bei einer Produkteinführungsentscheidung betrachtet werden. Bei diesem, die Absatzmarktstrategien betreffenden, Entscheidungstyp lassen sich strategische Alternativen kaum mittels unikriterieller Zahlungsreihen abbilden. Möglich ist dagegen eine multikriterielle Repräsentation der strategischen Alternativen nach Maßgabe eines multikriteriellen Zielsystems. Können – wie in praxi oft unvermeidlich – die Gewichte der strategischen Ziele, die Eintrittswahrscheinlichkeiten für künftige Umweltzustände sowie die Zielwirksamkeit der Handlungsalternativen nicht in kardinaler, sondern nur in ordinaler Skalierung angegeben werden, bietet sich der AHP als Entscheidungshilfe an.

[55] Vgl. Meffert (1986); Nieschlag/Dicht/Hörschgen (1991).

5.2.5.2 Absatzmarktstrategische Entscheidungen mittels AHP

Die Einsatzmöglichkeiten des AHP bei der Fundierung einer absatzmarktstrategischen Entscheidung seien am Beispiel[56] eines Unternehmens aufgezeigt, das Fahrräder und Fahrradzubehör herstellt. Rückläufige Absatzentwicklungen gefährden die Existenz des Unternehmens. Eine umfassende Bestandsaufnahme und Analyse der Krisensituation habe ergeben, daß die Produkte dieses Unternehmens der Konkurrenz nicht mehr gewachsen sind. Ursachen hierfür seien eine verfehlte Modellpolitik u.a. auch aufgrund antiquierten Produktdesigns. Aufgrund jahrzehntelanger Erfahrungen mit dem Vertrieb von Fahrrädern hat das Unternehmen erhebliches Know-how über diesen Absatzmarkt erworben und traut sich daher zu, mit einem neuen Produkt auf diesem Markt bestehen zu können.

Voraussetzung ist dabei die Beachtung aktueller Trends auf dem europäischen Fahrradmarkt wie (1) der Segmentierung dieses Marktes in neue Teilmärkte für Sport- und Freizeiträder (Mountain- und Trekking-Bikes) sowie (2) eines gestiegenen Qualitätsbewußtseins der Kunden. Eine Berücksichtigung dieser Trends wäre allerdings gleichbedeutend mit langen Entwicklungszeiten, aufwendigen Investitionen in moderne computergestützte Fertigungstechnologie sowie Umschulungsmaßnahmen, die allesamt mit hohen Umstellungskosten einhergingen. Würde das Unternehmen stattdessen preiswerte Fahrräder in Massenproduktion herstellen, wäre die notwendige Vorlaufzeit für eine Sanierung kürzer, könnten die Umstellungskosten geringer ausfallen.

Es sei im weiteren davon ausgegangen, daß durch einen interaktiven Zielbildungsprozeß zwischen Absatzmanagement und Absatzcontrolling das in Abbildung 5.6 dargestellte Zielsystem erarbeitet worden ist.

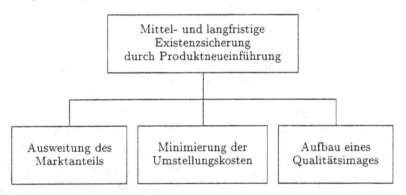

Abbildung 5.6: Beispiel eines Zielsystems (für Auswahl einer Absatzstrategie)

Dieses Zielsystem sieht zunächst noch keine differenzierten Zielgewichtungen in Abhängigkeit von situativen Bedingungsfaktoren, wie etwa der

---

[56] Vgl. zum folgenden auch Ossadnik (1994), S. 163–168.

Entwicklung der künftigen Umwelt, vor. Das generelle, den Absatzmarkt betreffende strategische Ziel, die *Existenz* des Unternehmens durch *Einführung eines neuen Produkts zu sichern*, sei durch die Unterziele *Erwerb und Ausbau von Marktanteilen* mit einem neuen Produkt, *Minimierung der Umstellungskosten* (einschließlich der des Fertigungsbereichs) im Rahmen der Betriebsorganisation und *Aufbau eines Qualitätsimages* konkretisiert.

Um die Zielbeiträge der Alternativen bewerten zu können, müssen Informationen über die Entwicklung der Umwelt vorliegen. Indem das Absatzcontrolling Annahmen über die gesamtwirtschaftliche Entwicklung und eine evtl. bevorstehende spürbare Anhebung der Mineralölsteuer kombiniert, gelangt es zu folgenden Szenarien alternativ möglicher Umweltzustände:

– Szenarium I: Aufschwung und (spürbare) Mineralölsteuererhöhung (ME),

– Szenarium II: Aufschwung und keine Mineralölsteuererhöhung,

– Szenarium III: Rezession und (spürbare) Mineralölsteuererhöhung,

– Szenarium IV: Rezession und keine Mineralölsteuererhöhung.

Damit ergeben sich die aus Tabelle 5.58 ersichtlichen alternativen Möglichkeiten einer Entwicklung der entscheidungsrelevanten künftigen Umwelt.

Tabelle 5.58: Umweltszenarien (Auswahl einer Absatzstrategie)

Szenarien		Mineralölbesteuerung	
		ME	keine ME
Konjunkturent-	Aufschwung	I	II
wicklung	Rezession	III	IV

Zunächst sind die Eintrittswahrscheinlichkeiten dieser Szenarien zu bestimmen. Hierzu hat das Absatzmanagement auf Befragen des Absatzcontrollings für alle Szenarienpaare anzugeben, welches Szenarium es für wahrscheinlicher hält. Aufgrund dieser Urteile kann das Absatzcontrolling die Eintrittswahrscheinlichkeiten mit Hilfe der Eigenwertmethode bestimmen (vgl. Tabelle 5.59).

Wenn menschliches Entscheidungsverhalten auch von der Entscheidungssituation abhängt, ist es plausibel, daß Manager den Zielen für jedes Szenarium unterschiedliche Gewichte zuordnen. Im Beispielsfall haben sowohl die gesamtwirtschaftliche Entwicklung als auch die Möglichkeit einer Mineralölsteuererhöhung Einfluß auf die relative Wichtigkeit der Ziele Erwerb und Ausbau von Marktanteilen sowie Minimierung der Umstellungskosten. In der Phase eines gesamtwirtschaftlichen Aufschwungs muß ein Unternehmen versuchen, seinen Marktanteil auszuweiten, um von der zusätzlichen Nachfrage

Tabelle 5.59: Paarvergleichsmatrix der Szenarien (Auswahl einer
Absatzstrategie)

Szenarien IKM = 0,0820667	I	II	III	IV
I	1	1/3	3	3
II		1	5	3
III			1	1/3
IV				1
Eintrittswahr-scheinlichkeiten	0,26534	0,50829	0,07520	0,15118

profitieren zu können. Für ein Unternehmen der Fahrradindustrie trifft dies in
besonderem Maße zu, wenn die Nachfrage nach Fahrrädern durch eine spürbare Mineralölsteuererhöhung stimuliert wird. In der Rezession spielen die
Umstellungskosten dagegen eine größere Rolle. Dies gilt insbesondere dann,
wenn keine Mineralölsteuererhöhung erwartet wird.

Die gesamtwirtschaftliche Entwicklung und die Möglichkeit einer spürbaren Mineralölsteuererhöhung haben grundsätzlich keinen Einfluß auf die
Wichtigkeit des Ziels Aufbau eines Qualitätsimages. Sowohl bei guter als
auch bei schlechter Konjunktur spielt der Qualitätswettbewerb eine wesentliche Rolle. Zwar wird davon ausgegangen, daß das Qualitätsbewußtsein der
Nachfrager auf dem Fahrradmarkt tendenziell höher ist, wenn im Gefolge
einer spürbaren Mineralölsteuererhöhung das Fahrrad von einem Luxus- zu
einem Gebrauchsgut wird. Dadurch wird jedoch nicht die relative Wichtigkeit
des Qualitätsziels berührt.

Vor diesem Hintergrund hat das Management des Unternehmens die aus
Tabelle 5.60 ersichtlichen Vergleichsurteile über die Wichtigkeit der Unterziele in Abhängigkeit von den Szenarien abgegeben. Hieraus können durch
Anwendung des AHP *lokale* Zielgewichte für die das Oberziel konkretisierenden Unterziele hergeleitet werden. Unter der Annahme, daß das Management
sich auf eine risikoneutrale Bewertung geeinigt hat, lassen sich die *globalen*,
d.h. auf das gesamte Zielsystem bezogenen Zielgewichte durch deren Erwartungswert abbilden.

In Anbetracht der dargestellten Spezifikation des Zielsystems habe das
Absatzcontrolling Informationen über folgende realisierbaren strategischen
Alternativen zur Einführung eines neuen Produkts beschafft:

A1: Massenproduktion von Fahrrädern der unteren Preisklasse; geschätzte
Umstellungskosten: 2–4 Mio. GE.

A2: Spezialisierung auf die Herstellung von Fahrrädern mit einem dynamounterstützten Hilfsmotor, für die ein relativ hoher Preis gefordert werden
kann; geschätzte Umstellungskosten: 6–8 Mio. GE.

Tabelle 5.60: Paarvergleichsmatrizen der Unterziele für die Szenarien

	Szenarium I IKM = 0,0297358			Szenarium II IKM = 0,0663879		
	MA	K	Q	MA	K	Q
Marktanteil (MA)	1	9	5	1	7	5
Kosten (K)		1	1/3		1	1/3
Qualität (Q)			1			1
Zielgewichte lokal	0,75141	0,07042	0,17818	0,73065	0,08096	0,18839
Zielgewichte global	0,19937	0,01868	0,04728	0,37138	0,04115	0,09576

	Szenarium III IKM = 0,0394016			Szenarium IV IKM = 0,0821566		
	MA	K	Q	MA	K	Q
Marktanteil (MA)	1	1/5	1/3	1	1/9	1/7
Kosten (K)		1	3		1	3
Qualität (Q)			1			1
Zielgewichte lokal	0,10473	0,63699	0,25829	0,05490	0,65536	0,28974
Zielgewichte global	0,00788	0,04790	0,01942	0,00830	0,09907	0,04380

A3: Spezialisierung auf die Herstellung von Tourenrädern; geschätzte Umstellungskosten: 8–10 Mio. GE.

A4: Spezialisierung auf qualitativ hochwertige Mountain–Bikes; geschätzte Umstellungskosten: 12–14 Mio. GE.

A5: Spezialisierung auf die Herstellung von Rennrädern der mittleren Preiskategorie; geschätzte Umstellungskosten: 10–12 Mio GE.

Es wird im weiteren davon ausgegangen, daß zwischen diesen Alternativen und den bisher am Markt mit nur begrenztem Erfolg angebotenen Produkten keine wesentlichen komplementären oder substitutiven Beziehungen bestehen.

Tabelle 5.61: Paarvergleichsmatrix für das Kriterium des Erwerbs und Ausbaus von Marktanteilen für die Szenarien I und II

Erwerb und Aus-bau von Markt-anteilen		Szenarium I				
		IKM = 0,0676422				
		A1	A2	A3	A4	A5
A1		1	1/3	1/3	1/3	1/3
A2			1	2	3	2
A3				1	3	2
A4					1	1/3
A5						1
Priori-täten	ungewichtet	0,07215	0,34772	0,26475	0,11380	0,20158
	gewichtet	0,01439	0,06933	0,05278	0,02269	0,04019
Erwerb und Aus-bau von Markt-anteilen		Szenarium II				
		IKM = 0,0379133				
		A1	A2	A3	A4	A5
A1		1	3	1/3	1/3	1/5
A2			1	1/5	1/7	1/7
A3				1	1/3	1/3
A4					1	1
A5						1
Priori-täten	ungewichtet	0,08645	0,03923	0,16621	0,33730	0,37081
	gewichtet	0,03211	0,01457	0,06173	0,12527	0,13771

Der Vergleich zweier Handlungsalternativen kann für verschiedene Szenarien unterschiedlich ausfallen. Dies betrifft im Beispielsfall das Ziel *Erwerb und Ausbau von Marktanteilen*. Hingegen fällt ein Vergleich zweier Handlungsalternativen bezüglich der Unterziele Minimierung der Umstellungskosten bzw. Aufbau eines Qualitätsimages unabhängig von den Umweltzuständen, also davon aus, ob die gesamtwirtschaftliche Entwicklung gut oder schlecht ist bzw. die Mineralölsteuer erhöht wird oder nicht. Die Bewertung der Zielwirkungen der Handlungsalternativen in Bezug auf das Ziel des Erwerbs und Ausbaus von Marktanteilen für den Fall eines Aufschwungs sind aus den Tabellen 5.61 und 5.62 ersichtlich.

Tabelle 5.62: Paarvergleichsmatrix für das Kriterium des Erwerbs und Ausbaus von Marktanteilen für die Szenarien III und IV

Erwerb und Ausbau von Marktanteilen		Szenarium III IKM = 0,0851711				
		A1	A2	A3	A4	A5
A1		1	1/5	3	5	5
A2			1	7	9	9
A3				1	5	5
A4					1	1
A5						1
Prioritäten	ungewichtet	0,20279	0,59423	0,12471	0,03913	0,03913
	gewichtet	0,00160	0,00468	0,00098	0,00031	0,00031
Erwerb und Ausbau von Marktanteilen		Szenarium IV IKM = 0,0167845				
		A1	A2	A3	A4	A5
A1		1	7	5	7	7
A2			1	1/3	1	1
A3				1	3	3
A4					1	1
A5						1
Prioritäten	ungewichtet	0,59844	0,07142	0,18729	0,07142	0,07142
	gewichtet	0,00497	0,00059	0,00155	0,00059	0,00059

Für den Fall, daß bei guter gesamtwirtschaftlicher Entwicklung die Mineralölsteuer unverändert bleibt (Szenarium II), ist davon auszugehen, daß Fahrräder vor allem bei der Freizeitgestaltung eine große Rolle spielen. Insofern läßt sich der Marktanteil des Unternehmens eher mit Freizeiträdern als mit preiswerten Massenmodellen vergrößern. Ist dagegen mit einer spürbaren Mineralölsteuererhöhung (Szenarium I) zu rechnen, ersetzt das Fahrrad vielfach die Funktion des Autos. D.h., daß der relative Gebrauchswert eines Fahrrads für den Alltag steigt.

Der Trend, daß der relative Gebrauchswert eines Fahrrads gegenüber dem eines Autos zunimmt, verstärkt sich noch, wenn eine rezessive gesamtwirtschaftliche Entwicklung erwartet wird. Ist dabei nicht mit einer spürbaren Mineralölsteuererhöhung (Szenarium IV) zu rechnen, läßt sich der Absatz nur noch mit preiswerten Fahrrädern vergrößern. Aufgrund der Rezession spielen die vergleichsweise teuren Fahrräder mit einem dynamounterstützten Hilfsmotor als Substitutionsmöglichkeit keine Rolle mehr.

Aufgrund des risikoneutralen Bewertungsverhaltens des Managements ergeben sich die gewichteten Prioritäten der Marktstrategien bezüglich eines Erwerbs und Ausbaus von Marktanteilen als Produkt aus dem globalen Gewicht dieses Ziels und dem Erwartungswert der ungewichteten Prioritäten.

Tabelle 5.63: Paarvergleichsmatrix für das Kriterium der Minimierung der Umstellungskosten

Minimierung der Umstellungskosten IKM = 0,0080657		A1	A2	A3	A4	A5
A1		1	2	3	7	5
A2			1	2	4	3
A3				1	3	2
A4					1	1/2
A5						1
Prioritäten	ungewichtet	0,44746	0,25344	0,15404	0,05539	0,08968
	gewichtet	0,09254	0,05241	0,03186	0,01146	0,01855

Die szenarienunabhängigen Vergleichsurteile der Produktstrategien bezüglich des Kriteriums der *Minimierung der Umstellungskosten* sowie die mit Hilfe des AHP errechneten ungewichteten und gewichteten Prioritäten sind in Tabelle 5.63 wiedergegeben.

Tabelle 5.64: Paarvergleichsmatrix für das Kriterium des Aufbaus eines Qualitätsimages

Aufbau eines Qualitätsimages IKM = 0,0536232		A1	A2	A3	A4	A5
A1		1	1/3	1/5	1/9	1/3
A2			1	1/4	1/6	1/3
A3				1	1/3	3
A4					1	3
A5						1
Prioritäten	ungewichtet	0,04205	0,07535	0,25958	0,48129	0,14174
	gewichtet	0,00867	0,01554	0,05354	0,09927	0,02923

Aufgrund der unvollkommenen Informationen ist das Management nicht in der Lage, einwertige Schätzungen der Umstellungskosten abzugeben. Die Bandbreitenschätzung läßt keine kardinale Bewertung der Produktstrategien zu. Möglich ist indes ein ordinaler Vergleich. Wie das Management die Eignung der verschiedenen Produktstrategien einschätzt, ein *Qualitätsimage aufzubauen*, ist in Tabelle 5.64 dargestellt. Demnach erscheinen vor allem die Produktion und der Absatz qualitativ hochwertiger Touren- und Mountain-

Bikes geeignet, um ein Qualitätsimage zugunsten des Unternehmens aufzubauen und diesem damit Konkurrenzfähigkeit in einem Qualitätswettbewerb zu verleihen.

Tabelle 5.65: Rangordnung der absatzmarktstrategischen Alternativen

Alternative	A1	A2	A3	A4	A5
normierter Nutzenwert	0,15427	0,15712	0,20244	0,25958	0,22658
Rang	5	4	3	1	2

Es obliegt nun dem Absatzcontrolling, aufgrund der vom Management getroffenen Einschätzungen eine Rangordnung unter den Alternativen herzustellen. Hierzu sind die mit Hilfe des AHP ermittelten gewichteten Prioritäten über alle bewertungsrelevanten (d.h. nicht mehr weiter durch Unterziele konkretisierten) Unterziele aufzusummieren. Für das hier vorgestellte Beispiel ist die Rangordnung der strategischen Alternativen aus Tabelle 5.65 ersichtlich. Demnach hat das Absatzcontrolling dem Management die Realisation der Strategie A4, d.h. die Herstellung qualitativ hochwertiger Mountain-Bikes und ihre Einführung am Markt, zu empfehlen.

5.2.6 Beispiel 5: Auswahl eines Logistikkonzepts

5.2.6.1 Logistikcontrolling und Logistikkonzeptentscheidungen

Aufgrund verkürzter Innovations- und Produktlebenszyklen gewinnt der Wettbewerbsfaktor „Zeit" zur Sicherung von Marktvorteilen zunehmend an Bedeutung. Dies erfordert von Unternehmen hohe Reaktionsgeschwindigkeiten und kurze Lieferzeiten. Die unternehmenseigenen Fertigungsstufen müssen daher aufgaben- und kompetenzmäßig in eine umfassende mehrgliedrige *logistische Kette* eingebunden werden, die von der Bestelldisposition über die Produktionsplanung und -steuerung bis zur Vertriebsdisposition reicht[57]. Hieraus ergibt sich Bedarf nach einem logistikbezogenen[58] Führungssystem. Diesem obliegt die gesamtheitliche Planung, Steuerung, Durchführung und Kontrolle aller Material- und Informationsströme innerhalb einer Versorgungskette[59]. Bei dieser Aufgabe bedarf das mit logistikbezogenen Führungsaufgaben befaßte Management der Unterstützung durch ein systematisches Logistikcontrolling.

---

[57] Vgl. Männel (1995), S. 41; J. Weber (1995), S. 169 und (1996), S. 502–505.

[58] Vgl. dazu auch Brauer/Krieger (1982); Feierabend (1988); Rupper (1988); Pfohl (1990) und (1993).

[59] Vgl. Buschmann (1988), S. 34; Fiedler (1995), S. 123 f.

Gegenstand der Querschnittsfunktion Logistikcontrolling ist die Koordination der die Logistikfunktion betreffenden Führungsaufgaben sowie die Wahrnehmung von Servicefunktionen gegenüber dem Logistikmanagement. Im Rahmen der Servicefunktion hat Logistikcontrolling das Logistikmanagement durch Bereitstellung von Entscheidungsverfahren zu unterstützen und das Management mit entscheidungsrelevanten Informationen über alternative Logistikkonzepte zu versorgen[60]. Im weiteren soll die Unterstützung solcher Entscheidungen betrachtet werden, die das Logistikkonzept des Unternehmens betreffen. Im Vordergrund steht dabei die Möglichkeit, alternative Vertriebswegkonzepte umzusetzen. Aufgabe eines Logistikcontrollings ist es, in diesem Zusammenhang dem Logistikmanagement die Vorteilhaftigkeit einer die technische Vertriebsdurchführung betreffenden Alternative zu verdeutlichen. Dies setzt die Kenntnis eines vertriebsweg-[61] bzw. logistikorientierten Zielsystems voraus, an dem alternative Logistikkonzepte gemessen werden können.

In Anbetracht der Querschnittsorientierung der Logistikfunktion und der Schwierigkeiten, einem Logistikkonzept entsprechend dem Marginalprinzip Einzahlungen und Auszahlungen zuzurechnen, erscheint eine multikriterielle Entscheidungsfindung anhand von (der monetären Vorteilhaftigkeit vorgelagerten) Indikatoren aussichtsreich. Sofern sich diese einer kardinalen Quantifizierung entziehen und nur ordinale Bewertbarkeit vorliegt, sind die Bedingungen für eine Anwendung des AHP gegeben.

5.2.6.2 Logistikentscheidungen mittels AHP

Ein Unternehmen habe eine erhebliche Verschlechterung seiner Erfolgsposition im Vergleich zu Mitwettbewerbern erlitten und dieses Problem so weit analysiert, daß Defizite im Logistikbereich identifiziert werden können. Das Unternehmen verfügt über ein zentrales Lager und läßt seine Produkte von Fremdspediteuren ausliefern. Aufgrund hoher Fluktuation unter den Spediteuren ist eine gleichbleibende Lieferqualität nur schwer aufrechtzuerhalten, und es kommt zu hohen Koordinationskosten. Das Management des Unternehmens will im Einklang mit seinen formulierten Gesamtstrategien den Logistikbereich verbessern. Zu diesem Zweck soll die Transportkapazität erweitert und über die Abstimmung von Lagerhaltung und Transport nachgedacht werden. Bei der Suche nach einer vorteilhaften Projektlösung läßt sich das Logistikmanagement von dem aus Abbildung 5.7 ersichtlichen Zielsystem leiten, das es in Interaktion mit dem Logistikcontrolling entwickelt hat.

In diesem Zielsystem sind noch keine auf situative Bedingungsfaktoren differenziert abstellenden Zielgewichte berücksichtigt. Das Oberziel *Erweiterung*

---

[60] Vgl. Ossadnik (1998), S. 78 ff.
[61] Vgl. auch Müller-Hagedorn/Giesselmann (1996).

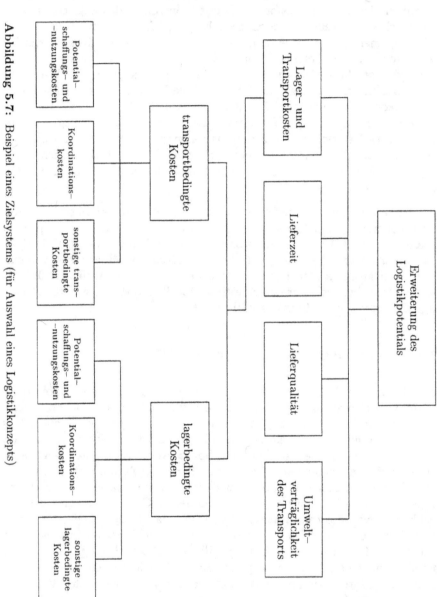

Abbildung 5.7: Beispiel eines Zielsystems (für Auswahl eines Logistikkonzepts)

des Logistikpotentials wird durch die Unterziele *Lager- und Transportkosten,
Lieferzeit, Lieferqualität und Umweltverträglichkeit des Transports* konkretisiert. Von diesen Kriterien werden die Lager- und Transportkosten weiter
durch die Unterziele *transport-* und *lagerbedingte Kosten* spezifiziert (Ebene
3). Diese Kriterien werden (auf der Ebene 4) im Falle der transportbedingten Kosten durch die *Potentialschaffungs-* und *-nutzungskosten,* die *Koordinationskosten* und die *sonstigen transportbedingten Kosten,* im Falle der lagerbedingten Kosten durch die *Potentialschaffungs-* und *-nutzungskosten,* die
Koordinationskosten und die *sonstigen lagerbedingten Kosten* erklärt. Diese
kostenbezogenen Unterziele implizieren keine vollständige bzw. vollkommene
Repräsentation der monetären Konsequenzen möglicher Projektalternativen.
Immerhin sind sie aber in der Lage, auf wesentliche Unterschiede möglicher
Alternativen zu verweisen.

Das Logistikmanagement konkretisiert nun gegenüber dem Logistikcontrolling die für die Gewichtung der Ziele und die Beurteilung der zu bestimmenden Logistikalternativen relevante künftige Umwelt. Das Management
mißt in diesem Zusammenhang zwei Umweltvariablen herausragende Bedeutung zu: (1) der künftigen Entwicklung der logistikrelevanten Faktoreinsatzkosten sowie (2) der Anspruchshaltung der Kunden im Hinblick auf den Belieferungsservice. Die Entwicklung der logistikrelevanten Faktoreinsatzkosten
sei im wesentlichen davon abhängig gemacht, ob eine nennenswerte Erhöhung der Mineralölsteuer (mit entsprechenden Auswirkungen auf die Kosten-
und 'damit Wettbewerbssituation der Unternehmen), mit wesentlicher Wahrscheinlichkeit zu erwarten ist. Der Belieferungsservice sei auf die Lieferzeit
und die Lieferqualität zurückzuführen. Aus der Kombination binärer Ausprägungen dieser beiden Umweltvariablen ergeben sich folgende Szenarien:

– Szenarium I: Die Ansprüche der Kunden an den Belieferungsservice wer-
                  den als niedrig erwartet, die Wahrscheinlichkeit einer we-
                  sentlichen Erhöhung der Mineralölsteuer ist niedrig,

– Szenarium II: Die Ansprüche der Kunden an den Belieferungsservice wer-
                  den als hoch erwartet, die Wahrscheinlichkeit einer wesent-
                  lichen Erhöhung der Mineralölsteuer ist niedrig,

– Szenarium III: Die Ansprüche der Kunden an den Belieferungsservice wer-
                  den als niedrig erwartet, die Wahrscheinlichkeit einer Erhö-
                  hung der Mineralölsteuer ist hoch,

– Szenarium IV: Die Ansprüche der Kunden an den Belieferungsservice wer-
                  den als hoch erwartet, die Wahrscheinlichkeit einer Erhö-
                  hung der Mineralölsteuer ist hoch.

Die die künftige Umweltentwicklung beschreibenden alternativ möglichen
Umweltszenarien sind in Tabelle 5.66 gegenübergestellt.

Tabelle 5.66: Umweltszenarien (Auswahl eines Logistikkonzepts)

Szenarien		Erwartete Kundenansprüche bezüglich Belieferungsservice	
		niedrig	hoch
Wahrscheinlichkeit des Auftretens einer wesentlichen Erhöhung der Mineralölsteuer	niedrig	I	II
	hoch	III	IV

Diesen alternativen Umweltszenarien mißt das Management die durch paarweise Vergleichsurteile ausgedrückten, in Tabelle 5.67 wiedergegebenen Einschätzungen bezüglich der Auftretenswahrscheinlichkeit zu.

Tabelle 5.67: Paarvergleichsmatrix der Szenarien (Auswahl eines Logistikkonzepts)

Szenarien IKM = 0,0007187	I	II	III	IV
I	1	1/2	1/2	1/9
II		1	1	1/4
III			1	1/4
IV				1
Eintrittswahrscheinlichkeiten	0,07351	0,15135	0,15135	0,62378

In Abhängigkeit von der künftigen Entwicklung der Umwelt gewichtet das Management die Ziele der zweiten Ebene unterschiedlich. Die Paarvergleichsurteile bezüglich der relativen Gewichtung der Ziele sind aus den Tabellen 5.68 bis 5.70 ersichtlich. Es zeigt sich, daß im Falle der Szenarien I und IV die gleichen Gewichtseinschätzungen abgegeben werden. Hiervon weichen die Einschätzungen bezüglich der Szenarien II und III ab.

Durch diese Gewichtung trägt das Management dem Umstand Rechnung, daß sich im Falle des Szenariums II der Wettbewerbsdruck hinsichtlich des Belieferungsservices verstärkt und dadurch die Lieferzeit und die Lieferqualität im Vergleich zu den Lager- und Transportkosten wichtiger werden. Im Falle des Szenariums III gewinnt die Kostenseite gegenüber dem Belieferungsservice an Relevanz. Das gleichzeitige Auftreten jeweils niedriger oder hoher Ausprägungen der Umweltvariablen (Szenarien I, IV) führt zu keinem wesentlichen Unterschied in der Gewichtung der Kosten gegenüber den beiden den Belieferungsservice konkretisierenden Zielen. Die die Ziele der zweiten Ebene spezifizierenden Unterziele werden unabhängig von den Szenarien gewichtet.

Die *Lager- und Transportkosten* werden auf der dritten Ebene durch die Kriterien *transportbedingte Kosten* und *lagerbedingte Kosten* erklärt. Die Paar-

Tabelle 5.68: Paarvergleichsmatrix der Ziele der ersten Unterzielebene für die Szenarien I und IV

Szenarien I, IV IKM = 0	Lager- und Transport-kosten	Lieferzeit	Liefer-qualität	Umweltver-träglichkeit
Lager- und Transportkosten	1	3	3	9
Lieferzeit		1	1	3
Liefer-qualität			1	3
Umweltver-träglichkeit				1
Zielge-wichte lokal	0,56250	0,18750	0,18750	0,06250
global	0,39223	0,13074	0,13074	0,04358

Tabelle 5.69: Paarvergleichsmatrix der Ziele der ersten Unterzielebene für das Szenarium II

Szenarium II IKM = 0,0007187	Lager- und Transport-kosten	Lieferzeit	Liefer-qualität	Umwelt-verträg-lichkeit
Lager- und Transportkosten	1	2	2	9
Lieferzeit		1	1	4
Liefer-qualität			1	4
Umweltver-träglichkeit				1
Zielge-wichte lokal	0,47884	0,23237	0,23237	0,05643
global	0,07247	0,03517	0,03517	0,00854

Tabelle 5.70: Paarvergleichsmatrix der Ziele der ersten Unterzielebene für das Szenarium III

Szenarium III IKM = 0,0007187	Lager- und Transport-kosten	Lieferzeit	Liefer-qualität	Umwelt-verträg-lichkeit
Lager- und Transportkosten	1	4	4	9
Lieferzeit		1	1	2
Liefer-qualität			1	2
Umweltver-träglichkeit				1
Zielge-wichte lokal	0,62378	0,15135	0,15135	0,07351
global	0,09441	0,02291	0,02291	0,01113

vergleichsurteile des Managements gehen von gleicher Relevanz dieser Kriterien aus (vgl. Tabelle 5.71).

Tabelle 5.71: Paarvergleichsmatrix für das Kriterium der Lager- und Transportkosten

Lager- und Transportkosten IKM = 0	transportbe- Kosten	lagerbedingte Kosten
transportbe- dingte Kosten	1	1
lagerbedingte Kosten		1
Zielge- lokal	0,50000	0,50000
wichte global	0,27956	0,27956

Die *transportbedingten Kosten* werden auf der vierten Ebene durch die *Potentialschaffungs- und -nutzungskosten*, die *Koordinationskosten* und die *sonstigen transportbedingten Kosten* erläutert. Die Paarvergleichsurteile des Managements sind in Tabelle 5.72 wiedergegeben.

Tabelle 5.72: Paarvergleichsmatrix für das Kriterium der transportbedingten Kosten

transportbe- dingte Kosten IKM = 0	Potentialschaf- fungs- und -nutzungskosten	Koordinations- kosten	sonstige trans- portbedingte Kosten
Potentialschaffungs- und -nutzungskosten	1	4	1/2
Koordinations- kosten		1	1/8
sonstige transport- bedingte Kosten			1
Zielge- lokal	0,30769	0,07692	0,61539
wichte global	0,08602	0,02150	0,17203

Die *lagerbedingten Kosten* werden auf der vierten Ebene durch die Kriterien *Potentialschaffungs- und -nutzungskosten, Koordinationskosten* und *sonstige lagerbedingte Kosten* konkretisiert (vgl. Tabelle 5.73). Die etwas stärkere Gewichtung der – schwer quantifizierbaren – lagerbedingten gegenüber den transportbedingten Koordinationskosten resultiert daraus, daß im Lagerbereich eine stärkere Notwendigkeit zur Koordination mit dem Produktionsbereich als im Transportbereich besteht.

In Anbetracht dieses Zielsystems habe das Logistikcontrolling Informationen über folgende strategische Alternativen für ein Logistikkonzept beschafft:

L1: Das vorhandene zentrale Lager wird beibehalten; die Auslieferung der Produkte wird dahingehend umgestellt, daß eigene LKW angeschafft und

Tabelle 5.73: Paarvergleichsmatrix für das Kriterium der lagerbedingten Kosten

lagerbedingte Kosten IKM = 0	Potentialschaf- fungs- und -nutzungskosten	Koordinations- kosten	sonstige trans- portbedingte Kosten
Potentialschaffungs- und -nutzungskosten	1	3	1/2
Koordinations- kosten		1	1/6
sonstige lager- bedingte Kosten			1
Zielge- lokal	0,30000	0,10000	0,60000
wichte global	0,08387	0,02796	0,16773

Fahrerpersonal eingestellt wird; die Beschaffung der LKW bedingt ein Investitionsvolumen von 5 Mio. GE; die Einstellung des Personals geht mit zusätzlichen Kosten von jährlich 750.000 GE einher.

L2: Das vorhandene zentrale Lager wird beibehalten; an die Stelle mehrerer Speditionsunternehmen tritt nur noch ein Unternehmen als Vertrags-partner; dieses bietet Transportpreise an, die günstiger als der derzeitige Preisdurchschnitt sind; dafür besteht kein Anspruch auf sofortige Beför-derung, sondern nur – nach Maßgabe der Beanspruchung des Spediteurs durch andere Aufträge – innerhalb von sechs Tagen; außerdem müßte sich das Unternehmen gegenüber dem Spediteur vertraglich auf ein mo-natliches Mindestauftragsvolumen verpflichten.

L3: Das vorhandene zentrale Lager wird beibehalten; das Unternehmen läßt seine Transporte durch die Bahn AG im Verbund Schiene/Straße durch-führen. Gegenüber der Alternative L2 können Transporte unmittelbar nach Auftragserteilung beginnen. Die durchschnittliche Transportzeit ist allerdings länger als bei L1. Die Beförderungsentgelte liegen über den Transportkosten der Alternative L1 und den Transportkosten von L2. Für den Beförderungsverbund Schiene/Straße würde das Unternehmen Container leasen.

L4: Das Unternehmen verkleinert sein zentrales Lager und baut dafür mehre-re dezentrale Läger auf. Für die Transporte zwischen Produktionsstätte und dezentralen Lägern werden eigene LKW angeschafft – allerdings in geringerer Anzahl als bei L1. Für die Auslieferung von den dezentralen Lägern an die Kunden wären kleinere LKW anzuschaffen. Das notwen-dige Fahrer- und Lagerpersonal kann weitgehend – nach Umschulungs-maßnahmen – aus dem Personal des zentralen Lagers rekrutiert werden. Allerdings kommt man nicht ohne zusätzliche Einstellungen aus, die zu jährlichen Personalmehrkosten von 100.000 GE führen. Die Verkleine-rung des zentralen Lagers und der Aufbau dezentraler Läger sind mit Investitionen von insgesamt 4 Mio. GE verbunden. Die Anschaffung eigener (großer wie kleiner) LKW geht mit einem Finanzbedarf von 4 Mio. GE einher.

Beim Vergleich dieser Logistikalternativen hinsichtlich der *transportbedingten Potentialschaffungs- und -nutzungskosten* äußert das Management die aus Tabelle 5.74 ersichtlichen Paarvergleichsurteile. In diese Bewertungen fließt ein, daß die Alternativen „Fremdspediteur" (L2) und „Bahntransport" (L3) mit keinen Investitionskosten und nutzungsbedingten Abschreibungen der Investition einhergehen. Nennenswerte Investitionskosten und nutzungsbedingte Abschreibungen fallen hingegen bei der Alternative, das Zentrallager beizubehalten und eigene LKW anzuschaffen (L1), und in noch höherem Maße bei der Alternative mit dezentralen Lägern (L4) an.

Tabelle 5.74: Paarvergleichsmatrix für das Kriterium der transportbedingten Potentialschaffungs- und -nutzungskosten

transportbedingte Potentialschaffungs- und -nutzungs- kosten IKM = 0,0135875		L1	L2	L3	L4
L1		1	1/5	1/5	3
L2			1	1	9
L3				1	9
L4					1
Priori- täten	ungewichtet	0,09851	0,42959	0,42959	0,04230
	gewichtet	0,00847	0,03695	0,03695	0,00364

Hinsichtlich der *transportbedingten Koordinationskosten* gibt das Management die aus Tabelle 5.75 ersichtlichen Paarvergleichsurteile ab. Die Alternative „Zentrallager/eigene LKW" ist danach weniger günstig als die Alternative „Zentrallager/Fremdspediteur", da der bei L1 anfallende Planungsaufwand im Falle von L2 überwiegend von dem jeweiligen Auftragnehmer getragen wird. Ebenfalls günstiger als L1 ist die Alternative „Zentrallager/Bahntransport". Verglichen mit der Alternative „Zentrallager/Fremdspediteur" ist die Alternative „Zentrallager/Bahntransport" etwas günstiger, da ein festes Preis-Leistungs-Gefüge definiert ist, das nicht erst noch – wie bei L2 – durch Verhandlungen festgelegt werden muß. Im Vergleich zur Alternative „Zentrallager/eigene LKW" ist die Alternative „dezentrale Läger" weniger günstig, da hier Transportentscheidungen mit größeren und kleineren Losgrößen aufeinander abzustimmen sind.

Bei den *sonstigen transportbedingten Kosten*, die die variablen Transportkosten außer den nutzungsabhängigen Abschreibungen auf eigene Transportmittel umfassen, äußert das Management die aus Tabelle 5.76 ersichtlichen Paarvergleichsurteile. L1 ist dabei günstiger als L2, da der Fremdspediteur

Tabelle 5.75: Paarvergleichsmatrix für das Kriterium der transportbedingten Koordinationskosten

transportbedingte Koordinationskosten IKM = 0,0042937		L1	L2	L3	L4
L1		1	1/2	1/4	3
L2			1	1/2	6
L3				1	9
L4					1
Priori-täten	ungewichtet	0,14103	0,28207	0,52624	0,05066
	gewichtet	0,00303	0,00607	0,01132	0,00109

nutzungsabhängige Abschreibungen in seine Beförderungspreise einkalkulieren wird. Noch besser fällt der Vergleich zwischen L1 und L3 zugunsten von L1 aus. Die Beförderungspreise der Bahn im Schiene/Straße-Verbund liegen über denen von L2. Außerdem müssen Leasinggebühren entrichtet werden. Im Vergleich der Alternativen L1 mit L4 ist L4 wegen der Zwischenläger, die die Planung insgesamt kürzerer Transportwege zum Kunden ermöglichen, leicht überlegen.

Tabelle 5.76: Paarvergleichsmatrix für das Kriterium der sonstigen transportbedingten Kosten

sonstige transport-bedingte Kosten IKM = 0,0068405		L1	L2	L3	L4
L1		1	3	5	1/2
L2			1	2	1/7
L3				1	1/9
L4					1
Priori-täten	ungewichtet	0,28013	0,09458	0,05525	0,57005
	gewichtet	0,04819	0,01627	0,00950	0,09807

Im Hinblick auf die *lagerbedingten Potentialschaffungs- und -nutzungskosten* trägt das Management durch die Paarvergleichsmatrix gemäß Tabelle 5.77 der Tatsache Rechnung, daß nur die Alternative L4 mit einem Investitionsvorgang bzw. nutzungsabhängigen Abschreibungen verbunden ist.

Im Hinblick auf die *lagerbedingten Koordinationskosten* gibt das Management die in Tabelle 5.78 wiedergegebenen Einschätzungen ab. Es berücksichtigt dabei, daß die Alternativen L1 und L3 relativ ähnliche Koordinationsprobleme aufwerfen, während bei L2 wegen der möglichen Beförderungsverzögerung durch den Fremdspediteur diesbezüglich mehr Koordinationsprobleme durch das Management zu bewältigen sind. Die höchsten Koordinationsko-

Tabelle 5.77: Paarvergleichsmatrix für das Kriterium der lagerbedingten Potentialschaffungs- und -nutzungskosten

lagerbedingte Potentialschaffungs- und -nutzungskosten IKM = 0		L1	L2	L3	L4
L1		1	1	1	7
L2			1	1	7
L3				1	7
L4					1
Priori-	ungewichtet	0,31818	0,31818	0,31818	0,04545
täten	gewichtet	0,02668	0,02668	0,02668	0,00381

sten entstehen wegen der Notwendigkeit, zentrale und dezentrale Lagerhaltung aufeinander abzustimmen, bei L4.

Tabelle 5.78: Paarvergleichsmatrix für das Kriterium der lagerbedingten Koordinationskosten

lagerbedingte Koordinationskosten IKM = 0,0007187		L1	L2	L3	L4
L1		1	3	1	8
L2			1	1/3	3
L3				1	8
L4					1
Priori-	ungewichtet	0,40570	0,13934	0,40570	0,04926
täten	gewichtet	0,01134	0,00390	0,01134	0,00138

Hinsichtlich der *sonstigen lagerbedingten Kosten*, die im wesentlichen die Kosten für das Lagerpersonal umfassen, äußert das Management die aus Tabelle 5.79 ersichtlichen Paarvergleichsurteile. Es trägt dabei der Tatsache Rechnung, daß nur bei der Alternative „dezentrale Läger/eigene große und kleine LKW" eine Erhöhung der lagerbedingten Personalkosten stattfinden würde.

Bezüglich des Kriteriums der *Lieferzeit* beurteilt das Management die Alternativen gemäß Tabelle 5.80. Es berücksichtigt dabei, daß die Lieferzeiten der Alternativen „Zentrallager/Fremdspediteur" und „dezentrale Läger" zugunsten von L4 extrem voneinander abweichen. Leichte Vorteile besitzt die Alternative „Zentrallager/eigene LKW" gegenüber der Alternative „Zentrallager/Bahntransport". Die Alternative „Zentrallager/eigene LKW" ist wiederum etwas weniger günstig als die Alternative „dezentrale Läger".

Die *Lieferqualität* soll anhand des Indikators der Schadenshäufigkeit gemessen werden. Letztere sei anhand der Kriterien beurteilt, ob für die vom

Tabelle 5.79: Paarvergleichsmatrix für das Kriterium der sonstigen
lagerbedingten Kosten

sonstige lagerbedingte Kosten IKM = 0		L1	L2	L3	L4
L1		1	1	1	5
L2			1	1	5
L3				1	5
L4					1
Prioritäten	ungewichtet	0,31250	0,31250	0,31250	0,06250
	gewichtet	0,05242	0,05242	0,05242	0,01048

Tabelle 5.80: Paarvergleichsmatrix für das Kriterium der Lieferzeit

Lieferzeit IKM = 0,0042937		L1	L2	L3	L4
L1		1	6	2	1/2
L2			1	1/3	1/9
L3				1	1/3
L4					1
Prioritäten	ungewichtet	0,29008	0,05183	0,15548	0,50261
	gewichtet	0,05477	0,00979	0,02936	0,09490

Unternehmen hergestellten Produkte hierauf spezialisiertes Transportpersonal bereitsteht und ob die Notwendigkeit zu zusätzlichen Umladearbeiten besteht. Aufgrund dessen trifft das Management die aus Tabelle 5.81 ersichtlichen Einschätzungen. Danach ist L1 den übrigen Alternativen überlegen, da das Transportpersonal auf die Produkte spezialisiert ist und keine Umladearbeiten anfallen. Weniger günstig sind die Alternativen L2, L3 und L4, bei denen – wie im Falle von L2 und L3 – der Spezialisierungsvorteil wegfällt oder – wie bei L4 – Umladearbeiten (im Rahmen des zweiphasigen Transportwegs) notwendig sind.

Tabelle 5.81: Paarvergleichsmatrix für das Kriterium der Lieferqualität

Lieferqualität IKM = 0		L1	L2	L3	L4
L1		1	2	2	2
L2			1	1	1
L3				1	1
L4					1
Prioritäten	ungewichtet	0,40000	0,20000	0,20000	0,20000
	gewichtet	0,07553	0,03776	0,03776	0,03776

Das Management beurteilt die Logistikalternativen ferner im Hinblick auf ihre *Umweltverträglichkeit*. Dabei erweist sich die Alternative „Zentrallager/Bahntransport" als in ökologischer Hinsicht überlegen. Die Alternative „dezentrale Läger" ist wegen der günstigeren Tourenplanung, d.h. der geringeren Beförderungskilometer, leicht besser als die Alternativen „Zentrallager/eigene LKW" und „Zentrallager/Fremdspediteur". Die Gesamtheit der Paarvergleichsurteile für das Kriterium der Umweltvertäglichkeit ist aus Tabelle 5.82 ersichtlich.

Tabelle 5.82: Paarvergleichsmatrix für das Kriterium der Umweltverträglichkeit

Umweltver- träglichkeit IKM = 0,0017228		L1	L2	L3	L4
L1		1	1	1/5	1/2
L2			1	1/5	1/2
L3				1	3
L4					1
Priori- täten	ungewichtet	0,10927	0,10927	0,57245	0,20901
	gewichtet	0,00691	0,00691	0,03621	0,01322

Tabelle 5.83: Rangordnung der Logistikalternativen

Alternativen	L1	L2	L3	L4
normierter Nutzenwert	0,28735	0,19675	0,25154	0,26435
Rangordnung	1	4	3	2

Damit hat das Logistikmanagement die Alternativen im Hinblick auf sämtliche Kriterien des Zielsystems bewertet, und das Logistikcontrolling kann eine Rangordnung der Vorziehenswürdigkeit aufstellen. Tabelle 5.83 zeigt, daß das Logistikcontrolling dem Logistikmanagement die Alternative L1, d.h. die Beibehaltung des zentralen Lagers bei gleichzeitiger Umstellung des Transportbetriebs auf eigene LKW und eigenes Fahrerpersonal, empfehlen sollte.

5.3 Ergebnisvalidierung durch rechnergestützte Sensitivitätsanalysen

Liegen normierte Nutzenwerte von Alternativen, die unter Verwendung des AHP bewertet worden sind, relativ „eng" beieinander, kann dies einen Entscheidungsträger dahingehend verunsichern, ob er in den Entscheidungsprozeß seine „wahren" Präferenzen (in Form der Vergleichsurteile) eingebracht hat. Ein Instrument, das eine Validierung subjektiver Präferenzurteile ermöglicht, ist die Sensitivitätsanalyse[62]. Dieses Instrument dient einer Bestimmung der Grenzen, bei deren Überschreiten die ursprünglich ermittelte Lösung des (deterministischen) Entscheidungskalküls instabil wird, d.h. eine andere Lösung an ihre Stelle tritt. Mit der Ermittlung sensitiver Grenzen sollen die Auswirkungen an sich unsicherer Prämissen eines deterministischen Entscheidungskalküls (im Sinne eines ersten Schritts zu einer Risikoanalyse)[63] untersucht werden. Mit diesem Instrument kann der Einfluß von Eintrittswahrscheinlichkeiten, Zielgewichtungen und Prioritätsurteilen auf die Rangordnung der Alternativen analysiert werden. So erfahren Entscheidungsträger, welche „Toleranzgrenzen" ihre Werturteile überschreiten müßten, damit eine andere Alternative als optimal ausgezeichnet würde. Mit diesem Wissen können Präferenzurteile u.U. revidiert, in jedem Fall aber – mit oder ohne Revision – validiert werden.

Die Durchführung einer Sensitivitätsanalyse kann interaktiv zwischen Managern und Controllern organisiert werden: Während Controller unter Einsatz des rechnerischen Instrumentariums sensitive Grenzen (für Eintrittswahrscheinlichkeiten, Zielgewichte und Prioritäten von Handlungsalternativen) aufzeigen, äußern sich Manager dazu, ob sich – in Kenntnis des Ergebnisses des Entscheidungskalküls – ihre wahren Präferenzen innerhalb der aufgezeigten sensitiven Grenzen bewegen. Widrigenfalls müssen sie ihre Werturteile neu explizieren, und ein neuer Entscheidungskalkül ist erforderlich. Die mit der interaktiven Durchführung einer Sensitivitätsanalyse zusammenhängenden Arbeitsschritte können durch Einsatz spezifischer Module von Softwarepaketen wie z.B. HIPRE 3+ oder EcPro rationalisiert werden[64]. Auch wird durch den Einsatz solcher Softwarepakete gegenüber Individuallösungen Programmierungsaufwand eingespart.

Exemplarisch soll im folgenden der Programmteil <Sensitivity-Graphs> des Moduls „Evaluation & Choice" des Programms EcPro 9.0 betrachtet werden. EcPro bietet fünf verschiedene Möglichkeiten für eine Sensitivitätsanalyse: Performance, Dynamic, Gradient, 2D Plot, Differences[65]. Die Durchführung einer „Performance-Sensitivity" sei an der Fallstudie 1 („strategischer Profilwandel") verdeutlicht. Die mit EcPro 9.0 ermittelten numerischen Ergebnisse weichen aufgrund der in Abschnitt 4.4.3 bereits erörterten „Praktikabilitätsopfer" des Programms geringfügig von den durch Mathematica berechneten Resultaten des Abschnitts 5.2 ab.

Die „Performance-Sensitivity" bietet einen Überblick über das Verhalten der Alternativen bei Veränderung der Eintrittswahrscheinlichkeiten der

[62] Vgl. zur Darstellung der Sensitivitätsanalyse z.B. Dinkelbach (1969) und (1982); Hax (1974); Gal (1991); Eisenführ/Weber (1994).
[63] Vgl. dazu z.B. Ossadnik (1992).
[64] Vgl. zur Erörterung dieser Softwarepakete bereits Abschnitt 4.4
[65] Die im folgenden für die Szenarien ermittelten Ergebnisse lassen sich auch auf die Ziele und Alternativen übertragen.

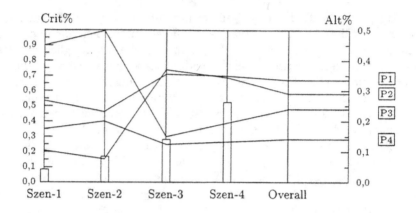

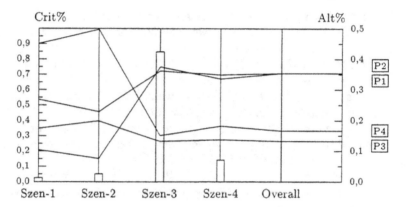

Abbildung 5.8: „Performance-Sensitivity" mit EcPro 9.0

Szenarien. Im oberen Teil von Abbildung 5.8 sind die Einschätzungen des Nutzens der Alternativen sowie die szenarienspezifischen Wahrscheinlichkeiten und deren Einfluß auf die Gesamtbeurteilung abgetragen. (Die Balken symbolisieren dabei die Eintrittswahrscheinlichkeit der Szenarien, während die Punkte die ungewichteten, szenarienspezifischen Nutzenwerte der Alternativen angeben.) Die Alternative P1 wird insgesamt („Overall") nur leicht besser als P2 eingestuft. Fraglich ist, bei welcher Veränderung der Eintrittswahrscheinlichkeiten sich die Rangordnung von P2 und P1 umkehrt. Zu beachten ist dabei, daß nur bei Szenarium III P2 vor P1 rangiert. Daher muß, wie der untere Teil der Abbildung zeigt, die Eintrittswahrscheinlichkeit von Szenarium III (zu Lasten der Eintrittswahrscheinlichkeiten der übrigen Szenarien) erhöht werden, damit sich die Rangordnung („Overall") zwischen P1 und P2 umkehrt. Der Vergleich der so bestimmten „kritischen" Wahrscheinlichkeiten zeigt, daß das ursprüngliche Ergebnis als relativ stabil zu bezeichnen ist, da eine Veränderung der Rangordnung erhebliche Veränderungen der Wahrscheinlichkeiten voraussetzen würde.

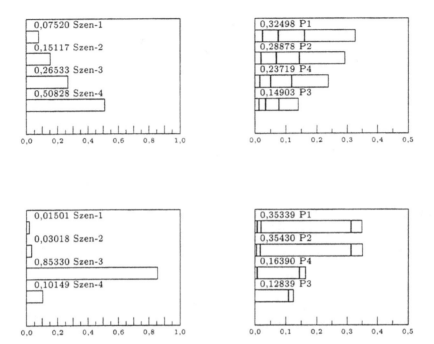

Abbildung 5.9: „Dynamic-Sensitivity" mit EcPro 9.0

Eine andere graphische Aufbereitung des gleichen Sachverhalts liefert die „Dynamic-Sensitivity" (vgl. Abbildung 5.9). Hierbei werden die im Performance-Teil enthaltenen Balken gesondert betrachtet. Dies läßt detailliertere Betrachtungen der Wahrscheinlichkeiten und ihrer Änderungen zu.

Eine noch differenziertere Betrachtungsweise ermöglicht eine „Gradient-Sensitivity" (vgl. Abbildung 5.10). Hier wird auf der Ordinate die Gesamtpriorität der Alternativen und auf der Abszisse ein Szenarium – hier Szenarium I – visualisiert. Die Linien des Diagramms zeigen den Einfluß des Szenariums I (als spezielles Kriterium) auf die Rangordnung der Alternativen. Dabei läßt sich an den Schnittpunkten der Geraden ablesen, bei welcher Eintrittswahrscheinlichkeit für Szenarium I sich die Rangordnung der Alternativen ändert.

Während die „Gradient-Sensitivity" ein spezielles Kriterium betrachtet, liefern „2D Plots" Aussagen über das Zusammenspiel von jeweils zwei Kriterien (vgl. Abbildung 5.11). Die vorziehenswürdigste Alternative – hier P1 – ist im rechten oberen Quadranten abgebildet. Dagegen sind im linken un-

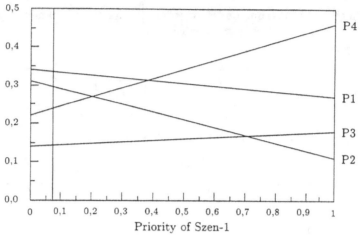

Abbildung 5.10: „Gradient-Sensitivity" mit EcPro 9.0

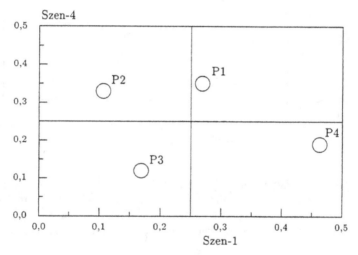

Abbildung 5.11: „2D Plot" mit EcPro 9.0

teren Quadranten die (hinsichtlich der gewählten Szenarien) schlechtesten Alternativen – in diesem Fall P3 – positioniert. Alternativen, die sich im linken oberen oder rechten unteren Quadranten befinden, weisen in jeweils einem Szenarium besonders gute, in dem jeweils anderen hingegen besonders schlechte Werte auf.

Innerhalb der „Difference-Sensitivity" wird eine Alternative als Basis eines Vergleichs mit den anderen Alternativen fixiert. In Abbildung 5.12 liefert diese Basis P2. Nunmehr ist für jedes Szenarium ersichtlich, welche Alterna-

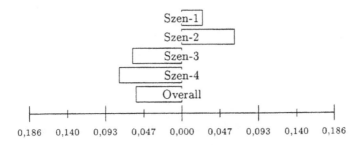

Weighted differences between P2 and P4

Abbildung 5.12: „Difference-Sensitivity" mit EcPro 9.0

tive bei welchem Szenarium besser abschneidet. Dabei lassen sich sowohl die Basisalternative als auch die Vergleichsalternativen verändern.

Damit liegt Management und Controlling ein komfortables Instrumentarium vor, den Prozeß der Sensitivitätsanalyse durch rechnergestützten Einsatz von Informationsverarbeitungssystemen rationell zu gestalten. Die sich hierdurch ergebende Vereinfachung setzt das Controlling noch eher instand, dem Management die Möglichkeit einer Sensitivitätsanalyse anzubieten, durch die dieses seine Vergleichsurteile methodengestützt überdenken und – je nachdem – bekräftigen oder revidieren kann.

6 Fazit

Ausgehend von der Notwendigkeit, daß Unternehmen ihr langfristiges Überleben nur durch systematische strategische Führung und die sorgfältige Vorbereitung ihrer strategischen Entscheidungen sichern können, wurde die Investitionsrechnung als das theoretisch richtige Instrument zur Evaluierung der Zahlungswirkungen strategisch relevanter Projekte qualifiziert. In praxi bestehen aber oft Probleme, Zahlungswirkungen zu prognostizieren und sie einer Strategie entsprechend dem Marginalprinzip zuzurechnen. Wenn das theoretisch gebotene Lösungsverfahren nicht angewandt werden kann, wird hieraus in praxi vielfach die „Schlußfolgerung" gezogen, Entscheidungen besser intuitiv zu treffen. Diese Perspektive wurde aber wegen der Unmöglichkeit, in einem solchen Fall Entscheidungen formal nachvollziehen zu können, verworfen. Eine sinnvollere Vorgehensweise wurde darin gesehen, Projektalternativen nach Maßgabe multidimensionaler, dem monetären Erfolg zeitlich oder kausal vorgelagerter Kriterien mit Hilfe von Multi-Criteria-Verfahren zu bewerten (und damit die Entscheidungsfindung formal nachvollziehbar zu gestalten).

Der von daher zweckmäßige Einsatz von Multi-Criteria-Verfahren bei der Lösung strategischer Entscheidungsprobleme wurde in den modernen Kontext eines durch hohe Spezialisierung segmentierten Führungssystems gestellt, das durch Controllingfunktionen koordiniert und informatorisch unterstützt wird. In informationswirtschaftlicher Hinsicht ist Controlling auf strategischer Ebene als ein Komplex systembildender und systemkoppelnder Aufgaben zu verstehen, die nicht nur (nach herkömmlichem Verständnis) die methodengestützte Verarbeitung qualitativer („weicher"), sondern auch quantifizierender („harter") Daten verlangen. Aus der Servicefunktion eines strategischen Controllings und seiner Teilaufgabe, das Management bei dessen Entscheidungen durch Bereitstellung von Methoden und entscheidungsrelevanten Informationen zu unterstützen, erwächst ein interaktiver Arbeitskontext zwischen Management und Controlling. In diesen Zusammenhang hinein können die vorgestellten Multi-Criteria-Verfahren implementiert werden. Es wurde aufgezeigt, wie der Einsatz spezifischer MADM- und MODM-Verfahren arbeitsteilig zwischen Management und Controlling organisiert werden kann.

Für komplexe unscharfe Entscheidungsprobleme, wie sie auf strategischer Führungsebene auftreten, stellte sich aus der Klasse der MADM-Verfahren der Analytische Hierarchie-Prozeß als besonders geeignet für einen interaktiven Einsatzkontext zwischen Management und Controlling heraus. Mittels AHP kann das Management zur Entwicklung ordinal skalierter Werturteile provoziert werden, anhand derer das Controlling eine kardinal skalierte Rangordnung unter Alternativen herleitet. Die vielfältigen Einsatzmöglichkeiten dieses Entscheidungsverfahrens in der Praxis wurden anhand verschiedener Fallstudien zu gesamtunternehmens- sowie funktions- und querschnittsbezogenen Controllingproblemen verdeutlicht.

Prämissen und Methodik des AHP sind einer Vielzahl strategischer Entscheidungsprobleme adäquat. Darüberhinaus läßt sich die Anwendung des AHP durch Einsatz geeigneter Software, wie sie beispielhaft vorgestellt und evaluiert wurde, rationalisieren. Nicht zuletzt dürfte die Verfügbarkeit solcher Software und die hierdurch gegebene Möglichkeit, Rechenaufwand zu minimieren, potentiellen Berührungsängsten entgegenwirken.

Symbolverzeichnis

A	Paarvergleichsmatrix
$\bar{A}$	positive, reziproke Fuzzy-Matrix
$\tilde{A}$	unscharfe Menge, Fuzzy-Zahl, Fuzzy-Intervall
A^γ	spezielle Paarvergleichsmatrix
A_1	reelle Matrix bei Fuzziness
AD	aggregierte Dominanzmatrix
a_θ	Parameter von Einzelnutzenfunktionen
a_ζ	Gewichtungsparameter
$a_{s\zeta}$	Element einer Paarvergleichsmatrix A
a_{st}	Element einer zielkriterienbezogenen Paarvergleichsmatrix A; graphentheoretisch: Intensität
$\tilde{a}_{st}$	Element der Fuzzymatrix $\bar{A}$
$a_{st}^{(\gamma)}$	Element der Matrix A^γ
Δa_{st}	Breite der Beurteilungsunsicherheit
$[a_{st}^u, a_{st}^o]$	Intervall einer Paarvergleichsbeurteilung
$ad_{x_1 x_2}$	Element der Matrix AD
$\bar{\alpha}$	Element eines Tupels zur Bestimmung der Zugehörigkeitsfunktion nach Buckley
$\alpha^0, \dots, \alpha^m$	Bewertungsskala nach Holder
B_π	Matrix der Bewertungen aller Elemente einer Hierarchiestufe
$\tilde{B}$	Fuzzy-Zahl
B_1	reelle Matrix bei Fuzziness
b	Laufindex von Eigenwerten, $b, = 1, \dots, \chi$
b_θ	Parameter von Einzelnutzenfunktionen
b_{st}	Element der Matrix B_π
$\bar{\beta}$	Element eines Tupels zur Bestimmung der Zugehörigkeitsfunktion nach Buckley

C	Konkordanzmatrix
C_1	relle Matrix bei Fuzziness
$C_{x_1 x_2}$	Konkordanzmenge
C.I.	Konsistenzindex
C.R.	Konsistenzmaß
$c_{x_1 x_2}$	Konkordanzindex
$\bar{c}$	Konkordanzschwellenwert
$c_{\zeta\theta}$	Multiplikator
χ	Dimension einer Matrix; mögliche Anzahl von Eigenwerten
D	Diskordanzmatrix
D_1	relle Matrix bei Fuzziness
$D_{x_1 x_2}$	Diskordanzmenge
DD	Diskordanz-Dominanz-Matrix
d	graphentheoretisch: Punkt, Knoten
$d_{x_1 x_2}$	Diskordanzindex
$\bar{d}$	Diskordanzschwellenwert
$dd_{x_1 x_2}$	Element der Matrix DD
$\bar{\delta}$	Element eines Tupels zur Bestimmung der Zugehörigkeits-funktion nach Buckley
δ_ζ	Schrankenbreite zur Gewichtung des Kriteriums ζ
δ_{st}	Störung
E	Entscheidungsmatrix
e	Punkt, Knoten
$\tilde{e}$	Laufindex spezieller Kriterien im stetigen Fall
$e_{\theta\eta}$	Ergebnis des Zusammentreffens von Alternative x_θ mit Zu-stand s_η
$\bar{e}_\zeta$	Anspruchsniveau für das Kriterium ζ
$e_{\theta\zeta}$	Attributausprägung der Alternative x_θ bezüglich des Krite-riums ζ
$emax$	maximaler Eigenwert in Mathematica-Programmierung
ϵ_ζ	präferentielle Schranke für das Kriterium ζ
η	Laufindex der Umweltzustände, $\eta = 1, \dots, q$
F	Menge von Zielfunktionen, $F = \{f_1(x), \dots, f_m(x)\}$
F^*	Gesamtmenge aller Zielfunktionswerte von nicht-dominier-ten Lösungen im stetigen Fall
$f(x)$	multikriterielle Zielfunktion

$f_\zeta(x_\theta)$	Zielfunktion auf der stetigen Menge der Handlungsalternativen X
$\bar{f}_\zeta$	auf $[0,1]$ skalierte Zielfunktion
$\tilde{f}$	eindimensionale, reellwertige Kompromißzielfunktion
$f^1, \ldots, f^*$	Zielfunktionswerte der Kompromißlösung bezogen auf einen Iterationsschritt $1, \ldots, *$
Δf_ζ	Veränderung der Zielfunktion ζ
$\underline{f}_\zeta(\underline{x}_\theta)$	Zielfunktionsvektor zu $\underline{x}_\theta$
Φ	Prozentsatz der Iterationsschrittverbesserung
φ_ζ	skalierende Konstanten
G	gerichteter Graph
g	Abbildungsvorschrift für diskrete Kriterien
$g_\theta(x)$	Nebenbedingung(en) in Optimierungsproblemen
$\Gamma_{kj}(x_1, x_2)$	Trade-off zwischen zwei Zielfunktionen f_k und f_j
γ	graphentheoretisch: Länge eines Weges
$\bar{\gamma}$	Element des Tupels zur Bestimmung der Zugehörigkeitsfunktion nach Buckley
H	Hierarchie
h	eine spezielle Alternative
I_{st}	Intervallschätzungen
I^m	Menge der Indizes aller Alternativen, deren Ausprägungen relativ zu anderen Alternativen maximal sind
IK	Inkonsistenzindex
$\overline{IK}$	Inkonsistenzindex nach Golden/Wang
IKM	Inkonsistenzmaß nach Saaty oder Donegan/Dodd
i	eine spezielle Alternative
$\bar{J}$	Menge aller Abbildungen von $X \times X$ nach $\mathbb{R}^+$
J_ζ	Abbildung von ζ durch die Abbildungsvorschrift g
$J_\zeta(x_h, x_i)$	Paarvergleich des Tupels der Alternativen (x_h, x_i)
j	ein spezielles Kriterium im stetigen Fall
K	Menge möglicher Kriterien (Attribute) im diskreten Fall
$\bar{K}$	Komplementärmenge zu K
KD	Konkordanz-Dominanz-Matrix

k	ein spezielles Kriterium im stetigen Fall; auch: Länge eines Wegs in graphentheoretischer Darstellung
$kd_{x_1 x_2}$	Element der Matrix KD
κ	Wert des Elements einer Paarvergleichsmatrix
L_π	Ebene π der Hierarchie H
L_r	eine spezielle Hierarchieebene
l	ein spezieller Alternativenindex
l_ρ	Lotterien, mit $\rho = 1, \ldots, \rho'$
l_π	Element der Hierarchiestufe L_π
λ_b	Eigenwerte einer Matrix
$M_1, \ldots, M_3$	spezielle Paarvergleichsmatrizen
m	Anzahl möglicher Zielfunktionen
μ	Lagrange-Multiplikator
μ_A	Zugehörigkeitsfunktion zu $\tilde{A}$
$\mu_{A \oplus B}(z)$	Zugehörigkeitsfunktion der Summe von $\tilde{A}$ und $\tilde{B}$
$\mu_{A \otimes B}(z)$	Zugehörigkeitsfunktion des Produkts von $\tilde{A}$ und $\tilde{B}$
N	gewichtete, normierte Entscheidungsmatrix
n	Anzahl möglicher Handlungsalternativen
$\bar{n}$	Fuzzy-Zahl
$n_{x_1 \zeta}$	Element der Matrix N
o	Konstante im Lagrangeansatz
Ω	Menge, deren Elemente Knoten von G heißen
ω	reellwertige Funktion auf X
P	Permutationsmatrix
p	Wahrscheinlichkeit; auch Maß der Minkowski- bzw. l_p-Metrik
$\tilde{p}$	Hierarchieebene als spezielle Ausprägung von π
p_η	Eintrittswahrscheinlichkeit des Umweltzustands s_η
$\underline{p}_{\theta z}$	Element der Matrix P
π	Laufindex von Hierarchieebenen, $\pi = 1, \ldots, \pi'$
Ψ	Anzahl präferentieller Schranken ϵ_j
Ψ'	eine spezielle Anzahl präferentieller Schranken
Q	Alternative-Rangplatz-Matrix

q	Anzahl möglicher Umweltzustände
$\tilde{q}$	Hierarchieebene als spezielle Ausprägung von π
$q_{\theta z}$	Element der Matrix Q
R	normierte Entscheidungsmatrix
$\bar{r}$	spezielle Zeile bzw. Spalte von A
$r_{\theta\zeta}$	Element der Matrix R
ρ	Laufindex von Lotterien, $\rho = 1, \ldots, \rho'$
S_s	Menge von Umweltzuständen
s	Zeile einer Paarvergleichsmatrix; auch: eine spezielle Alternative
$\bar{s}$	spezielle Zeile einer Paarvergleichsmatrix
s_η	(konkreter) Umweltzustand
σ	Lagrange-Multiplikator
$\sigma_{k\zeta}(\epsilon_\zeta)$	Trade-off-Funktionen bei SWT-Methode
T	Zielwertvektor
T_ζ	Goalwerte der Ziele ζ
t	Spalte von Paarvergleichsmatrizen
$\bar{t}$	spezielle Spalte von Paarvergleichsmatrizen
$t^1, \ldots, t^*$	Parameter zur Bestimmung der Länge der Schritte $1, \ldots, *$
τ	Attributausprägung von $\bar{f}_\zeta$
θ	Laufindex der Handlungsalternativen, $\theta = 1, \ldots, n$
$\bar{\theta}$	Variable zur Fuzzydefinition
U_θ	Gesamtnutzen einer Alternative θ
u	Anzahl möglicher Szenarien
u_ζ	Einzelnutzenfunktion bzgl. des Kriteriums ζ
$u(e_{\theta\eta})$	Teilnutzen des Ergebnisses $e_{\theta\eta}$
u_ζ	auf $[0,1]$ skalierte Nutzenfunktion
$V_1, \ldots, V_5$	punktweise Darstellung von Zielfunktionswerten
v	Eigenvektor von A
v^b	normierter Eigenvektor bei Fuzziness
v_{ges}	normierter Eigenvektor
$\underline{v}$	inkonsistente Matrix

W	Supermatrix, gerichteter Graph
$W_{\theta j}$	Menge der effizienten Nicht-Basis-Variablen
w'	Prioritätenvektor bestimmter Hierarchiestufen
w_ζ	Gewichtung eines Kriteriums ζ
w	Gewichtevektor
$\tilde{w}$	Gewichtevektor von Fuzzy-Zahlen
$\tilde{w}^1, \dots, \tilde{w}^4$	reelle Gewichtevektoren
w^{0T}	a priori festgelegter Gewichtevektor
w_{kj}	Surrogate Worth-Funktion
w_ζ^θ	zu $\underline{x}_\theta$ korrespondierende Gewichtung von $f_\zeta(x_\theta)$
$w^1, \dots, w^*$	Gewichtevektoren der Iterationsschritte $1, \dots, *$
X	Menge von Handlungsalternativen
X^*	Menge aller nicht-dominierten Lösungen
X^z	Menge zusätzlicher Lösungen
x^-	x überdeckt y
x^+	y überdeckt x
x_θ	(konkrete) Handlungsalternative
$\underline{x}_\theta$	Iterationsstartpunkt
$x^1, \dots, x^*$	nicht-dominierte Lösung im stetigen Fall für die Iterations-schritte $1, \dots, *$
ξ	Abstand zur Ideallösung
Y	Teilmenge von $\Omega \times \Omega$
$\bar{y}_\theta$	Referenzlösung ausgehend von $\underline{x}_\theta$
y_π	Element der Hierarchiestufe L_π
y_{de}	Pfeil von d nach e
Z	größtes Hierarchieelement
z	Rangplatz einer Alternative, $z = 1, \dots, m$; auch: spezielle Alternative bei Fuzziness
$\underline{z}_\theta$	Richtung der Verbesserung, ausgehend von $\underline{x}_\theta$
z_{kj}	Element der Auszahlungsmatrix bei den Kriterien k und j
ζ	Laufindex kriterienspezifischer Zielfunktionen, $\zeta = 1, \dots, m$

$\succ$, $\prec$	starke Präferenz
$\sim$	Indifferenz
$\succsim$, $\precsim$	schwache Präferenz

Abkürzungsverzeichnis

AHP	Analytischer Hierarchie-Prozeß
Bd.	Band
CA	Computer Aided
CAD	Computer Aided Design
CAE	Computer Aided Engineering
CAI	Computer Assisted Instruction
CAM	Computer Aided Manufacturing
CAP	Computer Aided Planning
CAQ	Computer Aided Quality Assurance
CIM	Computer Integrated Manufacturing
CNC	Computerized Numerical Control
DIN	Deutsches Institut für Normung
DNC	Direct Numerical Control
ed(s).	Editor(s)
FFS	Flexibles Fertigungssystem
GE	Geldeinheit(en)
Hrsg.	Herausgeber
int.	international
ISO	International Standardization Organization
Jg.	Jahrgang
LLSM	Logarithmic Least-Squares-Methode
LP	Lineare Programmierung
LSM	Least-Squares-Methode
MADM	Multi Attribute Decision Making
MODM	Multi Objective Decision Making
NC	Numerical Control
PC	Personalcomputer
PPS	Produktionsplanungs- und -steuerungssystem
SMART	Simple Multiattribute Rating Technique

STEM	Step Method
SWT	Surrogate Worth Trade-off
u.d.N.	unter der/den Nebenbedingung(en)
Vol.	Volume
VOP	Vektoroptimierungsproblem

Abbildungsverzeichnis

Tabellenverzeichnis

Literaturverzeichnis

Ackoff, R.L./Finnel, E.V./Gharajedaghi, J. (1989): Zukunftssicherung durch Controlling, Stuttgart.

Adam, D. (1994): Investitionscontrolling, München – Wien.

Agarwal, S./Ramaswami, S.N. (1992): Choice of foreign market entry mode: Impact of ownership, location and internationalization factors, in: Journal of International Business Studies, Vol. 23, S. 1–27.

Ahlert, D. (1991): Distributionspolitik, 2. Aufl., Stuttgart – New York.

Allen, M.G./Oliver, A.R./Schwallie, E.H. (1981): The Key to Successful Acquisitions, in: The Journal of Business Strategy, No. 2, S. 14–24.

Anderson, E./Gatignon, H. (1986): Modes of foreign entry: A transaction cost analysis and propositions, in: Journal of International Business Studies, Vol. 17, S. 1–26.

Baiman, St./Demski, J.S. (1980): Economically Optimal Performance Evaluation and Control Systems, in: Journal of Accounting Research, Vol. 18, S. 840–848.

Bamberg, G./Coenenberg, A.G. (1996): Betriebswirtschaftliche Entscheidungslehre, 9. Aufl., München.

Barzilai, J./Cook, W.D./Golany, B. (1987): Consistent weights for judgements matrices of the relative importance of alternatives, in: Operations Research Letters, Vol. 6, No. 3, S. 131–134.

Beamish, D.W./Banks, J.C. (1987): Equity Joint Ventures and the Theory of the Multinational Enterprise, in: Journal of International Business Studies, Vol. 18, S. 1–26.

Becker, W. (1990): Funktionsprinzipien des Controlling, in: Zeitschrift für Betriebswirtschaft, 60. Jg., S. 295–318.

Belton, V. (1986): A Comparison of the Analytic Hierarchy Process and a Simple Multi-Attribute Value Function, in: European Journal of Operational Research, Vol. 26, S. 7–21.

Belton, V./Gear, A. (1983): On a short-coming of Saaty's method of analytic hierarchies, in: Omega, Vol. 11, S. 228–230.

Belton, V./Gear, A. (1984): The legitimacy of rank reversal, in: Omega, Vol. 12, S. 513–516.

Belton, V./Gear, A. (1985): Feedback: The legitimacy of rank reversal – a comment, in: Omega, Vol. 13, S. 143–144.

Benayoun, R./de Montgolfier, J./Tergny, J./Laritchev, O. (1971): Linear Programming with Multiple Objective Functions: Step Method (STEM), in: Mathematical Programming, Vol. 1, 1971, S. 366–375.

Benayoun, R./Roy, B./Sussmann, B. (1966): ELECTRE: Une méthode pour le guider le choix en présence de points de vue multiples. Note de travial No. 49, SEMA (Metra International), Direction Scientifique, Paris.

Berger, M./Uhlmann, L. (1985): Auslandsinvestitionen kleiner und mittlerer Unternehmen: Eine Untersuchung über das Auslandsinvestitionspotential kleiner und mittlerer Unternehmen, Berlin

Bernardo, J.J./Blin, J.M. (1977): A Programming Model of Consumer Choice among Multi-Attributed Brands, in: Journal of Consumer Research, Vol. 4, No. 9, S. 111–118.

Bertsekas, D.P. (1995): Nonlinear Programming, Belmont, Mass.

Biethahn, J./Fischer, D. (1994): Controlling-Informationssysteme, in: Biethahn, J./Huch, B. (Hrsg.): Informationssysteme für das Controlling, Berlin – Heidelberg – New York u.a., S. 25–68.

Birley, S.G. (1976): Acquisition Strategy or Acquisition Anarchy?, in: Journal of General Management, Vol. 3, No. 3, S. 67–73.

Bischoff, M. (1973): Multivariate Zielsysteme in der Unternehmung, Meisenheim am Glan.

Bleeke, J./Bull-Larsen, Th./Ernst, D. (1992): Wertsteigerung durch Allianzen, Frankfurt/M., S. 103–125.

Bloech, J./Lücke, W. (1982): Produktionswirtschaft, Stuttgart – New York.

Böcker, F. (1993): Marketing-Planung und -Kontrolle, in: Handwörterbuch der Betriebswirtschaft, Bd. 2, hrsg. von Wittmann, W./Kern, W./Köhler, R./ Küpper, H.-U./v. Wysocki, K., 5. Aufl., Stuttgart, Sp. 2751–2769.

Bradley, J.W./Korn, D.H. (1982): The Changing Role of Acquisitions, in: Journal of Business Strategy, Spring, S. 30–42.

Brauer, K.M./Krieger, W. (1982): Betriebswirtschaftliche Logistik, Berlin.

Bretzke, W.R. (1980): Der Problembezug von Entscheidungsmodellen, Tübingen.

Bronstein, I.N./Semendjajew, K.A. (1989): Taschenbuch der Mathematik, 24. Aufl., Frankfurt/M.

Brosowski, B./da Silva, A.R. (1994): Simple Tests for Multi-Criteria Optimality, in: OR Spektrum, 16, S. 243–247.

Brouthers, K.D. (1995): The Influence of International Risk on Entry Mode Strategy in the Computer Software Industry, in: Management International Review, Vol. 35, S. 7–28.

Buckley, J.J. (1985a): Ranking Alternatives Using Fuzzy Numbers, in: Fuzzy Sets and Systems 15, S. 21–31.

Buckley, J.J. (1985b): Fuzzy Hierarchical Analysis, in: Fuzzy Sets and Systems 17, S. 233–246.

Buckley, P.J./Casson, M.C. (1988): A Theory of Cooperation in Industrial Business, in: Management International Review, Vol. 28, S. 19–38.

Budescu D.V./Zwick, R./Rapoport A. (1986): A comparison of the eigenvalue method and the geometric mean procedure for ratio scaling, in: Applied Psychological Measurement, Vol. 10, No. 1, S. 69–78.

Büchs, M.J. (1991): Zwischen Markt und Hierarchie. Kooperation als alternative Koordinationsform, in: Zeitschrift für Betriebswirtschaft, Ergänzungsheft 1, 61. Jg., S. 1–37.

Buede, D.M. (1992): Software Review – Overview of the MCDA Software Market, in: Journal of Multi-Criteria Decision Analysis, Vol. 1, S. 59–61.

Buschmann, G. (1988): Integrierte Materialwirtschaft und Informationslogistik, in: Beschaffung aktuell, Nr. 5, S. 34.

Busse von Colbe, W./Hammann, P./Laßmann, G. (1992): Betriebswirtschaftstheorie 2: Absatztheorie, 4. Aufl., Berlin – Heidelberg – New York u.a.

Calpine, H.C./Golding, A. (1976): Some Properties of Pareto-Optimal Choices in Decision Problems, in: OMEGA, Vol. 4, No. 2, S. 141–147.

Changkong, V./Haimes, Y.Y. (1978): The Interactive Surrogate Worth Trade-off (ISWT) Method for Multiobjective Decision Making, New York.

Changkong, V./Haimes, Y.Y. (1983): Multiobjective Decision Making. Theory and Methodology, New York – Amsterdam – Oxford.

Churchman, C.W. (1968): The Systems Approach, New York.

Clarke, Ch.J. (1987): Acquisitions – Techniques for Measuring Strategic Fit, in: Long Range Planning, Vol. 20, No. 3, S. 12–18.

Cohon, J.L. (1978): Multiobjective Programming and Planning, New York.

Colberg, W. (1989): Internationale Präsenzstrategien von Industrieunternehmen, Kiel.

Contractor, F.J. (1984): Choosing Between Direct Investment and Licensing: Theoretical Considerations and Empirical Tests, in: Journal of International Business Studies, Vol. 15, S. 167–188.

Contractor, F.J./Lorange, P. (1988): Competition vs. Cooperation: A Benefit/Cost Framework for choosing Between Fully-Owned Investments and Cooperative Relationships, in: Management International Review, Vol. 28, S. 5–18.

Cordes, H.-P. (1976): Das Problem der Berücksichtigung von Interdependenzen in der Planung, Diss. Münster.

Crawford, G.B. (1987): The geometric mean procedure for estimating the scale of a judgement matrix, in: International Journal of Mathematical Modelling, Vol. 9, S. 327–334.

Daellenbach, H.G. (1995): Systems and Decision Making, Chichester – New York – Brisbane.

Datta, D.K. (1991): Organizational Fit and Acquisition Performance: Effects of Post Acquisition Integration, in: Strategic Management Journal, Vol. 12, S. 281–297.

Deutsches Institut für Normung: DIN 55350, Teil 11: Begriffe der Qualitätssicherung und Statistik. Grundbegriffe der Qualitätssicherung, Berlin.

Deutsches Institut für Normung: DIN 66272: Bewerten von Softwareprodukten, Berlin.

Deutsches Institut für Normung: DIN 66285: Anwendungssoftware; Gütebedingungen und Prüfbestimmungen, Berlin.

Dinkelbach, W. (1969): Sensitivitätsanalysen und parametrische Programmierung, Berlin.

Dinkelbach, W. (1982): Entscheidungsmodelle, Berlin – New York.

Dinkelbach, W./Kleine, A. (1996): Elemente einer betriebswirtschaftlichen Entscheidungslehre, Berlin – Heidelberg – New York u.a.

Donegan, H.A./Dodd, F.J. (1991): A note on Saaty's random indexes, in: Mathematical Computer Modelling, Vol. 15, S. 135–137.

Donegan, H.A./Dodd, F.J./McMaster, T.B.M. (1992): A new approach to AHP decision-making, in: The Statistician, Vol. 41, S. 295–302.

Dornis, P. (1982): Akquisitionspolitik, in: Rädler, A.J./Pöllath, R. (Hrsg.): Handbuch der Unternehmensakquisition, Frankfurt/M., S. 39–94.

Dubois, D./Prade, H. (1980): Fuzzy Sets and Systems: Theory and Applications, New York.

Dyer J.S. (1990): Remarks on the Analytic Hierarchy Process, in: Management Science, Vol. 36, S. 249-258.

Eckart, C./Young, G. (1936): The Approximation of the Matrix by Another Lower Rank, in: Psychometrika 3, S. 211–217.

Ehrensberger, S. (1993): Synergieorientierte Unternehmensintegration, Wiesbaden.

Eisenführ, F./Weber, M. (1994): Rationales Entscheiden, 2. Aufl., Berlin – Heidelberg – New York u.a.

Engelhardt, W.H. (1993): Absatz, Verkauf, Vertrieb, Marketing, in: Handwörterbuch der Betriebswirtschaft, Bd. 1, hrsg. von Wittmann, W./Kern, W./Köhler, R./Küpper, H.-U./v. Wysocki, K., 5. Aufl., Stuttgart, Sp. 15–23.

Engelhard, J./Dähn, M. (1994): Internationales Management, in: Die Betriebswirtschaft, 54. Jg., S. 247–266.

Engelhard, J./Dähn, M. (1997): Theorien der internationalen Unternehmenstätigkeit – Darstellung, Kritik und zukünftige Anforderungen, in: Macharzina, K./Oesterle, M.-J. (Hrsg.): Handbuch internationales Management, Wiesbaden, S. 23–44.

Erramilli, M.K. (1992): Influence of Some External and Internal Environmental Factors on Foreign Market Entry Mode Choice in Service Firms, in: Journal of Business Research, Vol. 25, S. 263–276.

Feierabend, R. (1988): Moderne Konzepte in der Logistik – gezeigt am Beispiel eines Herstellers technischer Gebrauchsgüter, in: Zeitschrift für betriebswirtschaftliche Forschung, 40. Jg., S. 542–558.

Fiedler, M. (1995): Logistische Dienstleistungen unter besonderer Berücksichtigung des Total Quality Managements, Bergisch Gladbach – Köln.

Fishburn, P.C. (1964): Decision and Value Theory, New York – London – Sydney.

Fishburn, P.C. (1970): Utility Theory for Decision Making, New York.

Fishburn, P.C. (1978): Multiattributive Utilities in Expected Utility Theory, in: Bell, D.E./Keeney, R.L./Raiffa, H. (eds.): Conflicting Objectives in Decisions, S. 172–196, Chichester – New York – Brisbane.

Forman, E.H. (1990): Random indices for incomplete pairwise comparison matrices, in: European Journal of Operational Research, Vol. 48, S. 153–155.

Freidank, C.-Ch. (1993): Controlling: Ein unscharfes Konzept gewinnt Konturen, in: Die Betriebswirtschaft, 53. Jg., S. 399–416.

French, S. (1986): Decision Theory. An Introduction to the Mathematics of Rationality, New York – Chichester – Brisbane u.a.

Frese, E./Blies, P. (1997): Konsequenzen der Internationalisierung für Organisation und Management der Muttergesellschaft, in: Macharzina, K./Oesterle, M.-J. (Hrsg.): Handbuch internationales Management, Wiesbaden, S. 287–306.

Gal, T. (1991): Lineare Optimierung, in: Gal, T. (Hrsg.): Grundlagen des Operations Research, 3. Aufl., Berlin – Heidelberg – New York u.a., S. 56–254.

Gantmacher, F.R. (1986): Matrizentheorie, Berlin u.a.

Geoffrion, A.M./Dyer, J.S./Feinberg, A. (1972): An Interactive Approach for Multicriteria Optimization, with an Application to the Operation of an Academic Department, in: Management Science, Vol. 19, No. 4, S. 357–368.

Glaser, H./Geiger, W./Rhode, V. (1991): PPS. Produktionsplanung und -steuerung, Wiesbaden.

Goicoechea, A./Hansen, D.R./Duckstein, L. (1982): Multiobjective Decision Analysis with Engineering and Business Applications, New York – Chichester – Brisbane u.a.

Golden, B.L./Wang, Q. (1989): An Alternate Measure of Consistency, in: Golden, B.L./Wasil, E.A./Harker, P.T. (eds.): The Analytic Hierarchy Process, Berlin – Heidelberg – New York u.a., S. 68–81.

Golden, B.L./Wasil, E.A./Harker, P.T. (eds.) (1989): The Analytic Hierarchy Process: Applications and Studies, Berlin – Heidelberg – New York u.a.

Gomez, P. (1989): Wertsteigerung durch Akquisition, in: Die Unternehmung, 43. Jg., S. 441–452.

Gomez, P./Weber, B. (1990): Akquisitionsstrategie zur Steigerung des Unternehmenswertes, in: Siegwart, H./Mahari, J.I./Caytas, I.G./Rumpf, B.-M. (Hrsg.): Meilensteine im Management, Bd. 1: Mergers & Acquisitions, Stuttgart – Basel, S. 181–202.

Grob, H.L. (1990): Einführung in die Investitionsrechnung, Hamburg.

Günter, B. (1992): Unternehmenskooperation im Investitionsgüter-Marketing, in: Zeitschrift für betriebswirtschaftliche Forschung, 44. Jg., S. 792–808.

Haimes, Y.Y./Hall, W.A. (1974): Multiobjectives in Water-Resources Systems Analysis: The Surrogate Worth Trade-off Method, in: Water Resources Research, Vol. 10, No. 4, S. 615–624.

Harker, P.T. (1987a): Alternative Modes of Questioning in the Analytic Hierarchy Process, in: Mathematical Modelling, Vol. 9, S. 353–360.

Harker, P.T. (1987b): Incomplete Pairwise Comparisons in the Analytic Hierarchy Process, in: Mathematical Modelling, Vol. 9, S. 837–848.

Harker, P.T./Vargas, L.G. (1987): The Theory of Ratio Scale Estimation: Saaty' s Analytic Hierarchy Process, in: Management Science, Vol. 33, S. 1383–1403.

Hart, O./Holmström, B.R. (1987): The Theory of Contracts, in: Bewley, T.F. (ed.): Advances in Economic Theory, Cambridge u.a., S. 71–155.

Hax, H. (1974): Entscheidungsmodelle in der Unternehmung/Einführung in Operations Research, Reinbek bei Hamburg.

Hax, H. (1993): Investitionstheorie, 5. Aufl., Würzburg – Wien.

Helberg, P. (1987): PPS als CIM-Baustein, Berlin.

Hermanns, A./Wißmeier, U.K. (1997): Strategien der internationalen Marktbearbeitung, in: Macharzina, K./Oesterle, M.-J. (Hrsg.): Handbuch internationales Management, Wiesbaden, S. 267–286.

Heuser, H. (1986): Lehrbuch der Analysis, Teil 1, Stuttgart.

Hildebrandt, L./Weiss, C.A. (1997): Internationale Markteintrittsstrategien und der Transfer von Marketing-Know-how, in: Zeitschrift für betriebswirtschaftliche Forschung, 49. Jg., S. 3–25.

Hill, Ch.W./Hwang, P./Kim, W.Ch. (1990): An Eclectic Theory of the Choice of International Entry Mode, in: Strategic Management Journal, Vol. 11, S. 117–128.

Hohler, B. (1994): Zertifizierung und Prüfung von Softwareprodukten, in: Handbuch der Modernen Datenverarbeitung (HMD), Nr. 175, S. 20–37.

Hoitsch, H.-J. (1993): Produktionswirtschaft. Grundlagen einer industriellen Betriebswirtschaftslehre, 2. Aufl., München.

Hoitsch, H.-J. (1996): Produktionscontrolling, in: Lexikon des Controlling, hrsg. von Schulte, C., München – Wien, S. 601–606.

Holder, R.D. (1990): Some Comments on the Analytic Hierarchy Process, in: Journal of the Operational Research Society, Vol. 41, S. 1073–1076.

Horváth, P. (1978): Controlling – Entwicklung und Stand einer Konzeption zur Lösung der Adaptions- und Koordinationsprobleme der Führung, in: Zeitschrift für Betriebswirtschaft, 48. Jg., S. 194–208.

Horváth, P. (1996): Controlling, 6. Aufl., München.

Humpert, F.W. (1985): Unternehmensakquisition – Erfahrungen beim Kauf von Unternehmen, in: Die Betriebswirtschaft, 45. Jg., S. 30–41.

Hwang, Ch.-L./Masud, A.S.M. (1979): Multi Objective Decision Making – Methods and Applications, Berlin – Heidelberg – New York u.a.

Hwang, Ch.-L./Yoon, K. (1981): Multiple Attribute Decision Making – Methods and Applications, Berlin – Heidelberg – New York u.a.

Isermann, H. (1976): Ein Algorithmus zur Lösung linearer Vektormaximum-probleme, in: Kohlas, J./Seifert, O./Stähly, P./Zimmermann, H.-J. (Hrsg.): Proceedings in Operations Research, Bd. 5, Würzburg – Wien, S. 55–65.

Johanson, J.K./Vahlne, J. (1977): The Internationalization Process of the Firm: A Model of Knowledge Development and Increasing Foreign Commitment, in: Journal of International Business Studies, Vol. 8, No. 1, S. 23–32.

Kah, A. (1994): Profitcenter-Steuerung. Ein Beitrag zur theoretischen Fundierung des Controlling anhand des Pricipal-agent-Ansatzes, Stuttgart.

Kappich, L. (1989): Theorie der internationalen Unternehmenstätigkeit – Betrachtung der Grundformen des internationalen Engagements aus kooperationskosten-theoretischer Perspektive, München.

Keeney, R.L./Raiffa, H. (1976): Decisions with Multiple Objectives: Preferences and Value Tradeoffs, New York – Santa Barbara – London u.a.

Kern, S. (1993): Produktions-Controlling für Fertigungsinseln, Wiesbaden.

Kilmer, D.C. (1967): Growth by Acquisition: Some Guidelines for Success, in: Business Horizons, Spring, S. 55–62.

Kim, W. Ch./Hwang, P. (1992): Global Strategy and Multinationals' Entry Mode Choice, in: Journal of International Business Studies, Vol. 23, S. 29–54.

Kirchgäßner, A. (1983): Vergleich von Verfahren zur Lösung von Entscheidungsproblemen mit mehrfacher Zielsetzung, Frankfurt/M.

Kleindorfer, P.R./Partovi, F.Y. (1990): Integrating Manufacturing Strategy and Technology Choice, in: European Journal of Operational Research, Vol. 47, S. 214–224.

Köhler, R. (1993): Beiträge zum Marketing-Management, 3. Aufl., Stuttgart.

Kogut, B. (1991): Joint Ventures and the Option to Expand and Acquire, in: Management Science, Vol. 37, S. 19–33.

Kogut, B./Singh, H. (1988): The Effect of National Culture on the Choice of Entry Mode, in: Journal of International Business Studies, Vol. 19, S. 411-432.

Koksalan, M.M./Beseli, C. (1989): A Variation of the Methods of Zionts and Wallenius, in: Karpak, B./Zionts, S. (eds.): Multiple Criteria Decision Making and Risk Analysis Using Microcomputers, Berlin - Heidelberg - New York u.a., S. 283-291.

Kotler, P./Bliemel, F. (1992): Marketing-Management, 7. Aufl., Stuttgart.

Kruschwitz, L. (1993): Investitionsrechnung, 5. Aufl., Berlin - New York.

Küpper, H.-U. (1987): Konzeption des Controlling aus betriebswirtschaftlicher Sicht, in: Rechnungswesen und EDV. 8. Saarbrücker Arbeitstagung 1987, hrsg. von Scheer, A.-W., Heidelberg, S. 82-116.

Küpper, H.-U. (1988): Koordination und Interdependenz als Bausteine einer konzeptionellen und theoretischen Fundierung des Controlling, in: Betriebswirtschaftliche Steuerungs- und Kontrollprobleme, hrsg. von Lücke, W., Wiesbaden, S. 163-184.

Küpper, H.-U. (1995): Controlling, Stuttgart.

Kuhn, H.W./Tucker, A.W. (1951): Nonlinear Programming, in: Neyman J. (ed.): Proceedings Second Berkeley Symposium on Mathematical Statistics and Probability, University of California, S. 481-492.

Kumar, B./Haussmann, H. (Hrsg.) (1992): Handbuch der Internationalen Unternehmenstätigkeit: Erfolgs- und Risikofaktoren, Märkte, Export-, Kooperations- und Niederlassungsmanagement, München.

Kurbel, K. (1993): CA-Techniken und CIM, in: Handwörterbuch der Betriebswirtschaft, Bd. 1, hrsg. von Wittmann, W./Kern, W./Köhler, R./Küpper, H.-U./v. Wysocki, K., 5. Aufl., Stuttgart, S. 619-637.

Kutschker, M. (1994): Dynamische Internationalisierungsstrategie, in: Engelhard, J./Rehkugler, H. (Hrsg.): Strategien für nationale und internationale Märkte, Konzepte und praktische Gestaltung, Wiesbaden, S. 221-248.

Kwon, Y.-C./Hu, M.Y. (1995): Comparative Analysis of Export-oriented and Foreign Production-oriented Firms' Foreign Market Entry Decisions, in: Management International Review, Vol. 35, S. 325-336.

Laarhoven, P.J. van/Pedrycz, W. (1983): A Fuzzy Extension of Saaty's Priority Theory, in: Fuzzy Sets and Systems, Vol. 11, S. 229-241.

Lane, E.F./Verdini, W.A. (1989): A consistency test for AHP decision makers, in: Decision Sciences, Vol. 20, S. 575-590.

Laux, H. (1990): Risiko, Anreiz und Kontrolle, Berlin - Heidelberg - New York u.a.

Laux, H. (1995): Erfolgssteuerung und Organisation 1. Anreizkompatible Erfolgs-rechnung, Erfolgbeteiligung und Erfolgskontrolle, Berlin – Heidelberg – New York u.a.

Laux, H./Schenk-Mathes, H. (1992): Lineare und nichtlineare Anreizsysteme, Berlin – Heidelberg – New York u.a.

Lindblom, C.E. (1965): The Intelligence of Democracy, New York – London.

Lindblom, C.E. (1969): The Science of Muddling Through, in: Ansoff, H.I.: Business Strategy, Harmondsworth, S. 41–60.

Luce, R.D./Raiffa, H. (1957): Games and decisions, New York – London – Sydney.

Macharzina, K. (1982): Theorie der internationalen Unternehmenstätigkeit – Kritik und Ansätze einer integrativen Modellbildung, in: Lück, W./Trommsdorff, V. (Hrsg.): Internationalisierung der Unternehmung, Berlin, S. 111–143.

Macharzina, K./Welge, M. (Hrsg.) (1989): Handwörterbuch Export und Internatio-nale Unternehmung, Stuttgart.

Männel, W. (1995): Ziele und Aufgabenfelder des Kostenmanagements, in: Reich-mann, Th. (Hrsg.): Handbuch Kosten- und Erfolgs-Controlling, München, S. 25–45.

Mallok, J./Fritsch, M. (1997): Die Intelligenz der Techniknutzung – Zur Bedeutung des Maschinenparks und seiner Einsatzweise für die betriebliche Leistungsfähig-keit, in: Zeitschrift für betriebswirtschaftliche Forschung, 49. Jg., S. 141–159.

Matje, A. (1996): Kostenorientiertes Transaktionscontrolling, Wiesbaden.

Meckl, R. (1995): Zur Planung internationaler Unternehmenskooperationen, in: Zeitschrift für Planung, Bd. 6, S. 25–39.

Meffert, H. (1986): Marketing-Grundlagen der Absatzpolitik, 7. Aufl., Wiesbaden.

Miller, G.A. (1956): The Magical Number Seven Plus or Minus Two: Some Limits on our Capacity for Processing Information, in: Psychological Review, Vol. 63, March, S. 81–97.

Milling, P. (1981): Systemtheoretische Grundlagen zur Planung der Unternehmens-politik, Berlin.

Müller, St./Kornmeier, M. (1997): Motive und Unternehmensziele als Einflußfakto-ren der einzelwirtschaftlichen Internationalisierung, in: Macharzina, K./Oesterle, M.-J. (Hrsg.): Handbuch internationales Management, Wiesbaden, S. 71–101.

Müller-Hagedorn, L./Giesselman, S. (1996): Absatzwege-Controlling, in: Schulte, C. (Hrsg.): Lexikon des Controlling, München – Wien, S. 7–13.

Müller-Stewens, B./Lechner, Chr. (1997): Unternehmensindividuelle und gastland-bezogene Einflußfaktoren der Markteintrittsform, in: Macharzina, K./Oesterle, M.-J. (Hrsg.): Handbuch internationales Management, Wiesbaden, S. 231-252.

Myerson, R. (1982): Optimal Coordination Mechanism in Generalized Principal-Agent Problems, in: Journal of Mathematical Economics, Vol. 10, S. 67-81.

Neus, W./Nippel, P. (1996): Was ist strategisch an strategischem Verhalten?, in: Zeitschrift für betriebswirtschaftliche Forschung, 48. Jg., S. 423-441.

Nieschlag, R./Dichtl, E./Hörschgen, H. (1991): Marketing, 16. Aufl., Berlin u.a.

Nitzsch, R. von (1992): Entscheidung bei Zielkonflikten, Wiesbaden.

Okoroafo, S.C. (1991): Modes of Entering Foreign Markets, in: Industrial Marketing Management, Vol. 20, S. 341-346.

Ossadnik, W. (1988): Investitionsentscheidungen unter Berücksichtigung mehrerer Kriterien, in: Der Betrieb, 41. Jg., S. 62-68.

Ossadnik, W. (1989): Die Zurechnung von Synergieeffekten bei der Verschmelzung von Kapitalgesellschaften – Anmerkungen zur Bestimmung eines "angemesse-nen" Umtauschverhältnisses der Gesellschaftsanteile, in: Betriebswirtschaftliche Forschung und Praxis, 42. Jg., S. 457-471.

Ossadnik, W. (1990): Strategischer Profilwandel als Controllingobjekt, in: Kosten-rechnungspraxis, 34. Jg., S. 339-343.

Ossadnik, W. (1991): Die Steuerung der Investitionsaktivitäten öffentlicher Unter-nehmungen, Baden-Baden.

Ossadnik, W. (1992): Investitionsrechnungsverfahren für öffentliche Betriebe, Ber-lin.

Ossadnik, W. (1994): Strategiewahl mittels AHP, in: Die Unternehmung, 48. Jg., S. 159-169.

Ossadnik, W. (1995a): Die Aufteilung von Synergieeffekten bei Fusionen, Stuttgart.

Ossadnik, W. (1995b): Aufteilung von Synergieeffekten bei Verschmelzungen, in: Zeitschrift für Betriebswirtschaft, 65. Jg., S. 69-88.

Ossadnik, W. (1996): Planung und Entscheidung, in: Corsten, H./Reiß, M. (Hrsg.): Betriebswirtschaftslehre, 2. Aufl., München – Wien, S. 141-232.

Ossadnik, W. (1998): Controlling, 2. Aufl., München – Wien.

Ossadnik, W./Maus, S. (1994): Strategisches Controlling mittels Analytischen Hier-archie Prozesses, in: Kostenrechnungspraxis, 38. Jg., S. 135-143.

Ossadnik, W./Maus, S. (1995a): Produktionscontrolling und Planung von Produktionstechnologien, in: Zeitschrift für Planung, Bd. 6, S. 11–24.

Ossadnik, W./Maus, S. (1995b): Bewertung internationaler Markteintrittsstrategien, in: Journal für Betriebswirtschaft, 45. Jg., S. 269–281.

Ossadnik, W./Morlock, J. (1997): Anreizsysteme für dezentralisierte Unternehmen, Beitrag Nr. 9704 des Fachbereichs Wirtschaftswissenschaften der Universität Osnabrück, Osnabrück.

Ossadnik, W./Carstens, S./Lange, O. (1997): Strategisches Rechnungswesen mittels Prozeßkostenrechnung?, in: Zeitschrift für Planung, Bd. 8, S. 263–276.

Ossadnik, W./Lange, O./Morlock, J. (1998): Rechnergestützte Multi-Criteria-Entscheidungen im Marketing, erscheint in: Wilde, J. (Hrsg): Computer-Based Marketing – Das Handbuch zur Marketinginformatik, Wiesbaden, S. 569–576.

Ozernoi, V.M./Gaft, M.G. (1978): Multicriterion Decision Problems, in: Bell, D.E./Keeney, R.L./Raiffa, H. (eds.): Conflicting Objectives in Decisions, Chichester – New York – Brisbane, S. 17–39.

Pausenberger, E. (1992): Internationalisierungsstrategien industrieller Unternehmungen, in: Exportnation Deutschland, hrsg. von Dichtl, E./Issing, O., 2. Aufl., München, S. 199–220.

Perlitz, M. (1995): Internationales Management, 2. Aufl., Stuttgart – Jena.

Pfohl, H.-Chr. (1990): Logistiksysteme: betriebswirtschaftliche Grundlagen, 4. Aufl., Berlin.

Pfohl, H.-Chr. (1993): Logistiksysteme, in: Handwörterbuch der Betriebswirtschaft, Bd. 2, hrsg. von Wittmann, W./Kern, W./Köhler, R./Küpper, H.-U./v. Wysocki, K., 5. Aufl., Stuttgart, Sp. 2615–2631.

Porter, M. (1986): Wettbewerbsvorteile, Frankfurt/M.

Porter, M. (1987): From Competetive Advantage to Corporate Strategy, in: Harvard Business Review, No 3., Vol. 65, S. 43-59.

Porter, M. (1996): What is Strategy?, in: Harvard Business Review, No. 6, Vol. 74, S. 61-78.

Porter, M.E./Fuller, M.B. (1986): Coalitions and Global Strategy, in: Porter, M.E. (ed.): Competition in Global Industries, Boston, S. 315–343.

Pratt, J.W./Zeckhauser, R.J. (1985): Principals and Agents: An Overview, in: Pratt, J.W./Zeckhauser, R.J. (ed.): Principals and Agents. The Structure of Business, Boston, S. 1–35.

Rajan, M.V. (1992): Cost Allocation in Multiagent Settings, in: Accounting Review, Vol. 67, S. 527–545.

Rappaport, A. (1987): Strategic Analysis for More Profitable Acquisitions, in: Havard Business Review, No. 4, Vol. 65, S. 99–110.

Reißner, St. (1992): Synergiemanagement und Akquisitionserfolg, Wiesbaden.

Rommelfanger, H. (1994): Fuzzy Decision Support-Systeme, 2. Aufl., Berlin u.a.

Root, F.R. (1987): Entry Strategies for International Markets, Lexington.

Ross, S. (1973): The Economic Theory of Agency: The Principal's Problem, in: American Economic Review, Vol. 63, S. 134–139.

Roy, B. (1990): The Outranking Approach and the Foundations of ELECTRE, in: Bana e Costa, C.A. (ed.): Readings in Multiple Criteria Decision Aid, Berlin – Heidelberg – New York u.a., S. 155–183.

Rupper, P. (1988): Unternehmenslogistik, 2. Aufl., Zürich.

Saaty, T.L. (1977): A Scaling Method for Priorities in Hierarchical Structures, in: Journal of Mathematical Psychology, Vol. 15, S. 234–281.

Saaty, T.L. (1980): The Analytic Hierarchy Process, New York – St. Louis.

Saaty, T.L. (1986a): Axiomatic foundation of the Analytic Hierarchy Process, in: Management Science, Vol. 32, S. 841–855.

Saaty, T.L. (1986b): Exploring Optimization through Hierarchies and Ratio Scales, in: Socio-Economic Planning Science, Vol. 20, S. 355–360.

Saaty, T.L. (1987): How to Handle Dependence with the Analytic Hierarchy Process, in: Mathematical Modelling, Vol. 19, S. 369–376.

Saaty, T.L. (1989): Group Decision Making, in: Golden, B.L./Wasil, E.A. (ed.): The Analytic Hierarchy Process, Berlin – Heidelberg – New York u.a.

Saaty, T.L. (1990a): How to Make a Decision: The Analytic Hierarchy Process, in: European Journal of Operational Research, Vol. 48, S. 9–26.

Saaty, T.L (1990b): An Exposition of the AHP in Reply to the Paper 'Remarks on the Analytic Hierarchy Process', in: Management Science, Vol. 36, S. 259–268.

Saaty, T.L. (1990c): Eigenvector and Logarithmic Least Squares, in: European Journal of Operational Research, Vol. 48, S. 156–160.

Saaty, T.L./Takizawa, M. (1986): Dependence and Independence: From Linear Hierarchies to Nonlinear Networks, in: European Journal of Operational Research, Vol. 26, S. 229–237.

Saaty, T.L./Vargas, L.G. (1979): Estimating Technological Coefficients by the Analytic Hierarchy Process, in: Socio-Economic Planning Science, Vol. 13, S. 333–336.

Saaty, T.L./Vargas, L.G. (1984a): Comparison of Eigenvalue, Logarithmic Least Squares and Least Squares Methods in Estimating Ratios, in: Mathematical Modelling, Vol. 5, S. 309–324.

Saaty, T.L./Vargas, L.G. (1984b): Inconsistency and rank preservation, in: Journal of Mathematical Psychology, Vol. 28, S. 205–214.

Saaty, T.L./Vargas, L.G. (1984c): The Legitimacy of Rank Reversal, in: Omega, Vol. 12, S. 513–516.

Saaty, T.L./Vargas, L.G. (1987): Uncertainty and Rank Order in the Analytic Hierarchy Process, in: European Journal of Operational Research, Vol. 32, S. 107–117.

Scheer, A.-W. (1990): CIM, in: Kurbel, K./Strunz, H. (Hrsg.): Handbuch Wirtschaftsinformatik, Stuttgart, S. 47–68.

Schenkermann, St. (1994): Avoiding rank reversal in AHP decision-support models, in: European Journal of Operational Research, Vol. 74, S. 407–419.

Schiemenz, B. (1993): Systemtheorie, betriebswirtschaftliche, in: Handwörterbuch der Betriebswirtschaft, Bd. 3, hrsg. von Wittmann W./Kern, W./Köhler, R./Küpper, H.-U., Stuttgart, Sp. 4127–4146.

Schneeweiß, C. (1991a): Der Analytic Hierarchy Process als spezielle Nutzwertanalyse, in: Fandel, G./Gehring, H. (Hrsg.): Operations Research, Berlin – Heidelberg – New York u.a., S. 183–195.

Schneeweiß, C. (1991b): Planung 1. Systemanalytische und entscheidungstheoretische Grundlagen, Berlin – Heidelberg – New York u.a.

Schoner, B. (1991): Relative Priority Shifts and Rank Reversals in AHP, in: Proceedings of the 2nd International Symposium on the Analytic Hierarchy Process, Pittsburgh, S. 121–131.

Schoner, B./Wedley, W.C. (1989): Ambiguous criteria weights in AHP: Consequences and solutions, in: Decision Sciences, Vol. 20, S. 462–475.

Schoner, B./Wedley, W.C./Choo, E.K. (1993): A unified approach to AHP with linking pins, in: European Journal of Operational Research, Vol. 64, S. 384–392.

Schoppe, S. (Hrsg.) (1992): Kompendium der Internationalen Betriebswirtschaftslehre, München – Wien.

Shavell, St. (1979): Risk Sharing and Incentives in the Principal and Agent Relationship, in: Bell Journal of Economics, Vol. 10, S. 55–73.

Sieben, G./Ossadnik, W./Wachter, A. (1988): Planung für öffentlich-rechtliche Rundfunkanstalten, Baden-Baden.

Sieben, G./Schildbach, Th. (1990): Betriebswirtschaftliche Entscheidungstheorie, 3. Aufl., Düsseldorf.

Simpson, L. (1996): Do Decision Makers Know What They Prefer?: MAVT and ELECTRE II, in: Journal of the Operational Research Society, Vol. 47, S. 919–929.

Specht, G. (1992): Distributionsmanagement, 2. Aufl., Stuttgart.

Spengler, Th./Geldermann, J./Reutz, O. (1997): Multikriterielle Entscheidungsverfahren zur ganzheitlichen Bewertung von Investitionsalternativen – dargestellt am Beispiel von Oberflächenreinigungssystemen, in: Zeitschrift für Planung, Bd. 8, S. 55–79.

Stadler, H. (1983): Interaktive Lösung schlecht-strukturierter Entscheidungsprobleme, München.

Stahlknecht, P. (1995): Einführung in die Wirtschaftsinformatik, 7. Aufl., Berlin – Heidelberg – New York u.a.

Stahr, G. (1989): Internationale strategische Unternehmensführung, Stuttgart.

Steffenhagen, H. (1993): Absatzpolitische Instrumente, in: Handwörterbuch der Betriebswirtschaft, Bd. 1, hrsg. von Wittmann, W./Kern, W./Köhler, R./Küpper, H.-U./v. Wysocki, K., 5. Aufl., Stuttgart, Sp. 23–37.

Stehle, R. (1982): Quantitative Ansätze zur Beurteilung ausländischer Investitionsprojekte, in: Lück, W./Trommsdorff, V. (Hrsg.): Internationalisierung der Unternehmung, Berlin, S. 475–497.

Sugden, R. (1985): Why be consistent? A Critical Analysis in Choice Theory, in: Economica, Vol. 52, S. 167–183.

Szidarovsky, F./Gershon, M.E./Duckstein, L. (1986): Techniques for Multiobjective Decision Making in Systems Management, Amsterdam.

Teece, D.J. (1986): Transactions Cost Economics and the Multinational Enterprise: An Assessment, in: Journal of Economic Behavior and Organization, Vol. 7, S. 21–45.

Thizy, J.-M./Pissarides, S./Raurat, S./Lane, D. (1996): Interactive Multiple Criteria Optimization for Capital Budgeting in a Canadian Telecommunications Company, in: Tamiz, M. (ed.): Multi-Objective Programming and Goal Programming – Theories and Applications, Berlin – Heidelberg – New York u.a., S. 128–147.

Torgerson, W.S. (1958): Theory and Methods of Scaling, New York.

Ulrich, H. (1970): Die Unternehmung als produktives soziales System, 2. Aufl., Bern.

Vargas, L.G. (1982): Reciprocal matrices with random coefficients, in: Mathematical Modelling, Vol. 3, S. 69–81.

Vargas, L.G.(1990): An Overview of the Analytic Hierarchy Process and its Applications, in: European Journal of Operational Research, Vol. 48, S. 2–8.

Vargas, L.G. (1994): Reply to Schenkerman's avoiding rank reversal in AHP decision support models, in: European Journal of Operational Research, Vol. 74, S. 420–425.

Vetschera, R. (1991): Entscheidungsunterstützende Systeme für Gruppen. Ein rückkopplungsorientierter Ansatz, Heidelberg.

Vincke, Ph. (1986): Analysis of Multicriteria Decision Aid in Europe, in: European Journal of Operational Research, Vol. 25, S. 160–168.

Walker, G. (1988): Strategic Sourcing, Vertical Integration, and Transaction Costs, in: Interfaces, Vol. 18, No. 3, S. 62–73.

Wallenius, J. (1975): Comparative evaluation of some interactive approaches to multicriterion optimization, in: Management Science, Vol. 21, S. 1387–1396.

Wallenius, J./Zionts, S. (1978): A Research Project on Multicriterion Decision Making, in: Bell, D.E./Keeney, R.L./Raiffa, H. (eds.): Conflicting Objectives in Decisions, Chichester – New York – Brisbane, S. 76–96.

Weber, J. (1995): Logistikkostenrechnung, in: Reichmann, Th. (Hrsg.): Handbuch Kosten- und Erfolgs-Controlling, München, S. 167–184.

Weber, J. (1996): Logistik-Controlling, in: Lexikon des Controlling, hrsg. von Schulte, C., München – Wien, S. 502–505.

Weber, K. (1993): Multikriterielle Entscheidungen, München – Wien.

Welge, M. (Hrsg.) (1989): Globales Management: Erfolgreiche Strategien für den Weltmarkt, Stuttgart.

Wierzbicki, A.P. (1997): Convergence of Interactive Procedures of Multiobjective Optimization and Decision Support, in: Karwan, M.H./Spronk, J./Wallenius, J. (eds.): Essays in Decision Making, Berlin – Heidelberg – New York u.a., S. 19–47.

Williams, I.P. (1972): Matrices for Scientists, Hutchinson – London.

Williamson, O.E. (1983): Organizational innovation: The Transaction Cost Approach, in: Ronen, J./Heath, D.C. (ed.): Entrepreneurship, Lexington, Mass.

Williamson, O.E. (1985): The Economic Institutions of Capitalism: Firms, Markets, Relational Contracting, New York.

Winterfeld, D. von/Edwards, W. (1986): Decision analysis and behaviorial research, Cambridge – London.

Witte, Th. (Hrsg.) (1986): Systemforschung und Kybernetik für Wirtschaft und Gesellschaft, Berlin.

Wörner, H. (1997): Strategien, Methoden und Techniken der internationalen Marktauswahl, in: Macharzina, K./Oesterle, M.-J. (Hrsg.): Handbuch internationales Management, Wiesbaden, S. 195–207.

Young, St./Hamill, J./Wheeler, C./Davis, R.J. (1989): International Market Entry and Development, Englewood Cliffs.

Zahedi, F. (1986): The Analytic Hierarchy Process – A Survey of the Method and its Applications, in: Interfaces, Vol. 16, S. 96–108.

Zahir, M.S. (1991): Incorporating the Uncertainty of Decision Judgements in the Analytic Hierarchy Process, in: European Journal of Operational Research, Vol. 53, S. 206–216.

Zeleny, M. (1974): A Concept of Compromise Solutions and the Method of the Displaced Ideal, in: Computers & Operations Research, Vol. 1, S. 479–496.

Zeleny, M. (1976): The Theory of the Displaced Ideal, in: Zeleney, M. (ed.): Multiple Criteria Decision Making, Berlin – Heidelberg – New York u.a., S. 153–206.

Zentes, J. (1993): Marketing, in: Vahlens Kompendium der Betriebswirtschaftslehre, hrsg. von Bitz, M./Dellmann, K./Domsch, M./Egner, H., Bd. 1, 3. Aufl., München, S. 321–395.

Zimmermann, H.-J./Gutsche, L. (1991): Multi-Criteria Analyse, Berlin.

Zionts, St./Wallenius, J. (1976): An Interactive Programming Method for Solving the Multiple Criteria Problem, in: Management Science, Vol. 22, S. 652–663.

Zionts, St./Wallenius, J. (1983): An Interactive Multiple Objective Linear Programming Method for a Class of Underlying Nonlinear Utility Functions, in: Management Science, Vol. 29, S. 519–529.

Softwareverzeichnis

AutoMan Version 2.0 (Bezugsadresse: U.S. Department of Commerce, National Institute of Standards and Technology, Quince Orchard Road, Gaithersburg, MD 20899, U.S.A.)

Criterium (Sygenex, 15446 Bel-Red Road, Suite 450, Redmont, WA 98052, U.S.A.)

DSS for ORA Version 1.10 (Prof. Dr. Daniel E. Lane, Faculty of Administration, University of Ottawa, Ottawa ON K1N 6N5, Canada)

EXCEL Version 5.0 (Microsoft Corporation)

EcPro Version 9.0 (Expert Choice, Inc., 4922 Allsworth Avenue, Pittsburgh, PA 15214 U.S.A., http://www.expertchoice.com)

HIPRE 3+ Version 3.13e (Professor Raimo P. Hämäläinen, System Analysis Laboratory, Helsinki University of Technology, Otakaari 1M, 02150 Espoo, Finnland, http://www.hut.fi./HUT/System.Analysis)

Mathematica Version 2.2 (Wolfram Research, Inc., Additive GmbH, Max-Planck-Str. 9, 61281 Friedrichsdorf, http://www.additive-net.de)

Newtech Choice (Expert Choice, Inc., 4922 Allsworth Avenue, Pittsburgh, PA 15214 U.S.A., http://www.expertchoice.com)

PASCAL XSC (PASCAL eXtension for Scientific Computation), (Numerik Software GmbH P.O. Box 2232, D-76530 Baden-Baden, Germany, http://ourworld.compuserve.com/homepages/numerik_software/)

Priorities (Work Sciences Associates, 26 Southwood Lawn Road, Highgate, London, NG 5SF, U.K.)

www.ingramcontent.com/pod-product-compliance
Lightning Source LLC
LaVergne TN
LVHW012328060326
832902LV00011B/1772